Blunzengröstl

Ines Eberl wurde in Berlin geboren, ist promovierte Juristin und lebt in Salzburg. Sie ist Mitglied der International Thriller Writers und der Crime Writers' Association. Im Emons Verlag erschienen »Salzburger Totentanz«, »Jagablut«, »Totenkult« und »Teufelsblut«. Lesen Sie mehr über die Autorin unter www.ineseberl.com oder auf ihrer Autorenseite auf Facebook.

Dieses Buch ist ein Roman. Handlungen und Personen sind frei erfunden. Ähnlichkeiten mit lebenden oder toten Personen sind nicht gewollt und rein zufällig.

INES EBERL

Blunzengröstl

KULINARISCHER ALPENKRIMI

emons:

Bibliografische Information der Deutschen Nationalbibliothek
Die Deutsche Nationalbibliothek verzeichnet diese Publikation
in der Deutschen Nationalbibliografie; detaillierte bibliografische
Daten sind im Internet über http://dnb.d-nb.de abrufbar.

© Emons Verlag GmbH
Alle Rechte vorbehalten
Umschlagmotiv: © mauritius images/Alamy
Umschlaggestaltung: Tobias Doetsch
Gestaltung Innenteil: César Satz & Grafik GmbH, Köln
Lektorat: Lisa Kuppler
Druck und Bindung: CPI – Clausen & Bosse, Leck
Printed in Germany 2015
Kulinarischer Alpenkrimi
ISBN 978-3-95451-547-9

Unser Newsletter informiert Sie
regelmäßig über Neues von emons:
Kostenlos bestellen unter
www.emons-verlag.de

Dieser Roman wurde vermittelt durch die AVA international GmbH
Autoren- und Verlagsagentur.
www.ava-international.de

Für Viktor und Isabelle

Beim Bordeaux bedenkt,
beim Burgunder bespricht,
beim Champagner begeht man Torheiten.
Jean Anthelme Brillat-Savarin

PROLOG

Der Singvogel liegt auf einem bläulichen Flammenbett. Sein Kopf ist zur Seite gedreht, und die Füße haben sich während des Flambierens zu Fäusten verkrallt. Auf dem runden Bäuchlein verdampft Armagnac. Die Hitze lässt die zarte Haut des Vögelchens beben, als schlüge darunter das Herz, das sich mit allen anderen Organen noch immer im Inneren befindet. Die Aromen von Braten und Pflaumenschnaps überlagern den modrigen Geruch des Wassers.

Ich starre auf die mit einer weißen Serviette umwickelte Kokotte. Das Plätschern unter mir ist lauter geworden. Wellen schlagen gegen das Ufer, schwappen an die Holzpfähle und lecken zum Steg hinauf. Aber die Geräusche dringen kaum in mein Bewusstsein. Ich nehme nur noch meinen Atem wahr und das Zischen, wenn kleine Bläschen in dem brennheißen Pfännchen zerplatzen.

Was da in seinem eigenen Fett brutzelt, ist eine gemästete Gartenammer, eine Fettammer – ein Ortolan. Es heißt, diese Vögel kosten auf dem Schwarzmarkt bis zu zweihundert Euro das Stück. Wenn man sie überhaupt bekommt. Denn eigentlich steht ihre Art unter Schutz. Früher wurden die Vögel in Netzen gefangen und durch das Ausstechen der Augen geblendet. Angeblich beflügelte das ihren Appetit, sodass sie sich mit Hirse, Hafer und Feigen vollfraßen und das begehrte Bauchfett ansetzten. Dann wurden sie geschlachtet – durch Ertränken in Armagnac.

Die Lider der Fettammer sind halb geschlossen, darunter schimmern wie Globuli kleine weiße Kugeln. Man hat den Vogel wohl zum Mästen nur zwei Wochen im Dunkel gehalten und die Augen nicht entfernt.

Die einzelne Kerze auf dem groben Holztisch lässt den winzigen Braten golden schimmern. Sein Duft ist verführerisch. Mein Widerstand erlahmt. Ich schiebe den Löffel unter den

Vogel und hebe ihn auf meinen Teller. Ein See aus Fett breitet sich auf dem glänzenden Porzellan um die Gartenammer herum aus.

Eine Windböe wirft sich gegen die Holzwände und lässt die alten Bretter ächzen. Die Kerzenflamme zuckt, und der Rotwein zaubert rote Reflexe auf das schwere Silberbesteck mit dem Monogramm. Die Schneiden der Messer glühen, und auf den Gabelzinken tanzen Funken.

Obwohl ich der einzige Gast dieses Festmahls bin und niemanden mit meinem Anblick belästigen kann, stülpe ich die Serviette über den Kopf, wie es das Ritual verlangt. Ich will nicht nur den Bratenduft ganz nah an meiner Nase halten, ich habe auch das Gefühl, als könnte ich damit die Scham über mein frevelhaftes Tun verbergen.

Mit spitzen Fingern greife ich die Gartenammer und schiebe sie, die Füße voran, ganz in den Mund. Nur der Kopf und der Schnabel schauen heraus. Der kleine Körper ist so heiß, dass ich hastig Luft durch die Zähne ziehe. Rasch atme ich ein und aus. Es klingt in meinen Ohren, als hechele ein Hund. Aber das Aroma umschmeichelt bereits meinen Gaumen. Es ist unwiderstehlich. Ich mache die Augen zu. Langsam schließe ich die Kiefer um den Brustkorb des Vogels und drücke ihn zusammen. Ich höre das Knacken der brechenden Knochen, und ein Schwall von Innereien und Fett ergießt sich in meinen Mund. Ich schmecke dunkles Wildfleisch, gebratenes Fett und das eisenhaltige Aroma der Organe. Darüber schwingt eine fruchtige Note von Feigen und flambiertem Armagnac.

Ganz langsam fange ich an zu kauen. Ich spüre die knusprige Haut auf der Zunge und das heiße Fett, das meinen Gaumen hinabrinnt und ihn fast verbrennt. Hastig ziehe ich mit den Lippen Kopf und Schnabel in den Mund, zermalme beides minutenlang mit den Backenzähnen, um auch ja nichts von dem verbotenen Genuss zu verschenken. Ich kaue andächtig und koste den Geschmack so lange wie möglich aus. Endlich schlucke ich den ganzen Bissen hinunter.

Ich öffne die Augen. Unter der Serviette ist es heiß und

feucht. Mein Gesicht glüht. Ich fühle mich schuldbewusst, aber auch seltsam entspannt und zufrieden, ja, glücklich. Eine Schicht des aromatischen Bauchfetts liegt noch auf meiner Zunge. Tropfen davon trocknen auf meinem Kinn. Ich ziehe die Serviette vom Kopf und wische mir das Gesicht ab. Das Licht der Kerze lässt den alten Rotwein im Glas glühen, aber ich nehme keinen Schluck. Ich will den Geschmack des Ortolans so lange wie möglich in Erinnerung behalten. Ich weiß, dass ich nie wieder einen essen werde.

Ein hinter vorgehaltener Hand unter Köchen verbreitetes Gerücht besagt, dass der französische Präsident François Mitterrand auf dem Sterbebett als letztes Mahl eine Fettammer verlangt habe. Um als Gourmet von dieser Welt zu gehen? Oder um zum letzten Mal im Leben etwas Verbotenes zu tun? Und sei es auch nur, ein Häppchen brühheißer Vogelinnereien und Knöchelchen im Mund zergehen zu lassen. Die Anekdote scheint mir nun die reine Wahrheit. Ich picke mit dem Zeigefinger noch ein letztes Stückchen Rückenhaut von meinem Teller und lege es auf meine Zungenspitze.

Auf dem Steg sind Schritte zu hören. Ich halte den Atem an. Angst kriecht mir den Rücken hinauf, überzieht ihn mit einer Gänsehaut und umschlingt mich mit ihren kalten Tentakeln. Ich bekomme keine Luft mehr. Ich hätte die Flucht ergreifen sollen, als noch Zeit dazu war. Doch ich habe meiner Gier nachgegeben.

EINS

Ein guter Koch ist ein Mörder. Er kennt sein Opfer persönlich und hat seine Entwicklung vom ersten bis zum letzten Tag verfolgt. Er weiß, wo es lebt, was es isst, und kennt seinen Tagesablauf. Hat ein Koch sein Menü beschlossen, ruft er den Bauern seines Vertrauens an. Damit ist das Schicksal seines arglosen Opfers besiegelt. Natürlich wurde es nur geboren und aufgezogen, um eines Tages geschlachtet zu werden und auf dem Teller eines geschätzten Gastes – also Ihrem Teller – zu enden. Ich selbst war auch einmal so ein Auftragsmörder. Bis ich eines Tages die Kochjacke mit meinem aufgestickten Namen an den Nagel gehängt habe. Vor einer gefühlten Ewigkeit studierte ich an der Pariser Kochakademie »Le Cordon Bleu«. Ich würde mich sogar als klassisch ausgebildeten Koch bezeichnen, der jederzeit wieder in einer Vorbereitungsküche Knochen für eine Demi-glace rösten oder wunderbare Confits herstellen könnte. Einige der besten Restaurants der Welt waren meine Wirkungsstätte. Aber wenn meine Bekannten ins Kino oder ins Theater gingen, stand ich in irgendeiner Küche und wickelte einen Block Foie gras in Küchenmull oder drehte durch, weil mein Souschef Migräne hatte oder die Fischlieferung nicht pünktlich und das Restaurant ausreserviert war. Irgendwann bewegten sich meine Sozialkontakte außerhalb der Arbeit gegen null, und ich zog die Reißleine.

Heute lebe ich auf einer Nordseeinsel und schreibe ziemlich erfolgreich Kochbücher – wenn ich nicht wegen einer kulinarischen Reisereportage für ein Gourmet-Magazin unterwegs bin. So wie an diesem schwülheißen Augustnachmittag.

Noch vor Sonnenaufgang war ich auf Sylt mit meinem frisch erworbenen Oldtimer-Cabrio, einem Austin Healey Sprite MkI – Baujahr 1961 –, in Richtung Österreich aufgebrochen. Obwohl ich fast einen Meter neunzig und blond bin, fühlte ich mich am Steuer des kleinen Roadsters wie Sean Connery als James Bond. Das Auto hatte die Farbe von frisch geschlagener Zabaione. Die Frontscheinwerfer dieses Modells erinnern an hochstehende Glupschaugen, was ihm in Oldtimer-Magazinen den Spitznamen »frog« – Frosch – eingebracht hat. Leider arbeiten unter der runden Motorhaube nur zweiundvierzig Komma fünf PS.

Es war schon später Nachmittag, als mein Frosch und ich endlich das Salzkammergut und den Wolfgangsee erreichten. Wir ließen St. Gilgen links liegen und folgten der Straße Richtung Bad Ischl. Eigentlich war eine Reise nach Wien geplant, um für einen Artikel über die dortige Beisl-Kultur und das neue Kneipenessen zu recherchieren. Aber dann war ich beim Alfons Schuhbeck in München meinem Freund Anton Zott über den Weg gelaufen, einem Restaurant-Kritiker alter Schule. Am Beginn meiner Laufbahn als Koch hatte er ein paarmal meine Arbeit gelobt und meiner Karriere damit den entscheidenden Schub verpasst. Danach hatte ich jede Menge Angebote angesagter Restaurants bekommen und die ersten Aufträge von Gourmet-Magazinen. Ich war Anton zu Dankbarkeit verpflichtet.

Antons Kolumnen, die unter dem Kürzel »A–Z« erschienen, waren unter Köchen gefürchtet. Ehrliche Küche fand darin ein ebenso ehrliches Lob, wie Betrug am Gast einen in Gourmet-Kreisen tödlichen Verriss nach sich zog. Der Fresszirkus, wie ich die herumziehenden Feinschmecker insgeheim nenne, mied ein von Anton schlecht bewertetes Lokal wie der Teufel das Weihwasser. Am Tag nach Erscheinen der Kolumne konnte sich der kritisierte Wirt praktisch nach einem neuen Wirkungskreis umsehen.

Am Ufer des Wolfgangsees standen Campingbusse, die sich unter tief hängende Weiden duckten. Der See war nicht so karibikblau, wie er in den Filmen aus den fünfziger Jahren erscheint. Kleine Wellen liefen über sein stumpfgraues Wasser und ließen ihn wie ein altes Waschbrett aussehen. Windböen schüttelten die Obstbäume in den Gärten vor den malerischen

Häusern. Vor mir lag eine Bergkette. Darüber türmten sich dunkle Wolken.

Ein Wohnwagen-Gespann zog an mir vorbei. Dann ein Mofafahrer, dessen Schal wie eine Standarte hinter ihm herflatterte. Die letzten Sonnenstrahlen verschwanden hinter den Wolken. Um mich herum wurde die Welt grau. Am Straßenrand parkte ein weißes Mercedes-Cabrio. Wie von Zauberhand senkte sich das Dach schützend über den Fahrer und die roten Ledersitze. Ein paar Meter weiter falteten zwei Radfahrer Plastikponchos auseinander, die sich sofort blähten, als wollten sie wie Drachen in die Luft steigen. Ein Windstoß trieb Äste und Laub über die Straße und schüttelte mein kleines Cabrio durch. Der Wetterbericht hatte zwar Regen angesagt, aber das, was sich da über den Bergen zusammenbraute, schien etwas Ernsteres zu sein.

Rechts vor mir konnte ich das gelbe Schild einer Tankstelle erkennen. Ich beschloss, mir eine Pause zu gönnen und bei dieser Gelegenheit das Verdeck zu schließen. Außerdem hatte der Zeiger der Tankanzeige seit Salzburg einen beunruhigenden Sprung gemacht. Besser, ich füllte den Tank noch einmal bis zum Anschlag, bevor es an das letzte Stück der Reise ging.

Kaum hatte ich den Motor vor der Zapfsäule mit dem Aufkleber »Hier werden Sie bedient« abgestellt, als sich die Tür zu dem Glashäuschen im Hintergrund öffnete und der Tankwart herauskam. In klobigen Schuhen schlurfte er auf mich zu. Der grobe Strickjanker, den er über seiner Latzhose trug, hatte die gleiche graue Farbe wie seine Bartstoppeln. Ich stieg aus und streckte mich. Nach der schier endlosen Fahrt hatte ich das Gefühl, als spürte ich nach einer langen Seereise endlich wieder festen Boden unter den Füßen.

»S' Gott.« Der Tankwart stützte die Hände auf die Beifahrertür. »Einmal volltanken, Meister?«

»Gern.«

Der Mann nickte, nahm einen Zapfhahn in die eine Hand und öffnete mit der anderen den Tankdeckel. »Anschluss verpasst, was?« Er stieß den Zapfhahn in den Einfüllstutzen.

»Wie bitte?«

»Das Oldtimer-Treffen war letzte Woche. Diese Sternfahrt oder wie das heißt.«

»Ich bin nur auf der Durchreise.« Mein Frosch und ich sind Individualisten und hatten nicht vor, einem Autofahrer-Club beizutreten oder an organisierten Ausfahrten teilzunehmen. »Glauben Sie, dass das Wetter noch ein wenig hält?«

Der Tankwart richtete seinen Blick auf die Bergkette, wo sich die Wolken mittlerweile zu einer schwarzen Bank zusammengeschoben hatten. »Denk nicht.« Er zeigte auf die Ledersitze. »Ist das Dach von der Kiste denn dicht?« Es klang, als zweifelte er daran.

»Natürlich.« Bisher hatten mein Frosch und ich allerdings noch kein gemeinsames Schlechtwetter erlebt.

»Wo wollen S' denn hin?«

»Nach Altaussee.«

Der Mann hob die Brauen. »Bei dem Wetter? Mit dem Auto?« Er kniff die Augen zusammen und grinste listig. »Bleiben S' doch lieber noch ein wenig in der Gegend, bis die Regenfront abgezogen ist. Meine Schwester hat eine kleine Frühstückspension, gar nicht teuer und nur noch ein paar Kilometer von hier in Richtung St. Wolfgang.« Er beschrieb mit dem Arm einen Bogen bis zu einer Kirche am anderen Ufer des windgepeitschten Sees. Ein Surfer raste über das kabbelige Wasser, und winzige Boote tanzten auf den Wellen eines kleinen Jachthafens. »Das wird heut noch ungemütlich.« Wie um seine Wetterprognose zu bekräftigen, nickte er ein paarmal.

Für einen Augenblick schwankte ich. Heute frage ich mich, was geschehen wäre, wenn ich tatsächlich seinem Rat gefolgt wäre. »Ich fahre zu Freunden«, sagte ich stattdessen. »Und werde erwartet.« Damit richtete ich mein Augenmerk auf die Tanksäule.

Geradezu euphorisch hatte mir Anton von der prachtvollen Villa erzählt, die er mit seiner Frau Olga bewohnte – und von seinen eigenen Restaurantplänen. Mit wachsendem Grauen hatte ich ihm zugehört. Wenn ich etwas nicht verstehe, dann ist es der Drang, unbedingt ein eigenes Restaurant besitzen zu müssen. Vielleicht ist es die Midlife-Crisis oder der ultimative Egotrip, der gut verdienende Leute dazu treibt, ihr hart erarbeitetes Geld in ein Fass ohne Boden zu werfen. In Gedanken sehen sie sich als Gastgeber durch einen stilvollen Raum mit teuren Gläsern, aufwendigem Blumenschmuck und jeder Menge Personal schlendern und die Komplimente ihrer alten Freunde entgegennehmen, während in der Küche der neue Stern des Kochhimmels werkt.

Aber die zu teuren Gläser werden zu Bruch gehen und die Rendite schwinden lassen, und die Blumen müssen täglich erneuert werden. Die Freunde werden sich ihr Lob mit jeder Menge Freidrinks honorieren lassen, am Anfang wie die Heuschrecken einfallen und irgendwann einfach weiterziehen.

Nie haben sich diese Wirte Gedanken über horrende Fixkosten gemacht, über höchst verderbliche Ware und schwierige Mitarbeiter. Ständig müssen die Kühlung repariert und teure Geräte ausgetauscht werden, und weil die Kalkulation von Anfang an laienhaft war, zeigt schließlich auch irgendwann der Bankberater Nerven. Erst wird hektisch an der Speisekarte herumgefeilt, dann wird am Sonntag geschlossen, das Personal reduziert und auch noch mittags dichtgemacht. Irgendwann ist der Laden bankrott. Anton war vom Fach. Er hätte es besser wissen müssen.

Nachdem ich ihm von meiner geplanten Wienreise erzählt hatte, war er auf die glorreiche Idee gekommen, mich für ein paar Tage einzuladen. Um mir die Spezialitäten der Region nahzubringen, wie er gesagt hatte, aber in Wirklichkeit natürlich, um meinen professionellen Rat zu hören und meine Glückwünsche entgegenzunehmen. Wie gesagt – ich war ihm zu Dankbarkeit verpflichtet. Und so hatte ich beschlossen, pro forma einen Blick auf sein geplantes Restaurant zu werfen und ihm dann, um der alten Freundschaft willen, mit schonungsloser Offenheit davon abzuraten. Vielleicht konnte ich ja noch etwas retten. Das war ich ihm schuldig. Inzwischen hatte ich auch

14

über die Gegend recherchiert und mich mit meiner Mission sogar angefreundet.

Das Salzkammergut mit seinen fangfrischen Fischen bot sich als Thema für einen neuen Artikel – oder sogar ein eigenes Kochbuch – geradezu an. Landhausküche liegt seit Jahren im Trend, aber wie viele Lammkeulen von den eigenen Schafen und Blechkuchen mit alten Apfelsorten aus dem eigenen Obstgarten kann man schon machen? Mir schwebten ein paar schlichte Rezepte vor, die auch der urbane Landliebhaber in seiner Hightech-Küche, die er sonst nie in Betrieb nahm, herstellen konnte. »Easy Country Cooking« sollte mein neues Kochbuch heißen. Und hoffentlich genauso erfolgreich werden wie mein Bildband »Ski Style Cooking«, eine Rezeptsammlung herzhafter Schweizer Alpenküche, die sogar in Frankreich unter dem Titel »La Cuisine Chalet« erschienen war. Meine bewährte Nikon für stimmungsvolle Fotos hatte ich jedenfalls dabei. Hohe Berge, dunkle Seen, silbrige Saiblinge im Fischernetz – so etwas in der Art schwebte mir vor.

Das immer lauter werdende Gurgeln des Benzinschlauchs klang, als würde jemand neben meinem Cabrio ertrinken. Das Geräusch riss mich aus meinen Träumen.

»Oje«, sagte der Tankwart, zog den Einfüllstutzen heraus und hängte ihn an die Zapfsäule. Er trat ein paar Schritte zurück, bückte sich und spähte unter die vordere Stoßstange. »Das schaut aber nicht gut aus.«

»Wie bitte?« Ich brauchte ein paar Sekunden, bis ich gedanklich von pochiertem Saibling auf Wurzelgemüse zu meinem Auto zurückfand. »Ist was nicht in Ordnung?«

Der Mann deutete auf eine Stelle unter dem Kühler. »Da, schauen S' selbst.«

Ich ging nach vorn und sah sofort, was er meinte. Auf dem schwarzen Asphalt schillerte ein handtellergroßer Fleck. Seine Farben erinnerten mich an das Innere einer frisch aufgebrochenen Auster.

»Ist das Öl?«, fragte ich, als könnte es daran irgendeinen Zweifel geben.

»Wonach schaut's denn aus?«

»Hören Sie, ich *muss* heute nach Altaussee.« Meine nachfolgenden Termine in Wien waren fest ausgemacht, das Studio und der Food-Fotograf gebucht. »Und so groß ist der Fleck gar nicht.«

Der Tankwart zog einen schmierigen Lappen aus der Hosentasche und wischte sich die Hände daran ab. »Ich wollt nur drauf hingewiesen haben. Wenn Sie auf die Hebebühne fahren, kann ich ja mal einen Blick drauf werfen.« Er deutete mit dem Daumen über die Schulter auf eine Art Hangar neben der Autowaschanlage.

Wenn ich schon das Angebot der Frühstückspension seiner Schwester abgelehnt hatte, wollte der gute Mann wohl wenigstens selbst noch ein Geschäft machen. »Der Wagen fährt seit fünfzig Jahren klaglos«, behauptete ich. Nachdem ich ihn gerade erst gekauft hatte, war ich mir da allerdings nicht so sicher.

Der Tankwart warf sich den Lappen über die Schulter und stützte die Hände in die Seiten. »Vielleicht lassen S' den Ölstand sicherheitshalber in Ischl noch mal nachschauen.«

»Ich hoffe, das wird nicht nötig sein.« Ich warf einen Blick zur Anzeige auf der Zapfsäule. War der Tank etwa leer gewesen? Ich ließ mein Portemonnaie stecken, zog die Brieftasche hervor und entnahm ihr einen größeren Geldschein. »Stimmt so.«

»Ja, danke, Herr Hofrat.« Der Tankwart steckte das Geld umstandslos in die Hosentasche. »Die Nummer vom ÖAMTC ist 120. Ich mein, wenn S' doch mit der alten Mühle liegen bleiben.«

»Ja, vielen Dank.«

Um ihm zu signalisieren, dass unser Gespräch beendet war, drehte ich mich um und konzentrierte mich darauf, das Verdeck aufzufalten und den Wagen wetterdicht zu machen. Keine Sekunde zu früh, denn kaum hatte ich das Dach zugeklappt, fing es an zu nieseln. Ich hechtete hinter das Lenkrad und steckte den Schlüssel ins Schloss. Ein mächtiger Windstoß erfasste die

Fahrertür und schlug sie zu. Ich drehte den Zündschlüssel, und mit einem beruhigenden Knattern sprang der Motor an. Na bitte. Als ich zur Straße rollte, konnte ich den Tankwart im Rückspiegel noch immer vor den Zapfsäulen stehen sehen. Er hatte die Hände in den Hosentaschen vergraben und schaute mir nach. Dabei schüttelte er den Kopf.

Bis Bad Ischl waren es nur noch zehn Minuten, aber als ich aus dem langen Tunnel vor dem Ort herauskam, hatte ein kräftiger Landregen eingesetzt. Nur schemenhaft konnte ich links und rechts schroffe Felswände erkennen und unterhalb der Straße einen windgepeitschten Bergsee.

Hinter einem Dorf namens Hallstatt bog ich nach links in Richtung Altaussee ab. Ab hier führte die Straße nur noch in Serpentinen bergauf. Mein Frosch wurde immer langsamer, irgendwann kamen wir nur noch im Kriechtempo voran. Schilder kündigten zwei lang gezogene Kurven an. »Kehre eins« und »Kehre zwei« stand darauf. Rechts von mir fielen die Gesteinsschichten einer mächtigen Felswand schräg ab, als hätten sie im Regen den Halt aneinander verloren und wollten jeden Augenblick auf die Straße stürzen. Gerade als ich überlegte, umzudrehen und in die Zivilisation zurückzukehren, erreichte ich eine Passhöhe, hinter der die Straße wieder abfiel. Hohe Nadelbäume standen am Straßenrand, das Wasser schoss den Berg hinab, aber mein Auto beschleunigte ohne mein Zutun, und vor mir tauchte der Wegweiser nach Altaussee auf. Erleichtert steuerte ich auf den Ort und das Ende meiner langen Reise zu.

Das abendliche Altaussee war finster und wirkte wie aus der Zeit gefallen. Spitzgiebelige Häuser mit efeuumrankten Holzveranden, die jedem Heimatfilm als Kulisse hätten dienen können, säumten die Straßen. In den Bauerngärten bogen sich die Stauden unter den Regenmassen. An den Straßenrändern hatten sich Wasserlachen gebildet, in denen sich das Licht der wenigen erleuchteten Holzsprossenfenster spiegelte. Keine Menschenseele war zu sehen, ich entdeckte niemanden, den ich nach dem Weg zu Antons Haus fragen konnte.

Hier wollte mein alter Freund mit einem Restaurant kulinarisches Neuland erobern? Was wollte er von mir hören? Ich fing an, mich über die undankbare Aufgabe zu ärgern, die er mir zugedacht hatte, und beschloss, anstandshalber eine Nacht bei den Zotts zu bleiben und gleich am nächsten Tag nach Wien weiterzufahren.

Nach einer gefühlten Ewigkeit und vielen Fehlversuchen fand ich endlich den richtigen Weg. Die Villa der Zotts lag auf einer Anhöhe am Ortsrand. Sie thronte über einer weitläufigen Rasenfläche. Es war ein mächtiges Landhaus mit einem weiß getünchten Erdgeschoss, einem mit verwittertem Holz verkleideten ersten Stock und drei Giebeln. Einer davon, quer zu den anderen gelegen, hatte zwei Fenster und einen kleinen Balkon. Die unvermeidliche Holzveranda zog sich über alle drei Stockwerke und überdachte einen großzügigen Balkon. Efeuranken kletterten an den Holzstreben empor, und in den Balkonkästen ließen regenschwere Geranien die Köpfe hängen. Im Erdgeschoss brannte Licht.

Ich fuhr die Auffahrt hinauf und folgte ihr um die Villa herum zur Rückseite. Regenwasser schoss über das Holzschindeldach, sammelte sich in schwarzen Lachen auf einem kiesbestreuten Vorplatz und drückte die Rosen zu Boden, die in einem Rondell angepflanzt waren. Die Eingangstür wurde durch ein kleines Glasdach geschützt und von zwei langen Hausbänken flankiert. Daneben standen ein Zementmischer und ein Stapel Stahlgitter. Ein Baugerüst stützte die Rückseite des Hauses wie ein altmodisches Korsett. Eine bedruckte Plane hatte sich gelöst und flatterte im Wind.

Ich ließ mein Auto direkt vor der Eingangstür stehen und rannte durch den Regen die drei ausgetretenen Marmorstufen unter das Glasdach hinauf. Aus der Nähe sah ich, dass der Anstrich der Tür erst vor Kurzem ziemlich unprofessionell erneuert worden war. Unregelmäßige Farbschichten klebten wie erstarrte Tränenspuren auf dem grünen Lack, und an manchen Stellen schimmerte die Maserung des Türblatts durch. In Augenhöhe befanden sich zwei Jugendstil-Glasfenster, in deren Bleifassungen rosa-weiße Lilien eingelassen waren. Ihre durchscheinenden Blätter wirkten wie Wasserpflanzen auf dem Grund eines Sees. Zwischen den Fenstern prangte ein goldener Türklopfer in Form eines Fischkopfes. Ein Namensschild oder eine Klingel suchte ich vergebens. Kein Laut war zu hören, nur das gleichförmige Rauschen des Regens und sein Trommeln auf dem Glasdach über mir. Eine eigenartige Stille schien das ganze Haus zu umgeben.

»Anton?«, rief ich, erhielt aber keine Antwort.

Der Gedanke schoss mir durch den Kopf, dass ich mich verfahren haben könnte. Eine innere Stimme ließ mich hoffen, dass es so war. Regen auf dem offenen Meer bin ich gewohnt, aber im Gebirge werde ich leicht klaustrophobisch. Und hier umgaben mich Berge, so hoch und schwarz, wie ich sie noch nie gesehen hatte.

»Anton!«, schrie ich.

Niemand meldete sich.

»Anton!«

Wenn ich jetzt gleich ins Auto stieg, konnte ich zum Abendessen in Wien sein. Lustlos und ohne große Hoffnung griff ich nach dem Türklopfer und ließ ihn dreimal auf seine Messingplatte fallen. Der Fisch – ein Karpfen, wie ich jetzt erkannte – wölbte seine wulstigen Lippen und starrte mich aus vorwurfsvollen Glupschaugen an. Nichts geschah. Ich klopfte noch einmal. Nichts – niemand zu Hause.

Da konnte man eben nichts machen, mein Fehler war das nicht. Erleichterung breitete sich in mir aus. Verlorene Tage in Altaussee und das unangenehme Gespräch mit Anton sollten mir erspart bleiben. Ich nahm mir vor, ihn am nächsten Morgen anzurufen, meinem Bedauern über unser verpasstes Treffen Ausdruck zu verleihen und dafür einen Besuch auf der Rückfahrt in Aussicht zu stellen. Den ich natürlich nicht gedachte, ihm abzustatten. Anton war alt genug, um zu wissen, was er tat. Wenn er sich an diesem gottverlassenen Fleck Chancen für ein Restaurant ausrechnete, dann hatte er bestimmt seine Gründe dafür.

Nach einem letzten Blick auf die wunderbaren Jugendstilfenster wandte ich mich zum Gehen. Ich hatte gerade den Fuß auf die erste Stufe der Eingangstreppe gesetzt, als sich die Tür in meinem Rücken öffnete.

»Ja, bitte?«

Ich drehte mich um. Im Türrahmen stand eine der schönsten Frauen, die ich je gesehen hatte. Sie trug einen blauen Seidenkimono und hatte ihr rotes Haar in einer altmodischen Frisur hochgesteckt. Die großen schrägen Augen, mit denen sie mich kühl musterte, waren von einem durchsichtigen Grün, einem Farbton wie der der Lilienblätter auf den Jugendstilfenstern. Doch ihrem herzförmigen Gesicht fehlte der rosige Anflug der Blüten. Es war blass, wirkte angespannt, und unter ihren Augen lagen violette Schatten. Wortlos starrte sie mich an. Es war klar, dass sie nicht mit mir gerechnet hatte.

Ich räusperte mich. »Guten Abend, ist dies das Haus der Familie Zott?« Wäre ich ihr in einer Bar in Kampen begegnet, hätte ich sie auf einen Drink eingeladen. Schon jetzt spürte ich leises Bedauern bei dem Gedanken, sie in der offenen Tür stehen zu lassen und einfach weiterzufahren.

»Ja?« Es klang ein wenig unbestimmt.

»Mein Name ist Vanlanthen – ich würde gern mit Herrn Anton Zott sprechen, wenn das möglich ist.«

»Mit Anton, ja natürlich, es ist nur ...« Sie zwinkerte, dann trat sie einen Schritt zurück. »Kommen Sie rein.«

War das etwa Antons Frau Olga? Anton war um die fünfzig, und die Jahre als Restaurantkritiker waren an seiner Figur nicht spurlos vorübergegangen. Irgendwie hatte ich eine stämmige Frau erwartet, der man die gute Küche ansah, nicht diese feenhafte Märchengestalt. »Olga Zott?«

»Ja.« Die Fee rang sich ein kleines Lächeln ab. »Ich hätte Sie anrufen sollen, aber ich habe einfach nicht daran gedacht.« Ihre Stimme klang verschnupft. Jetzt bemerkte ich auch, dass ihre Nasenspitze gerötet war, was ihrer Erscheinung den Reiz des Unperfekten hinzufügte. Ihr Blick wanderte die Eingangsstufen hinab zu meinem Austin Healey. »Ist das da Ihr Wagen?« Ihr

Lächeln vertiefte sich, wobei sich ihr Mund zu einem kleinen v verzog und ihr spitzes Kinn betonte. Jetzt erinnerte sie an eine Füchsin.

»Ja.« Irgendwas stimmte da nicht. Warum hatte sie mich anrufen wollen? War Anton etwas dazwischengekommen? »Ist Anton nicht zu Hause?«

Ihr Lächeln erlosch, sie trat beiseite und gab den Weg frei. »Kommen Sie erst mal rein.« Jetzt war ihr Ton bestimmt. Was immer sie im Augenblick meines Auftauchens gestört hatte, schien mit einem Mal kein Thema mehr.

Ich folgte ihr in eine hell erleuchtete Halle, in der es deutlich nach Staub roch. Der Raum war bis zur halben Höhe mit dunklen Holzpaneelen verkleidet, darüber zierten goldgerahmte Stiche und Hirschgeweihe die Wände. Eine geschnitzte Holztreppe führte in die oberen Stockwerke. Grüne, mit Jagdszenen bemalte Kacheln verzierten einen Kamin, dessen rauchgeschwärztes Feuerloch mich angähnte. Ein altmodisches Telefon mit Wählscheibe und jede Menge Nippes zierten ein Tischchen mit Spitzendecke. Von der bestimmt vier Meter hohen Decke hing an einer langen Kette ein mächtiger Kronleuchter herab. Seine funkelnden Kristallprismen klirrten leise im Lufthauch, den unser Eintreten verursacht hatte. Hinter den hohen Fenstern bewegten sich schemenhaft Zweige wie in einem Schattenspiel.

Auf einem schwarz-roten Teppich stand mitten im Raum ein großer runder Tisch, auf dem sich ein Sammelsurium aus Krimskrams türmte. Ein halb verwelkter Blumenstrauß verbreitete einen süßlichen Geruch, der eine Spur Fäulnis in sich trug. Ein Gefühl von Unwirklichkeit erfasste mich. Mir war, als befände ich mich auf einer Zeitreise in die Vergangenheit. Etwas – Zauber oder Fluch – hatte mich ins 19. Jahrhundert katapultiert.

Ich drehte mich zu Olga Zott um. »Wo steckt er denn, unser Anton?« Mir schwante Unheil. Ich liebe meinen erlernten Beruf noch immer und kann mir nichts Schöneres vorstellen, als wirklich gutes Essen auf höchstem Niveau zu kochen. Aber alle meine Bekannten glauben immer, sie müssten mich mit etwas Selbstgekochtem überraschen. Beim Essen wird das Geheimrezept in der Regel vom stolzen Koch preisgegeben. Wenn ich einen Satz hasse, dann den: »Das musst du unbedingt in deinem nächsten Kochbuch verwenden.« Ahnungsvoll setzte ich hinzu: »Er steht doch nicht etwa seit Stunden am Herd?«

Olga Zott schüttelte den Kopf. Sie setzte zum Sprechen an, schluckte dann aber nur und räusperte sich. Endlich sagte sie: »Anton hatte einen Unfall.«

»Was? Liegt er im Krankenhaus?«

Sie kniff den Mund zusammen und schüttelte den Kopf. Das verwirrte mich. »Wo ist er dann?«

»Er ist tot.«

Ich hörte ihre Worte, aber es dauerte einen Moment, bis ich ihre Bedeutung begriff. »Was heißt tot?«

»Anton ist gestern gestorben.«

»Wie – ›gestorben‹? Hatte er einen Herzinfarkt?« Jahrzehntelang genossene gute Küche fordert ihren Tribut, es ist sozusagen ein Berufsrisiko.

»Er ist von einer Leiter gefallen.«

»*Nein.*« Der Kronleuchter klirrte leise und schillerte, als bestünden seine Prismen aus Eissplittern. »Etwa hier?«

»Nein.« Sie schluckte. »Im – Wald.«

»Was wollte er denn im *Wald*?« Das sah meinem alten Freund überhaupt nicht ähnlich. Der Anton, den ich kannte, vermied jede Anstrengung, die über den Weg vom Taxi zum Sternerestaurant hinausging.

»Einen Hochsitz reparieren.« Sie krampfte ihre blassen Finger ineinander. Es sah aus, als wollte sie beten. »Dabei ist er abgestürzt und hat sich das Genick gebrochen. Sagt zumindest Dr. Hallhuber. Ich meine, der Arzt.« Sie deutete mit dem Kinn zu dem Tisch in der Mitte der Halle. »Das ist alles, was sie mir von ihm zurückgebracht haben. Seinen Tascheninhalt.« Sie gab einen erstickten Laut von sich.

Ich ließ meinen Blick über das Sammelsurium wandern. Ein

22

Kugelschreiber und ein Notizbuch, ein schmutziges Stofftaschentuch, ein Klappmesser, ein paar Plastik-Kabelbinder, eine angebrochene Tablettenschachtel und ein abgegriffenes Portemonnaie.

»Anton war schon tot, als man ihn gefunden hat«, flüsterte Olga Zott.

Die Eingangstür öffnete sich, und mit einem Schwung kalter Luft kam eine junge Frau herein. Sie war auffallend korpulent, was sie unter einem zeltförmigen Pullover mit Zopfmuster zu verbergen suchte. Ein straffer Pferdeschwanz betonte ihr Mondgesicht. In der Hand hielt sie einen zusammengeklappten Regenschirm, von dem das Wasser auf den Boden tropfte.

»Melusine, mach die Tür zu«, sagte Olga Zott. Sie klang so müde, wie sie sein musste.

Die junge Frau tat, als hätte sie nichts gehört. Stattdessen heftete sie ihren Blick auf mich und fragte: »Ist das Ihr Auto da draußen?« Keine Begrüßung, kein Lächeln. Hinter ihr rauschte der Regen auf den Vorplatz.

»Steht der Wagen im Weg?«, fragte ich. Wenn das das Personal war, das Anton für sein Restaurant angeheuert hatte, dann lagen die Dinge noch schlimmer als befürchtet. »Soll ich ihn wegfahren?«

»Verdammt, Melusine, mach endlich die Tür zu«, zischte Olga Zott, ehe sie sich mit resignierter Miene an mich wandte. »Meine Tochter«, sagte sie in entschuldigendem Ton. »Melusine, das ist Herr Vanlanthen, Papas Freund, der ein paar Tage unser Gast sein wird.« Sie sagte *Papah*. »Du erinnerst dich?«

Die junge Frau starrte mich an. Sie war eindeutig nicht nur überrascht, sondern regelrecht erschrocken. Aber sie knallte die Tür hinter sich zu. »Wirklich? Auch das noch.«

Olga Zott zwinkerte, als wollte sie gute Miene zu dem flegelhaften Auftritt ihrer Tochter machen. Die Situation war ihr sichtlich peinlich. »Wir sind alle ziemlich mitgenommen«, sagte sie zu mir.

»Das ist nur zu verstehen.« Ich ging zu Melusine hinüber

und hielt ihr die Hand hin. »Ich habe gerade erst vom Tod Ihres Vaters gehört. Mein Beileid.«

»Stiefvater«, sagte Melusine. Ihre Augen waren so schwarz, dass man die Pupillen nicht erkennen konnte. Die keltische Schönheit ihrer Mutter hatte bei ihr keinerlei Spuren hinterlassen. »Anton hat oft von Ihnen geredet. Ich glaube, Sie waren sein bester Freund. Oder besser gesagt, sein einziger.« Es klang, als wären die Worte an ihre Mutter gerichtet und als enthielten sie eine Botschaft, die nur diese verstand.

»Du sollst ihn nicht Anton nennen«, warf Olga Zott ein. Es klang so mechanisch, als wäre es ein oft geäußerter Tadel in diesem Haus. »Und was redest du da für einen Unsinn? Papa hatte viele Freunde, das weißt du doch.«

Melusine ignorierte sie. »Unter diesen Umständen werden Sie sicher nicht bleiben wollen, oder?« Täuschte ich mich, oder schwang da eine Spur von Hoffnung in ihrer Stimme?

Ich wandte mich zu ihrer Mutter um. »Ich denke, es ist besser, wenn ich mich wieder auf den Weg mache.«

Jetzt kam Bewegung in Olga Zott. Sie schüttelte den Kopf. »Unsinn, doch nicht bei dem Regen.« Mit leichten Schritten kam sie auf mich zu und legte ihre Hand auf meinen Arm. »Ihr Zimmer ist seit Tagen hergerichtet. Jetzt essen wir erst einmal zu Abend, und dann gehen wir alle zu Bett. Und morgen sehen wir weiter.« Sie wandte sich an ihre Stieftochter. »Wo ist Jojo?«

»Keine Ahnung.« Melusine zuckte die Schultern.

»Soll das heißen, er ist immer noch nicht wieder da?«

»Ist mal wieder abgehauen, dein Goldschatz.« In Melusines Stimme lagen Verachtung und gleichzeitig Genugtuung. »War ja wohl nicht anders zu erwarten, oder?«

Olga Zott warf ihr einen scharfen Blick zu. »Er weiß schließlich noch nicht, was mit Papa passiert ist.« *Papah.*

Melusine sah aus, als läge ihr wieder eine scharfe Antwort auf der Zunge, aber dieses Mal zuckte sie nur die Schultern. »Und wenn schon. Der scheißt sich nichts, das weißt du doch.«

»Melusine! Bitte!«

»Ach, tu doch nicht so, Olga.«

Olga Zott wandte sich an mich. »Es tut mir so leid, Mark – ich darf doch Mark sagen? Johannes – mein Sohn – ist seit zwei Tagen nicht nach Hause gekommen, aber er ist wirklich ein lieber Junge.« In ihren grünen Augen schwammen Tränen. »Oh Gott, Sie müssen einen schrecklichen Eindruck von unserer Familie haben.«

»Überhaupt nicht«, beteuerte ich und wich dabei ihrem Blick aus, indem ich auf meine Armbanduhr schaute. Gleich neun, wo war die Zeit geblieben? Sollte ich wirklich noch nach Wien fahren? Ich war seit über siebzehn Stunden unterwegs. Meine Gelenke schmerzten, und hinter meinen Lidern schienen Sandkörner zu reiben. Ich war zum Umfallen müde. »Oje, schon so spät. Höchste Zeit für mich.«

Die Fensterrahmen in der Halle knarrten laut. Draußen trieb der Wind wahre Wassermassen gegen die Scheiben und ließ das Glas in den alten Holzrahmen erzittern.

»Sie wollen jetzt nicht tatsächlich weiterfahren?«, fragte Olga Zott erschrocken. »Doch nicht bei diesem Wetter?«

Mein Widerstand begann angesichts der stürmischen Regennacht zu erlahmen. Etwas halbherzig wandte ich ein: »Sie werden auch ohne mich genug zu tun haben.«

Eine Träne löste sich aus ihrem Augenwinkel und rann über ihre bleiche Wange. »Anton hat sich so auf Sie gefreut«, flüsterte sie und wischte die Träne weg, als schäme sie sich dafür. »Wenn Mark da ist, hat er gesagt, dann wird alles gut.«

Bei ihren Worten spürte ich einen Stich des schlechten Gewissens. Waren Anton und ich wirklich so eng befreundet gewesen? Anscheinend hatte er das so gesehen. Und nun war er tot, und ich konnte nichts mehr für ihn tun. Aber vor mir stand seine Witwe, allein in diesem großen Haus, in Tränen aufgelöst und nur in Gesellschaft ihrer feindseligen Tochter.

»Ich hatte mich auch gefreut, ihn wiederzusehen, Frau Zott.«

»Nennen Sie mich doch bitte Olga.« Wie ein kleines Mädchen fuhr sie mit der Hand unter der Nase entlang. »Bleiben Sie wenigstens noch zum Nachtmahl.«

Sie rang sich ein Lächeln ab. Es war v-förmig und wirkte wie ein Sonnenstrahl nach langem Regen. In diesem Moment merkte ich, wie hungrig ich war.

»Komm doch in meinen Bau«, sagte der Fuchs zum Hasen«, quäkte Melusine in hexenhaftem Tonfall und warf mir einen scharfen Blick zu. »Wir wollen Sie aber nicht aufhalten. Und ich glaube, der Regen lässt auch schon nach.«

Olga ignorierte diese Flegelei, kam zu mir herüber und schob die Hand unter meinen Ellenbogen. Der zarte Duft eines blumigen Parfüms stieg mir in die Nase. Ihr hübsches Fuchsgesicht schaute zu mir auf. »Kommen Sie, Mark, das Essen steht in der Küche. Es ist leider nur eine Kleinigkeit und eines großen Kochs wie Ihnen eigentlich nicht würdig.« Ihr Griff war auffallend fest, als sie mich, ohne auf meine Antwort zu warten, in Richtung einer Tür zur Linken zog.

»Das ist sehr nett von Ihnen«, sagte ich und ließ mich führen. »Olga.«

Melusine lachte auf, es klang schrill und irgendwie verzweifelt, jedenfalls unpassend in einem Trauerhaus. Aber sie schloss sich uns so hastig an, als hätte sie Angst, in der großen Halle allein zurückzubleiben.

Olga führte mich in eine riesige Küche, die für den professionellen Betrieb eingerichtet war. Die Geräte waren die neuesten und teuersten Modelle, es gab jede Menge Stauraum und genügend Platz zwischen den einzelnen Stationen. Weiße Fliesen glänzten an den Wänden, alle Chromteile blitzten, und Stapel von blau karierten Küchenhandtüchern lagen auf Kante hergerichtet. Wenn neben einem Herd Kochzutaten gestanden hätten – die Mise en Place –, wäre ich wohl automatisch an die Arbeit gegangen. Das alles musste ein Vermögen gekostet haben. Aber so leer und kalt und nur von Neonröhren erleuchtet, strahlte die Küche die Kälte eines Seziersaals aus.

»Es gefällt Ihnen, das sehe ich«, sagte Olga mit deutlichem Besitzerstolz in der Stimme. »Wir haben mehrere Räume zu-

sammengelegt. Die Vorbereitungsküche ist im Souterrain.«
Sie ging zu einem raumhohen Kühlschrank mit Doppeltüren,
entnahm ihm eine mit Folie abgedeckte Platte und eine Schüssel
und stellte sie auf eine der vielen leeren weißen Flächen.
Melusine, die sich ins Unvermeidliche geschickt zu haben
schien, tauchte mit Tellern und Besteck auf und knallte beides
daneben auf die Arbeitsplatte.

Die Vorbereitungsküche. »Anton hat mir von seinen Restaurantplänen
erzählt. Aber dass er schon so weit war, wusste ich
nicht.«

»War er auch nicht«, bemerkte Melusine.

Olga runzelte die Stirn. »Hol das Brot.«

Melusine verschwand wortlos in einem Nebenraum. Olga
schob mir einen Teller hin. Er war weiß mit grünem Rand,
und in goldener Schreibschrift stand darauf »Villa Zott«. Es
war genau die Sorte Familienporzellan, das über Generationen
gehütet und vererbt wird, aber für den täglichen Restaurantbetrieb
nichts taugt. Wenn zwei Teller davon zu Bruch gehen,
kann der Wirt die Einnahmen eines ganzen Tisches für den
Abend abschreiben.

Olga deckte die Platte und die Schüssel ab. »Es ist nur ein
wenig Hirschschinken«, sagte sie. »Und Anton hat gestern
Morgen noch Erdäpfelkas gemacht.« Leise setzte sie hinzu:
»Jetzt ist er wenigstens richtig durchgezogen.«

Der Geruch nach gekochten Kartoffeln und gehackten
Zwiebeln stieg mir in die Nase. Anton hätte wohl nicht gerade
dieses einfache und deftige Gericht ausgesucht, wenn man ihn
nach seinen letzten Kochwünschen gefragt hätte. In Anbetracht
seiner hochfliegenden Pläne und dieser Profi-Küche war es fast
eine Ironie des Schicksals.

Melusine stellte mir einen Korb mit aufgeschnittenem
Bauernbrot vor die Nase. »Alles für den Gast.« Sie deutete
eine Verbeugung an. »Sie werden gestatten, werter Herr, dass
ich mich Ihrem Essvergnügen nicht anschließe. Mein Appetit
hat seit gestern etwas gelitten.« Damit stampfte sie aus der
Küche.

Olga nahm eine Scheibe Brot, bestrich sie mit dem Erdäpfelkas und biss herzhaft hinein. Dabei entblößte sie kleine spitze Zähne. Ihr Appetit schien jedenfalls nicht vom Tod ihres Mannes beeinträchtigt zu sein.

Ich bediente mich beim Hirschschinken. »Melusine hat wohl sehr an Anton gehangen«, sagte ich. Das Fleisch war zart und fast durchscheinend, jedoch mit zu viel Wacholder gewürzt.

»Wie kommen Sie denn darauf?« Olga starrte mich an.

Benahm sich dieses Mädchen etwa immer so schlecht? Ich übte mich in Diplomatie. »Stimmt, junge Mädchen haben ja oft eine etwas burschikose Art.« Ich schätzte Melusine auf kaum älter als achtzehn.

Olga lachte, ihre grünen Augen funkelten. »Ach so – nein, das dumme Gänschen glaubt nur, dass ich ihren Stiefvater umgebracht habe.« Sie wurde ernst. »Wir machen uns Sorgen um sie.«

Es gibt dieses Klischee vom Bissen, der einem im Hals stecken bleibt. Bisher hatte ich es für eine reine Redensart gehalten. Aber jetzt konnte ich das Stück Schinken im Mund nicht hinunterschlucken.

»Wie bitte?«, nuschelte ich.

»Melusine hat Probleme«, sagte sie. »Es ist nicht immer einfach mit ihr.«

Das hatte ich gesehen. »Verstehe.«

Sie betrachtete das Brot in ihrer Hand. »Melusine leidet gelegentlich unter Realitätsverlust«, sagte sie. »Deswegen versuchen wir auch, Rücksicht auf sie zu nehmen. Eigentlich leben wir in Wien, aber den Sommer verbringen wir immer in Altaussee. Melusine hat Schulprobleme – nichts Dramatisches, eher so eine verspätete Pubertät. Anton und ich hatten gehofft, dass sie hier ein wenig zur Ruhe kommt und im Herbst einen Neuanfang machen kann.« Es klang, als hätte sich diese Hoffnung nicht erfüllt.

»Vielleicht ist Ihre Tochter einfach phantasiebegabt«, sagte ich. »Und es wird mal eine Künstlerin aus ihr.«

Das kleine v-förmiges Lächeln erschien auf ihrem Gesicht.

»Das haben Sie nett gesagt, aber ich fürchte, dazu fehlt es ihr an vielem.« Sie schob sich den letzten Bissen Brot in den Mund und aß ihn auf. Dann wischte sie die Handflächen aneinander ab und sagte: »Anton ist gestern Morgen aus dem Haus gegangen, weil er im Revier Nachschau halten wollte. Zur Villa gehört auch ein Jagdrevier. Nicht besonders groß, aber recht schön.« Sie schüttelte den Kopf. »Dabei regnet es seit Tagen in Altaussee. Niemand außer Anton wäre auf die Idee gekommen, bei diesem Wetter eine nasse Holzleiter hochzuklettern. Typisch Anton – er war immer ein wenig weltfremd.«

Die goldenen Buchstaben »Villa Zott« glänzten im Licht der Neonröhren. Weltfremd war eine freundliche Umschreibung für Antons Unfähigkeit. Ich nahm einen Löffel von dem Erdäpfelkas und kostete vorsichtig. Daran gab es nichts auszusetzen.

Olga schaute zum Fenster, hinter dem es inzwischen Nacht geworden war. Die alten Doppelfenster dämpften das Prasseln des Regens zu einem sanften Rauschen. »Ich möchte wissen, wo Jojo steckt.«

»Ihr Sohn?«

Sie nickte. »Er war nicht zu Hause, als … als die Todesnachricht gekommen ist. Aber normalerweise redet sich so was im Ort schnell herum.« Sie runzelte die Stirn. »Langsam mache ich mir Sorgen, er ist gerade neunzehn.«

Mich wunderte, dass sie sich erst jetzt Gedanken über den Verbleib ihres Kindes machte. »Hat er Ihnen nicht gesagt, wohin er geht?« Die Verhältnisse in Antons Familie waren wirklich seltsam, gingen mich aber natürlich nichts an.

Olga öffnete den Mund, als wollte sie etwas sagen, aber dann nickte sie nur wortlos.

»Macht er das öfter?«, fragte ich eher aus Höflichkeit denn aus echtem Interesse und legte mein Besteck parallel auf den Teller. Ich war satt und fühlte mich erholt genug für die Fahrt nach Wien. Es wurde Zeit für den Aufbruch.

»Allerdings.« Sie schien meine Unruhe zu bemerken, denn

sie fügte hastig hinzu: »Können Sie nicht doch noch bleiben? Wir haben extra das Apartment unter dem Dach für Sie hergerichtet.« Sie schaute mich bittend an. »Der Blick auf den See ist ganz wundervoll. Und morgen soll das Wetter auch besser sein.« Sie klang wie eine Hotelchefin, die ihre Gäste an der Abreise hindern will.

»Danke für das Angebot, aber ich muss wirklich los.«

Sie betrachtete mich. »Verstehe«, sagte sie. »Ihre Frau wartet auf Sie.«

»Ich bin nicht verheiratet.«

Sie zog die feinen Brauen hoch. »Freundin?«

»Auch nicht.«

Julia war seit ein paar Monaten Geschichte. Im Sommer vor einem Jahr war sie geradezu euphorisch mit Staffelei und Ölfarben bei mir eingezogen, weil sie sich das Leben auf Sylt glamourös und inspirierend vorgestellt hatte. Aber die über den Winter verlassenen Ferienhäuser, die geschlossenen Galerien und Bars und vor allem die Sturmfluten hatten ihrer Künstlerseele zugesetzt. Jetzt widmete sie sich wieder in Hamburg ihrer sicher bald beginnenden Künstlerkarriere. Wobei ihr dem Vernehmen nach ein junger Galerist zur Seite stand.

Um Olga Zotts Mund spielte wieder das kleine v-förmige Lächeln. »Dann bleiben Sie doch wenigstens bis zum Begräbnis?«, sagte sie. Ein schmeichelnder Ton hatte sich in ihre Stimme geschlichen, der mir unangenehm war.

Ich schob meinen Stuhl zurück und stand auf. Das Geräusch der über den Fliesenboden schabenden Stuhlbeine verursachte mir eine Gänsehaut. »Ich lasse Ihnen meine Handynummer da. Sagen Sie mir einfach Bescheid, wann die Beerdigung ist.« Noch vor zwei Stunden hatte ich ein paar Tage bei einem Freund verbringen wollen. Und nun sprach ich über seine Bestattung. »Dann lasse ich alles stehen und liegen und komme nach Altaussee.« Den Gedanken an gebuchte Studios und sensible Fotografen verdrängte ich.

Olga stand auf. »Ich bringe Sie hinaus.«

Die Halle schien auf den ersten Blick leer zu sein, doch

dann bemerkte ich Melusine, die neben der Treppe stand und offenbar auf uns gewartet hatte.

»Fahren Sie jetzt?«, fragte sie so hastig, als hätte sie gern »endlich« hinzugefügt.

Dieses Mädchen war mir einfach unsympathisch. »Es ist spät genug«, sagte ich. »Auf Wiedersehen.«

Ich vermied den Blick auf Antons Habseligkeiten auf dem großen Tisch und ging an Melusine vorbei zum Eingang.

»Dann haben Sie Olgas Überredungsversuchen ja widerstanden«, rief sie mir hinterher. »Kompliment, das schafft nicht jeder.«

Ich drehte mich zu ihr um. »Wie bitte?«

»*Melusine!*«, sagte Olga scharf, wobei mir auffiel, dass sie ihre Tochter bei deren vollem Namen rief. Und nicht etwa Melly nannte oder einen ähnlichen Kosenamen verwendete. »Hör endlich auf mit diesem Unsinn!«

Die Spannung zwischen den beiden Frauen war mit Händen greifbar. Wie hatte Anton das ausgehalten? Kein Wunder, dass sich dieser Johannes von Zeit zu Zeit absetzte.

Melusine ging zur Tür und riss sie sperrangelweit auf. Draußen war es stockdunkel. Nur der Regen reflektierte das Licht, das aus der Halle ins Freie fiel. Es sah aus, als wäre die Villa Zott von grauen Vorhängen umgeben, die sie vom Rest der Welt abschotteten.

»Na dann, *bon voyage*«, sagte Melusine.

Im ersten Stock knackte der Treppenabsatz. Olga riss den Kopf herum und starrte hinauf in das Dunkel. Es hätte mich nicht gewundert, wenn sich der Geist eines Vorbesitzers des alten Landhauses materialisiert hätte, der in dieser Atmosphäre keine Ruhe fand.

»Was ist? Nervös?«, fragte Melusine. »Kein Wunder.«

Olga Zott lauschte. »Die Katze«, sagte sie schließlich.

»Vielen Dank«, sagte ich zu Melusine und gratulierte mir innerlich zu meiner Entscheidung, noch am selben Abend abzureisen. Statt meine Zelte unter dem geschichtsbeladenen Dach der Villa Zott aufzuschlagen, würde ich mein müdes

Haupt in die Kissen eines tadellos unpersönlichen Hotels betten. »Auf Wiedersehen.«

Der Sturm peitschte Regenschleier über den Vorplatz, sodass ich mein Auto gerade noch am Fuß der Stufen erkennen konnte. Umgeben von schwarzen Wasserlachen erinnerte der Austin Healey tatsächlich an einen Frosch in seinem Tümpel. Ich schlug den Jackenkragen hoch, zog den Kopf ein und rannte die Treppe hinunter.

Binnen Sekunden war ich bis auf die Haut durchnässt. Vor der Fahrertür hatte sich ein schwarzer See gebildet, über den der Wind raue Wellen trieb. Ich überwand mich und stieg mit einer Schuhspitze in das kalte Wasser, aber während ich mit dem Schlüssel in dem alten Schloss herumstocherte, versank ich bis zum Knöchel in der Pfütze.

»Verdammt.«

Jedes moderne Auto hat eine Fernbedienung. Mit klammen Fingern fasste ich den Schlüssel fester. Um genauer sehen zu können, beugte ich mich nach vorne, was meine Lage aber nicht verbesserte, denn nun trommelte der Regen auf meinen Nacken und lief in eisigen Strömen meinen Rücken hinunter.

Nach einer gefühlten Ewigkeit gelang es mir endlich, den Wagen aufzuschließen. Ich klemmte mich hinter das Lenkrad und zog die Tür rasch wieder ins Schloss. Kleine Rinnsale sickerten über meine Schläfen, brannten in meinen Augen und tropften mir von der Nase. Ungeduldig fuhr ich mit der Hand über mein nasses Gesicht. Mit einem Aufatmen drehte ich den Zündschlüssel im Schloss und wartete auf das beruhigende Knattern des Motors. Nichts geschah. Ich versuchte es wieder. Nur das gleichförmige Rauschen des Regens drang an mein Ohr.

Das durfte nicht wahr sein. Langsam bewegte ich den Schlüssel bis zum Anschlag und drückte ihn dann mit Kraft darüber hinaus. Aber auch diese neue Technik brachte keinen Erfolg. Der Motor blieb stumm.

Ich schaute zum Hauseingang hinauf. Olga hatte sich inzwischen zu Melusine gesellt. Die beiden Frauen standen, von warmem Licht umrahmt, auf der Türschwelle und beobachteten meine fruchtlosen Versuche.

Ich stützte die Hände auf die Knie und dachte nach. Der Motor war abgesoffen, so lautete meine laienhafte Diagnose. Aber ob nun die Batterie nass geworden war oder eine Zündkerze oder was immer sich unter der alten Blechhaube an vorsintflutlicher Technik verbarg – davon hatte ich keine Ahnung. Kurz tauchte vor meinem inneren Auge das Bild des schillernden Ölflecks auf, den mir der Tankwart Stunden zuvor am Wolfgangsee gezeigt hatte. Warum hatte ich nicht auf seinen Rat gehört und ihn das Auto anschauen lassen? Nun brauchte ich erst recht einen fachkundigen Mechaniker. An diesem Abend gab es jedenfalls kein Fortkommen mehr für mich.

Niedergeschlagen legte ich die Hand auf den Türgriff, als auf einmal ein Lichtstrahl durch die Finsternis hinter der Windschutzscheibe schnitt. Wie ein leuchtendes Auge richtete sich der Schein einer Taschenlampe auf mein Gesicht. Geblendet kniff ich die Augen zusammen. Als ich sie wieder öffnete, erlosch das Licht. Gerade erhaschte ich noch einen Blick auf die Gestalt, die um die Hausecke bog. Sie trug einen Umhang, dessen Falten im Wind flatterten wie Fledermausflügel. Im nächsten Augenblick war sie verschwunden. Das Ganze ging so schnell, dass ich mich fragte, ob ich nicht einer optischen Täuschung aufgesessen war. Der Gedanke schoss mir durch den Kopf, jemand könnte den Motor des Austin Healey manipuliert haben, um mich an der Weiterfahrt zu hindern. Diesen paranoiden Einfall verwarf ich jedoch sofort wieder und schrieb ihn meinen strapazierten Nerven zu.

Steifbeinig vor Müdigkeit stieg ich aus und ließ mir den kalten Wind ins Gesicht wehen. Die Frauen im Hauseingang hatten sich nicht gerührt. Hatten sie die geflügelte Gestalt bemerkt? Der Regen prasselte wie mit Hagelkörnern auf meinen Rücken und geißelte meine Haut. Meine Knochen waren wie aus Eis, und meine Glieder fühlten sich bleischwer an. Ich war hundemüde. Vielleicht war es der Wink des Schicksals, dass ich in diesem Zustand nicht die weite Fahrt nach Wien antreten konnte. Schnell schlug ich die Autotür zu und rannte die Eingangsstufen hinauf.

Olga trat sofort beiseite und gab mir den Weg in die Halle frei. Auf ihrem Gesicht strahlte das v-förmige Lächeln.

Erdäpfelkas

Zutaten für 4 Personen
4 Erdäpfel · 1 gehackte Zwiebel · 1 EL weiche Butter · Salz, Pfeffer, Kümmel · 4 EL Sauerrahm

Zubereitung
4 gedämpfte und geschälte mehlige Erdäpfel kalt passieren. Die Masse mit einer gehackten Zwiebel und mit 1 EL weicher Butter vermischen. Mit Salz, Pfeffer und Kümmel würzen. Nach und nach mit 4 EL Sauerrahm zu einer streichfähigen Masse verrühren. Dazu passt dunkles Bauernbrot.

ZWEI

Unter dem Dach der Villa Zott bewohnte ich zwei Zimmer, ein Schlafzimmer mit einem riesigen Doppelbett und ein Wohnzimmer mit einer kleinen Sitzgarnitur, einem Ohrensessel und einem schweren geschnitzten Schreibtisch. Wie im ganzen Haus schmückten auch hier sicher wertvolle, aber im Laufe der Jahre vergilbte Stiche und dazu jede Menge Gamstrophäen die Wände. Wie kleine Teufelsköpfe lugten die Schädel mit den gebogenen Hörnern von ihren Zierbrettern in den Raum.

Während ich in jener ersten Nacht in Altaussee den Schlaf des Erschöpften schlief, hörte es auf zu regnen. Am nächsten Morgen öffnete ich die grünen Holzläden an den beiden Glastüren und trat auf den Balkon unter dem spitzen Giebel hinaus.

Die Welt sah wie neu erschaffen aus. Um die roten Geranien in den Blumenkisten summten Hummeln, und eine Schnecke mit einem gelb-schwarz geringelten Haus kroch über ein Blatt. Es roch nach frischem Gras und feuchter Erde. Der Duft weckte Sehnsüchte nach endlos langen Ferientagen und unbeschwerter Kindheit.

Der Himmel wölbte sich strahlend blau über einem Panorama, das an handkolorierte Stiche aus dem 19. Jahrhundert erinnerte. Links von mir erhob sich ein schroffes Felsmassiv und schien in der glasklaren Luft zum Greifen nah. Dunkelgrüner Bergwald kroch über seine Flanken. Zwischen den Bäumen hingen Nebelschleier wie Spinnweben. Direkt vor mir lag dunkel und geheimnisvoll der See. Wolken schienen über seine spiegelglatte Oberfläche zu treiben.

Ich atmete tief ein, streckte mich ausgiebig und spürte, wie die Sonnenwärme meinen Körper durchströmte. Wien mit seinen grauen Häuserfronten und der abgasgesättigten Luft schien eine Weltreise entfernt. Vielleicht war Antons Idee, ein Restaurant am Altaussee zu eröffnen, doch nicht so schlecht gewesen. Was würde jetzt, nach seinem Tod, aus dieser zauberhaften Villa werden?

Als ich eine halbe Stunde später in die Halle hinunterstieg, knarrten die alten Holzstufen unter meinen Tritten. Ich erinnerte mich an das Geräusch, das ich am Vorabend gehört und das Olga so erschreckt hatte. War es wirklich eine Katze gewesen? Oder gab es in diesem alten Haus etwa Ratten? Das wären keine guten Voraussetzungen für ein Restaurant.

Ich hatte die letzte Stufe gerade erreicht, als ich zu meiner Überraschung Melusine entdeckte. Sie stand an einem der Fenster, starrte hinaus und wandte mir den Rücken zu. Als sie mich kommen hörte, drehte sie sich sofort um. Ich hatte den Eindruck, dass sie mich abpassen wollte, ehe ich das Haus verließ.

»Morgen«, sagte sie so freundlich, dass ich mich fragte, ob dies das feindselige Mädchen war, das ich gestern Abend kennengelernt hatte. »Obwohl – es ist ja schon fast Mittag.«

Sie trug einen weiten Norwegerpullover und dazu glänzende Gymnastikhosen. Auch wenn das Oberteil ihre Fülle nur erahnen ließ – die Hose umschloss ihre säulenartigen Beine gnadenlos wie eine Fischhaut. Ihre Füße steckten in grauen Wollsocken von der Sorte, die immer wie von der Oma gestrickt aussehen. In der Hand hielt sie eine Porzellantasse mit grünem Rand, deren goldene Aufschrift »Villa Zott« im Sonnenlicht glänzte.

»Guten Morgen, Melusine«, antwortete ich und ging zu ihr hinüber. Dabei fiel mir auf, dass Antons Habseligkeiten von dem runden Tisch verschwunden waren. Nur noch der welke Strauß stand da und verströmte einen modrigen Geruch. Flüchtig wunderte ich mich, warum man Antons Sachen weggeräumt, die halb toten Blumen aber hatte stehen lassen.

»Bleiben Sie jetzt doch?«, fragte Melusine, als ich neben ihr stand. Sie schwenkte ihre Tasse, in der schwarzer Tee war. Kleine Blättchen trieben auf seiner Oberfläche. Der Tee musste eiskalt sein. Wie lange hatte Melusine wohl schon auf mich gewartet?

»Kommt drauf an«, sagte ich.

»Worauf?«

»Ob mein Auto inzwischen getrocknet ist.« Ich kann jederzeit einen defekten Grill wieder in Gang bringen, aber von Autos habe ich keine Ahnung. Was ein Mann natürlich nicht gern zugibt. Also sagte ich fachmännisch: »Wahrscheinlich nur ein paar feuchte Zündkerzen.« Hatte der Austin so was überhaupt? »Wo ist denn hier die nächste Werkstatt?«

Melusines Augen weiteten sich, als stünde sie vor einem neuen Problem, mit dem sie nicht gerechnet hatte. Sie sah aus, als hätte sie am liebsten »auch das noch« gesagt.

»Gibt keine«, sagte sie schließlich.

»Und wie komme ich dann hier weg?«

»Sie könnten ja mit dem Zug fahren«, schlug sie vor. In ihrer Stimme schwang Hoffnung. »Der hält am Wiener Westbahnhof, echt eine Superverbindung.«

»Und mein Auto?« Sollte ich meinen kranken Frosch etwa zurücklassen?

Sie zögerte. »Da müsste ich mal den Stefan fragen.«

Ich sah einen Silberstreifen am Horizont. »Ist der Automechaniker?« Und kannte er sich mit Oldtimern aus?

»Der Stefan macht in Rasenmähern.«

»Wie bitte?«

»Der Stefan repariert Rasenmäher«, sagte sie. »Und hin und wieder auch mal ein altes Auto.«

»Das ist ein Austin Healey!«

»Ist das etwa kein altes Auto?«

Wer hatte dieser jungen Frau bloß den Namen einer Wasserfee gegeben? »Oldtimer sind nun mal keine Neuwagen«, sagte ich bissig.

Ob allerdings jemand, der Rasenmäher reparieren konnte, der Richtige für meinen wertvollen Austin Healey war, bezweifelte ich. Ich hatte ein Gefühl, als müsste ich einen Landarzt mit einer Herztransplantation beauftragen. Aber mein Goldstück bis nach Wien schleppen zu lassen, nur damit ein Fachmann vielleicht zu der gleichen Diagnose kam wie dieser Stefan, war ein ziemlicher Aufwand. Ich beschloss, dem Rasenmäher-Experten eine Chance zu geben.

»Und wo finde ich Ihren Bekannten?«, fragte ich.

Sie zuckte die Schultern. »In Wien, nehme ich mal an. Der Stefan studiert Bodenkultur. Und heute ist erst Montag.«

»Und was heißt das?«

»Der Stefan kümmert sich um unser Revier und verdient sich damit was dazu. Aber der kommt immer erst am Freitag nach Altaussee. Dann wohnt er zum Wochenende bei seinen Eltern.«

»Am *Freitag*?« Ich saß also für eine knappe Woche in Altaussee fest – im besten Fall. Aber meinen Oldtimer unbeaufsichtigt in der Provinz stehen zu lassen, kam natürlich nicht in Frage. »Und da kann man nichts machen?«

Unter dem Tisch mit dem verwelkten Blumenstrauß rührte sich etwas. Ein großer rot getigerter Kater kroch hervor und streckte sich ausgiebig, ohne uns eines Blick zu würdigen. Durch die Halle stelzte er zur halb offenen Küchentür und war gleich darauf dahinter verschwunden. Es war also doch die Katze auf der Treppe gewesen. Das Tier war auf jeden Fall schwer genug, um die alten Dielen zum Knarren zu bringen.

»Ich hasse Katzen«, sagte Melusine mit Blick auf die Küchentür. »Früher hatten wir Dackel.« Ihre Stimme wurde weicher. »Max und Moritz.«

Ich wollte mir ihre gute Stimmung zunutze machen. »Und jetzt haben Sie keine Hunde mehr?«

Sie zuckte die Schultern. »Max war schon alt, der ist gestorben.«

»Und was ist mit Moritz?«

Melusine zögerte. »Weggelaufen«, sagte sie schließlich. Ich hatte das Gefühl, dass sie nicht die Wahrheit sagte, konnte mir aber den Grund für ihre Lüge nicht erklären. »Dafür haben wir jetzt Mephisto.« Sie räusperte sich. »Hören Sie, warum nehmen Sie nicht einfach den Zug? Ich könnte Ihnen den Fahrplan ausdrucken.«

»Nein, vielen Dank.« Offenbar wollte sie mich unbedingt aus dem Haus haben. »Ich muss mich um mein Auto kümmern. Außerdem bin ich hier, um ein paar Rezepte für mein neues Kochbuch zu finden.«

»Dann suche ich Ihnen ein Hotel – direkt am See?«

Das kam einem Rausschmiss schon sehr nahe und war exakt der Moment, in dem ich die Entscheidung traf, bis zu Antons Beerdigung in der Villa Zott zu wohnen. Druck erzeugt bei mir immer Gegendruck.

»Ihre Mutter hat mich gebeten, noch etwas zu bleiben«, sagte ich und bemühte mich gar nicht erst, meinen Ärger zu verbergen. »Sie braucht in dieser Situation ein wenig Beistand.« Ich hatte die Präpotenz dieser pubertären Kröte einfach satt.

Melusine schwenkte die Tasse so energisch im Kreis, dass die Teeblättchen auf der Oberfläche in einen Strudel gerieten. »Na, dann passen Sie gut auf, wenn Olga Ihnen ein Angebot macht.«

»Danke für den Rat«, sagte ich und wandte mich zum Gehen. Dabei fiel mir noch etwas ein. »Warum nennen Sie Ihre Mutter eigentlich Olga?«

Melusine leerte die Tasse mit dem bestimmt bitter gewordenen Tee auf einen Zug. »Sie ist nicht meine Mutter«, sagte sie voller Verachtung. »Ich rufe den Stefan an, vielleicht kann er ja früher kommen. Damit wäre dann allen geholfen.« Damit drehte sie sich um und stapfte auf ihren Großmuttersocken durch die Halle. Gleich darauf knallte die Küchentür hinter ihr ins Schloss.

Mein geliebter Austin Healey stand noch genau an der Stelle vor dem Haus, an der ich ihn abgestellt hatte. Im hellen Morgenlicht glänzte seine von Wassertropfen gesprenkelte Karosserie wie Vanille-Parfait in einer geeisten Glasschale. Es war ein beruhigender Anblick – wenn da nicht der hässliche Ölfleck gewesen wäre, der vor der Kühlerhaube auf einer Regenpfütze schwamm und mich an die Tintenfischtinte erinnerte, die man für ein Risotto nero braucht. Mir schwante, dass die Ursache meiner Probleme vielleicht nicht allein an der feuchten Witterung lag. Trotzdem wollte ich noch einen Versuch wagen. Vielleicht waren es ja doch nur die Zündkerzen.

Voll böser Vorahnung setzte ich mich hinter das Lenkrad und steckte den Schlüssel ins Zündschloss. Ich sandte ein Stoßgebet zum Himmel und drehte den Schlüssel nach rechts. Ein mechanisches Klicken war im Schloss zu hören, sonst passierte nichts. Der Motor gab einfach kein Lebenszeichen mehr von sich. Ich schickte dem Himmel einen Fluch hinterher.

Von der linken Seite fiel ein Schatten durch die offene Autotür und legte sich über die Armaturen.

Erschrocken, weil ich nichts gehört hatte, fuhr ich auf. »Hallo?«

»Selber hallo«, sagte eine Frauenstimme.

Kaum einen Meter von mir entfernt stand Olga Zott. Sie trug einen Herrenlodenmantel, der ihr viel zu weit war, und Gummistiefel. In einer Hand hielt sie ein üppiges Bouquet Strauchrosen und in der anderen eine Gartenschere. Sie musste die Blumen gerade geschnitten haben, denn auf den Blüten funkelten Wassertropfen wie kleine Kristalle. Ich wunderte mich, dass sie so kurz nach dem Tod ihres Mannes an die Verschönerung ihres Heimes denken konnte. Oder sollte das ein Trauergebinde werden? Die Luft, die vom Felsmassiv herüberwehte und über den nassen Rasen strich, ließ mich frösteln.

»Sieht so aus, als müssten Sie mich noch ein wenig länger ertragen.« Ich versuchte es mit einem Scherz.

»Sieht so aus, ja.« Ihr rotes Haar schien sich im warmen Sonnenschein zu sträuben. Mehr denn je erinnerte sie mich an eine Füchsin. »Dann können Sie wenigstens noch eine Weile den Blick auf den Loser genießen.« Sie deutete mit der Gartenschere auf das Felsmassiv, das sich drohend hinter der Villa Zott erhob. »Sie bewohnen sozusagen unsere Loser-Suite.«

»Ich kann gern ins Hotel gehen«, sagte ich.

»Nein, um Gottes willen, nein – das wäre ja noch schöner. Was hätte denn Anton dazu gesagt?« Sie blinzelte, als wollte sie anfangen zu weinen. »Bleiben Sie hier. Sie täten mir wirklich einen großen Gefallen damit. Und Melusine natürlich auch«, setzte sie hastig hinzu.

Mir fielen Melusines Worte ein: *Olga ist nicht meine Mutter.* Welches Angebot sollte mir Antons Witwe machen? Junge Mädchen hatten immer so einen Hang zum Melodramatischen.

»Wissen Sie denn schon, wann die Beerdigung ist?« Ich gehe

nie auf Begräbnisse, aber nachdem ich Anton zu Lebzeiten nicht mehr von Nutzen hatte sein können, wollte ich ihm wenigstens diesen letzten Freundschaftsdienst erweisen. Und solange das Herz meines Froschs nicht wieder schlug, konnte ich sowieso nichts machen.

Sie schüttelte den Kopf. »Wir haben noch keine Nachricht vom Bestatter.« Ihr Blick irrte über den Vorplatz. »Mir fällt das alles furchtbar schwer – allein die Vorstellung, dass sich Anton den Hals gebrochen hat. Der Brodinger Tim sagt, es wäre ein furchtbarer Anblick gewesen.«

»Ist das der Notarzt?«

»Nein, der Tim ist der Wirt vom Silbernen Hecht. Der war Schwammerl suchen fürs Restaurant und hat stattdessen meinen Anton gefunden.« Sie deutete mit dem Kinn in die Richtung, in der ich den See vermutete. »Der Tim war eine Weile weg und hat irgendwo anders gekocht. Aber wie sein Vater vor einem Jahr gestorben ist, ist er zurück und hat das Gasthaus übernommen.« Sie tippte mit dem Zeigefinger auf die Spitze der Gartenschere. »Hat gute Gäste, der Tim.«

Ein Koch, der in der Provinz reüssierte? Vielleicht war Altaussee wirklich kein so schlechter Platz und Antons Geschäftsidee gar nicht so abwegig gewesen. Das musste ich mir einfach anschauen. Mein professionelles Interesse erwachte in dieser Sekunde. Ich beschloss, diesem Herrn Brodinger einen Besuch abzustatten, und schaute auf die Uhr. Inzwischen ging es auf Mittag zu. Für ein Frühstück war es schon ziemlich spät. Mein Magen regte sich, aber auf eine weitere Mahlzeit im Seziersaal der Villa Zott hatte ich keinen Appetit.

»Ist es weit zum Silbernen Hecht?«

»Gar nicht.« Olga Zott schmunzelte. »Haben Sie denn solchen Hunger?« Sie hatte mich durchschaut. »Wenn Sie nicht die Reste von gestern Abend essen wollen, dann probieren Sie ruhig die Küche vom Tim.« Sie zupfte an den Rosen in ihrer Hand herum. Weiße und rosa Blütenblätter landeten in den Regenpfützen vom Vortag, in denen sich Sonne und Wolken spiegelten. »Anton war auch öfter dort.«

Ich fuhr mit der Hand das Lenkrad entlang. »Mhm.«

»Keine Angst, dem Wagen passiert hier nichts«, sagte sie, und ich hörte das Lächeln in ihrer Stimme. Wieder hatte sie meine Gedanken gelesen. »Jetzt gehen Sie schon, ehe Ihr Magenknurren mir noch ein schlechtes Gewissen macht.«

»Also gut, wenn Sie mir den Silbernen Hecht so empfehlen.« Ich ließ mir den Weg beschreiben.

An diesem warmen Morgen war der Ort nur wenig belebter als am regnerischen Vorabend. Die Sonne brannte auf die Schindeldächer und Holzfassaden der Häuser und staute sich in den Gassen, die ständig bergauf und bergab führten und so eng waren, dass ich auf die vorbeifahrenden Autos achtgeben musste. Alle Häuser hatten grüne Fensterläden und üppig mit Geranien bepflanzte Blumenkästen. In den Vorgärten blühten hinter Holzzäunen Strauchrosen, zwischen deren Blütenköpfen schon erste Hagebutten leuchteten. Ich fragte mich, ob in Altaussee die Gartengestaltung vorgegeben war oder der Aufsicht eines örtlichen Denkmalamtes unterlag.

Während ich in Richtung See spazierte, versuchte ich das gastronomische Potenzial der Touristen einzuschätzen, die mir immer wieder in kleinen Gruppen begegneten. Wie auf Sylt gab es zwei Sorten – die kamerabewehrten Tagesausflügler in Freizeitkluft und die Zweitwohnsitzbesitzer, die man an der Nordsee an blauen Blazern und roten Hosen erkennt und die in Altaussee offenbar Dirndl und Krachlederne trugen. Echte Einheimische konnte ich nicht entdecken.

Der Silberne Hecht war ein großer Gasthof inmitten von Wiesen, die bis zum See hinunterreichten und über denen nach der Regennacht noch ein zartes Gespinst aus Luft und Wasser hing. Obwohl es inzwischen Mittag war, standen auf dem Parkplatz des Gasthofes nur drei Autos – die allerdings von Luxusmarken. Anton hatte mit seiner Einschätzung also doch nicht so falschgelegen.

Durch eine schwere Doppeltür betrat ich ein weiß getünchtes Gewölbe, dessen Boden abgeschliffene Steinfliesen zierten

und das mit bäuerlichen Antiquitäten möbliert war. Goldgerahmte Originalstiche mit Altausseer Ansichten und Jagdszenen
hingen an den Wänden. Auf einer geschnitzten Truhe stand ein
Telefon, daneben lag ein riesiges Reservierungsbuch, dessen
aufgeschlagene Seiten über und über mit kryptischen Zeichen
bedeckt waren. Vor allem Letzteres beeindruckte mich.

»Grüß Gott«, sagte eine Männerstimme hinter mir.

Ich drehte mich um. Vor mir stand ein klein gewachsener
Kellner mit Glatze, dessen gut geschnittene grüne Jacke seinen
Buckel nicht verbergen konnte. Sein eines Auge schien mir
größer als das andere zu sein. Überhaupt erinnerte mich der
ganze Mann mit seiner vorgebeugten Haltung an Quasimodo
aus dem Glöckner von Notre Dame.

»Guten Tag«, erwiderte ich. Mit dem lieben Gott im Gruß
tue ich mich auch in Bayern schwer. »Gibt es schon ein Mittagessen?«

»Selbstverständlich. Bitte sehr.«

Er führte mich in eine holzgetäfelte Stube. Auch hier hin-
gen Jagdstiche, und eine Wand war mit gerahmten Fotos und
Zeitungsausschnitten bedeckt. Die Tische waren mit weißem
Leinen und jeder Menge Porzellan und Silberbesteck gedeckt.
Der Blumenschmuck bestand natürlich aus Strauchrosen. Hin-
ter den Fenstern glitzerte flaschengrün der See.

An einem Tisch saßen drei Männer in dunklen Anzügen,
offensichtlich Geschäftsleute, die ihre Spesen gut anlegten. In
einer Ecke war eine grauhaarige Frau im Dirndl in ein Buch
vertieft, das neben ihrem halb vollen Teller lag. Zu ihren Füßen
schlief der dickste Dackel, den ich je gesehen hatte.

Quasimodo platzierte mich vor der Fotowand neben die
Geschäftsleute und schenkte mir Wasser aus einer Karaffe
ein, in der Kristallbrocken lagen. Dann überreichte er mir
die Speisekarte. Sie war handgeschrieben, aber gut lesbar.
Manche Restaurantbesitzer scheinen ja der Meinung zu sein,
eine verschnörkelte Schrift spräche für die Klasse des Kochs.
Aber oft habe ich den Verdacht, dieser Schnickschnack soll die
mangelnde Qualität der Küche maskieren so wie eine scharfe

43

Sauce marinière einen Haufen seit Tagen toter Muscheln. Nicht dass ich jemals in Versuchung käme, Muscheln zu essen, wenn mir der Fischhändler, von dem der Koch seine Ware bezieht, nicht persönlich bekannt und seit Jahren in enger Freundschaft verbunden ist. Aber hier lag der See vor der Haustür.

»Wie sieht es denn mit dem Fang von heute aus?«, erkundigte ich mich.

»Ich frage gleich in der Küche nach.« Damit verschwand der Kellner in Richtung einer holzgeschnitzten Tür, hinter der sich wohl die Küche verbarg.

Kurz darauf tauchte er in Begleitung eines Mannes in weißer Jacke im Türrahmen auf. Die beiden schauten zu mir herüber, dann nickte der Koch und kehrte in sein Reich zurück. Quasimodo steuerte quer durch das Restaurant auf mich zu. Neben meinem Tisch blieb er stehen, griff nach der Wasserkaraffe und schenkte mir nach.

»Wir haben heute frische Saiblinge bekommen«, sagte er. »Vielleicht steirisch mit Kren und Kürbiskernen?«

Das Gespräch mit Olga Zott fiel mir ein. »Gibt es zufällig Eierschwammerl?«

Mir schien, als werfe mir der Kellner einen misstrauischen Blick zu. Aber dann sagte er nur: »Sie stehen nicht auf der Karte, aber wir bereiten Ihnen selbstverständlich welche zu. Wie hätten Sie sie denn gern?«

Ich zögerte einen Moment. »Die Spezialität des Hauses hätte ich gern.«

»A la crème?«, fragte Quasimodo. »Geröstet mit Zwiebeln und Ei? Oder vielleicht als Schmarrn?«

»Ich nehme den Schmarrn.« Diese Zubereitung kannte ich nicht. »Ich habe einen Riesenhunger.«

»Eine sehr gute Wahl – und wir machen eine größere Portion.« Er deutete eine Verbeugung an und entfernte sich.

Ich ließ meinen Blick über die Wand zu meiner Rechten wandern. Die Fotos zeigten Innenaufnahmen des Restaurants und strahlende Leute vor vollen Tellern. Manche Gesichter kamen mir bekannt vor. Ein paar Zeitungsartikel hingen gerahmt dazwischen. Auch Antons Kolumne »Von A–Z« war darunter. Von meinem Platz aus konnte ich nur die Überschrift lesen: »Der Fugu-Chef«. Flüchtig fragte ich mich, ob im Silbernen Hecht etwa dieser giftige Kugelfisch serviert wurde, für dessen Zubereitung der Koch eine eigene Ausbildung in Japan absolvieren muss. Eine Fugu-Mahlzeit ist nämlich praktisch ein Nahtoderlebnis. Die giftigen Überreste dieses Fisches müssen so streng wie medizinischer Müll entsorgt werden. Der köstlich aussehende und absolut tödliche Teil des Fugu ist seine Leber. Wer ihrem Verzehr nicht widerstehen kann, weil sie fatal an Foie gras erinnert, hat seine letzte Mahlzeit gegessen. Das Elende dabei ist, dass man nie voraussehen kann, wie viel Gift in jedem einzelnen Tier steckt. Ein großer Fisch mit einer fetten Leber kann weniger gefährlich sein als ein kleines Exemplar, das mit Gift vollgepumpt ist.

»Da brat mir einer einen Bären – *Mark*!«

Beim Klang dieser rauen, ein wenig spöttischen Stimme fuhr ich herum. Vergessen war der Fugu. Neben mir stand ein Mann Ende dreißig. Er trug eine weiße Kochjacke, auf die in blauer Schreibschrift der Name »Tim Brody« aufgestickt war, und hatte die Hände in die Hüften gestützt. Erste graue Fäden zogen sich durch seine dunklen Locken, und das schmale Gesicht hatte ein paar scharfe Falten dazubekommen, seit ich es zuletzt in Paris gesehen hatte. Aber sonst schien sich Tim nicht verändert zu haben. Er war noch immer drahtig wie ein Marathonläufer, in meinen Augen das Zeichen des guten Küchenchefs. Es zeigt, dass er an der vordersten Front dabei ist. Oder gehören Sie zu denen, die dem Klischee vom dicken Koch anhängen? Dann verabschieden Sie sich ruhig davon. Der Arbeitsbereich in einer Küche ist eng, es ist heiß bei hoher Luftfeuchtigkeit, und viele Menschen wuseln um Sie herum. Sie müssen volle Warmhaltewannen schleppen, den ganzen Tag über Treppen rennen und endlos Kniebeugen vor Schubladen machen. Wenn Sie da nicht fit sind, sind Ihre Tage in der Oberliga gezählt.

»*Tim – verdammt*«, sagte ich. »Was machst du denn hier?«

»Siehst du doch.« Er grinste sein Filmstarlächeln, das immer ein wenig aussah, als fletschte er die Zähne. »Ich koche, was sonst?«

Er griff sich einen Stuhl, zog ihn schwungvoll heran und ließ sich darauf nieder. Einer der Anzugträger am Nachbartisch hörte auf zu essen und sah zu uns herüber. In dem Blick, mit dem er mich streifte, lag Anerkennung. Tim schien es nicht zu bemerken.

»Was verschlägt dich denn in unsere gottverlassene Gegend?«, fragte er.

»Die Suche nach regionaler Küche«, antwortete ich. »Aber dich hätte ich hier nicht erwartet.«

Tim und ich hatten uns bei der Ausbildung im »Le Cordon Bleu« in Paris kennengelernt. Gemeinsam hatten wir Kurse für Eierkochtechniken, für Fisch, Fleisch, Suppen und Fonds besucht. Aber während ich mich abgemüht hatte, aus ein paar Hühnerknochen eine Essenz zu kochen, die den Namen verdiente, oder ein paar Fischgräten und Krabbenschalen den Geist des Meeres zu entlocken, hatte Tim in schöner Regelmäßigkeit herzhafte Hühnersuppen und wunderbar aromatische Fischfonds hergestellt. Unter Lehrern und Schülern galt er als begnadet, wenn nicht sogar als genial. Vergebens versuchte ich wochenlang, hinter sein Geheimnis zu kommen. Als wir unsere Spinde zum letzten Mal ausräumten, war mir die Vorstellung, das Rätsel nicht gelöst zu haben, derart unerträglich, dass ich ihn einfach fragte. Ohne einen Anflug von Verlegenheit zog er zwei Zellophan-Tütchen aus der Tasche seiner Kochhose und drückte mir »Duponts Hühner- und Hummerfond« in die Hand. Ich hatte in diesem Moment nicht gewusst, ob ich lachen oder weinen sollte.

Tim verschränkte die Arme vor der Brust. »Ich wollte immer einen eigenen Schuppen.«

»Wer nicht.« Ich konnte mir nicht vorstellen, dass ein Landgasthof am Ende der Welt das Ziel von Tims hochfliegenden Träumen war. »Schön hier.«

Quasimodo erschien und stellte einen dampfenden Teller vor meine Nase. Er war aus schlichtem weißem Porzellan, elegant, aber strapazierfähig, geschaffen für Hunderte heiße Waschgänge im Geschirrspüler und die Hände eines Tellerwäschers unter Zeitdruck. Wie goldene Würfel türmten sich darauf gebackene Teigstücke, vermischt mit glänzenden Pfifferlingen und überstäubt mit perfekter Petersilie Chiffonade. Der Duft nach gebratenen Pilzen, der von dem Gericht aufstieg, war unwiderstehlich.

»Die Eierschwammerl, bitte sehr«, sagte Quasimodo.

Tim ließ seinen Blick aufmerksam über das Essen wandern, schien aber zufrieden mit der Arbeit seiner Küche. »Wo wohnst du denn?« Der Silberne Hecht bot schließlich auch Übernachtungsmöglichkeiten.

Ich häufte mit der Gabel Pilze und Petersilie auf eines der knusprigen Teigstücke. »Bei Freunden.«

»Ach so.« Tims Interesse war überschaubar. »Du schreibst ja jetzt, was? Machst du auch Kritiken?«

Hörte ich da einen misstrauischen Unterton? Anscheinend dachte er, ich wäre seinetwegen gekommen. Um sein Restaurant zu bewerten und ihm vielleicht Schwierigkeiten zu machen. Der Schmarrn war leicht und luftig, die Eierschwammerl waren perfekt gebraten und verbreiteten das Aroma von Tannenwald und Bergluft. In Gedanken hörte ich den Hirsch röhren.

»Wunderbar«, nuschelte ich mit vollem Mund. »Toll.«

Tim musterte mich mit seinen schwarzen Augen. »Ich habe einen neuen Hilfskoch«, sagte er. Natürlich buk er einen Schmarrn nicht selbst.

»Das ist genau das, wonach ich suche.« Ich deutete mit der Gabel auf meinen Teller. »Wenn du das Rezept rausrücken könntest, wär das nett.« Ich nahm einen Schluck Wasser. »Wenn es ohne Tütensuppe funktioniert.«

Tim starrte mich an. Nahm er mir die Anspielung auf seine Trickserei auf der Kochschule etwa übel? »Was?«

»Duponts Hühner- und Hummerfond, schon vergessen?«

»Ach so.« Er fuhr sich mit der Hand über die Augen. »Ja gut, ich lasse dir was zusammenstellen. Bis wann bist du noch hier?«

47

In diesem Augenblick öffnete sich die Stubentür mit Schwung. Ein mittelalterliches Paar in teurer Freizeitkleidung betrat das Restaurant. Es war die Sorte Mensch, die nur beim angesagten Hauben-Koch isst, dabei gern die Beilagen ändert und ungeniert nachsalzt. Man kennt diese Gäste. Die Frau quält erst den Kellner mit ihren Allergien und bestellt dann immer die Kinderportion, während ihr Gatte den Sommelier über den Wein belehrt. Was machten solche Leute im Silbernen Hecht in Altaussee?

»Sind das Urlauber?«, fragte ich.

Tim sah zur Tür. »Nein, die kommen extra aus Wien. Du kennst den Typ – parken den Nobelschlitten fett vor der Tür und bestellen das Drei-Gänge-Menü und den billigsten Wein.«

Ich musste lachen. Das macht den Unterschied zu Frankreich aus. Dort fährt der Gast mit der Rostschüssel vor, genießt zehn Gänge und trinkt dazu die besten Weine. Die Stimmung am Tisch ist laut und fröhlich und wird auch von der Rechnung nicht beeinträchtigt.

Der Mann grüßte Tim mit erhobener Hand, seine Begleiterin wedelte mit den Fingern in der Luft herum. Es war ein Wunder, dass sie den Arm überhaupt in die Höhe halten konnte, denn ihr Handgelenk wurde durch eine dicke goldene Uhr beschwert.

»Austern mit Ketchup?«, fragte ich.

Tim brummte etwas Unverständliches, machte aber keine Anstalten, aufzustehen, sondern nickte nur gelassen. Die Frau fasste ihre teure Tasche fester, und der Blick des Mannes glitt hastig durch den Gastraum. Offensichtlich wollte er sichergehen, dass niemand den nachlässigen Gruß des Chefs und die damit verbundene gesellschaftliche Degradierung mitbekommen hatte. Quasimodo rettete die Situation, indem er auf die beiden zueilte, sie mit Handschlag begrüßte wie verloren geglaubte Freunde und sie dann an einem der Fenstertische mit dem prachtvollen Seeblick platzierte.

»Du hast gutes Publikum«, bemerkte ich.

»Wie man's nimmt.« Tim sah zu, wie das Paar simultan auf

den Kellner einredete. »Die wissen nicht, was Trinkgeld ist. Ich hab schon überlegt, mit den Preisen raufzufahren. Dann zahlen sie's mit.« Er wandte sich mir zu. »Wie lange, hast du noch mal gesagt, bleibst du in Altaussee?«

Ich hatte gar nichts gesagt. »Mein Auto hat eine Panne.«

»Brauchst du ein Zimmer?«, fragte Tim noch einmal.

»Ich wohne bei den Zotts.« Täuschte ich mich, oder warf er mir einen scharfen Blick zu? »Du hast Anton gefunden, habe ich gehört.«

Tim nickte. »Der hat ausgesehen wie ein Suppenhuhn, dem man den Hals umgedreht hat.«

»Anton ist vom Hochsitz gefallen, stimmt's?« Es musste ein ungewöhnlich heftiger Sturz gewesen sein. »Vielleicht ist er zwischen zwei Leitersprossen geraten?«

»Er war jedenfalls mausetot – und leider einer meiner besten Gäste.« Er deutete mit dem Kinn auf die Wand mit der Bildergalerie und auf Antons gerahmte Kolumne. »Außerdem war er ein fairer Kritiker, was man nicht von allen behaupten kann.« Wieder warf er mir diesen forschenden Blick zu. »Wart ihr gut befreundet?«

Ich zögerte mit meiner Antwort. Doch dann sagte ich: »Ja.« Wenn Freundschaft bedeutet, dass man sich gegenseitig unterstützt, dann waren Anton und ich in der Tat Freunde gewesen. Warum war mir das bisher nicht aufgefallen?

Ein junger Kellner rollte den Käsewagen durchs Lokal. Am Tisch mit den Geschäftsleuten blieb er stehen. Seine Ankunft wurde mit beifälligem Gemurmel quittiert. Ich schaute zu, wie der Mann auf die verschiedenen Käsestücke deutete und sein exquisites Angebot erläuterte. Die drei Anzugträger nickten sachverständig.

»Was erzählt Olga so?«, wollte Tim wissen.

»Sie kann Hilfe gebrauchen«, erwiderte ich und fragte mich, warum es in einem Landgasthaus so eine gute Käseauswahl gab. Auch in den besten Restaurants besteht das Sortiment oft nur aus einem Stück Brie ungewissen Reifegrads, eines ebenbürtigen Camemberts, eines Ziegenkäsetalers, einer alpenländischen

Hartkäseecke und natürlich eines Blauschimmelkäses. Diesen Roquefort haben Sie wahrscheinlich schon früher in Ihrem Menü gegessen – man kann ihn wirklich für alles gebrauchen. Guter Käse ist teuer, und wenn man mit der Käseauswahl keinen Verlust machen will, muss man alles davon in der Küche auch anderweitig verwenden. Vorher präsentiert man den Vorrat einfach am Tisch.

Aber die Käseauswahl im Silbernen Hecht verdiente ihren Namen wirklich. Ein Stück erregte meine Aufmerksamkeit. Ich kannte diese Sorte nicht und hielt sie für eine regionale Spezialität. Vielleicht sollte ich mir etwas davon genehmigen.

»Ich würde nicht bleiben«, sagte Tim.

»Was?« Es schien sich um jungen Schafkäse in einem grüngelben Mantel zu handeln – Thymian und Honig möglicherweise. Ich widmete meine Aufmerksamkeit wieder Tim. »Wie meinst du das?«

Er griff nach meinem unbenutzten Messer, hielt es sich vor die Augen, wendete es hin und her und musterte dabei die Schneide, als wollte er ihre Schärfe prüfen. Schließlich sagte er: »An deiner Stelle würde ich abreisen.«

Warum nehmen Sie nicht einfach den Zug? Ich könnte Ihnen den Fahrplan ausdrucken. Ich hatte Melusines Angebot abgelehnt, aber sie hatte nicht lockergelassen. *Oder ich suche Ihnen ein Hotel – direkt am See?* Wollte mich hier eigentlich jeder loswerden?

»Warum sagst du das?«, fragte ich.

Tim zuckte die Schultern. »Man hört so dies und das.« Er legte das Messer wieder auf den Tisch. »Tu dir einen Gefallen und hau einfach ab.«

Hau ab? »Was ist in der Villa Zott los?«

Er zögerte kurz. Dann sagte er: »Vielleicht gar nichts.« Damit stand er auf und schaute auf mich herab. »Ich muss zurück in die Küche.«

»Willst du mich etwa loswerden?«

»Quatsch«, sagte er lauter als nötig.

»Diese Melusine hat heute Morgen auch schon versucht, mich auszuquartieren.«

Tim runzelte die Stirn. »Wirklich?« Seine Stimme klang beunruhigt. Er stützte die Handflächen auf den Tisch und beugte sich zu mir hinunter. »In der Villa Zott hat es in der Vergangenheit schon öfter – Unfälle gegeben«, sagte er mit gesenkter Stimme. »Also mach, dass du wegkommst.«

Ich konnte ihn nur anstarren. »Du meinst, Antons Tod war auch so ein – Unfall?«

»Mehr kann ich dazu nicht sagen.«

Natürlich, Tim war der Wirt, dem viele Gerüchte zu Ohren kamen, der aber diskret sein musste. »Verstehe.«

»Das bezweifle ich.« Tim richtete sich wieder auf und schaute zur Küchentür hinüber, wo jetzt Quasimodo stand. Er hielt eine Speisekarte in den Händen und nickte kaum merklich in Richtung des Fenstertisches mit dem Paar. »Der Schmarrn geht aufs Haus.«

»Ich kann die Rechnung absetzen.«

Tim wandte sich mir wieder zu. »Wie du willst – das sind übrigens die Eierschwammerl, die ich zusammen mit Zotts Leiche gefunden habe. Ich wollte sie nicht auf die Karte schreiben.«

Irgendwie schmeckte der Schmarrn doch nicht so gut. Pilze haben immer etwas von Schatten und Verwesung. Ich klappte die steife Leinenserviette zusammen und legte sie neben meinen halb vollen Teller. »Ich schau die nächsten Tage noch mal wegen des Rezeptes vorbei.«

In Tims Miene spiegelte sich eine Mischung aus Unverständnis und Mitleid. »Du gehst immer allen Dingen auf den Grund, was? Duponts Suppenwürfel, hm? Aber denk dran – Neugier ist der Katze Tod. Also steck deine Nase nicht immer in Dinge, die dich nichts angehen.«

»Eine Katze hat sieben Leben«, konterte ich. »Ich bleibe bis zu Antons Beerdigung.«

»Na, dann mach dich mal auf einen längeren Aufenthalt in Altaussee gefasst. Willst du nicht doch ein Zimmer bei mir haben?«

»Wie lange braucht man denn hier für ein Begräbnis?«

»Ich habe was von einer Obduktion läuten hören.«

Es dauerte einen Moment, bis ich den Sinn seiner Worte erfasst hatte. »Obduktion? Wozu das denn? Gibt es denn irgendwelche Zweifel an der Todesursache?«

»Deine Schlüsse musst du schon selber ziehen.« Zum Abschied pochte Tim mit den Knöcheln auf den Tisch und machte sich auf den Weg zurück in die Küche.

Als er an dem Fenstertisch vorbeikam, legte das Paar sofort das Besteck hin und schaute ihn erwartungsvoll an. Aber Tim nickte wieder nur, ohne seine Schritte zu verlangsamen. Ich konnte sehen, wie die beiden die Köpfe zusammensteckten und tuschelten. Mit Sicherheit war dies das letzte Mal, dass sie bei diesem arroganten und völlig überschätzten Tim Brody gegessen hatten. Der dazu ja auch eigentlich Brodinger hieß.

»Darf's für den Herrn vielleicht noch ein wenig Käse sein?« Der junge Kellner hatte seinen Wagen neben meinen Tisch geschoben.

Ich ließ meinen Blick über das Angebot wandern. Der Käse war ansprechend arrangiert, und es gab auch einen Teller mit Trauben, Birnen und Feigen, silberne Schälchen mit Nüssen und verschiedene Senfsorten. Der Senf war bestimmt hausgemacht und in geschmackvollen Töpfchen zum Mitnehmen erhältlich. Tim war ein Profi. Wie hatte Anton sich einbilden können, gegen solche Konkurrenz zu bestehen?

»Ich bin schon satt«, sagte ich. »Aber könnte ich etwas von dem Senf mitnehmen?«

»Selbstverständlich.«

»Vielleicht das nächste Mal«, sagte ich. »Die Rechnung bitte.«

Als ich vor den Gasthof trat, stand ein viertes Auto auf dem Parkplatz, ein feuerwehrroter Porsche. Er musste dem Ehepaar gehören, das später gekommen war. Wie Tim gesagt hatte, waren die beiden extra angereist. Der Wagen hatte ein Wiener Kennzeichen. Zweifellos gute Gäste. Trotzdem fragte ich mich, wie Tim mit seinem Restaurant überleben konnte. Es war Hochsaison, und zur Mittagszeit hatte er nur vier Tische

verkauft. Wer einmal über die Preise von Kaviar, Trüffel oder
bretonischem Steinbutt nachgedacht hat, weiß, dass viele
Spitzenrestaurants kaum den Wareneinsatz einbringen. Aber
Tim arbeitete im eigenen Haus und brauchte keine Pacht zu
zahlen, damit fiel ein großer Kostenfaktor weg. Und er kochte
mit regionalen Produkten. Und vielleicht hatte er ein gutes
Abendgeschäft. Ich beschloss, mir meine Rezepte später am
Tag abzuholen.

Ich wollte über das seltsame Gespräch und die darin ver-
steckte Botschaft nachdenken und spazierte daher zum See
hinunter, anstatt gleich wieder den Rückweg anzutreten. Ein
schmaler Weg führte am Ufer entlang, und eine alte Bootshütte ragte in den See, auf dessen Oberfläche sich die Umrisse
der umliegenden Berge wie in einem Zerrspiegel brachen.
Auf einem unbefestigten Weg gelangte ich zu der Bootshütte
und zu einem schmalen Uferstreifen. Ein Tor aus Holzlatten
sicherte den Zutritt. Auf dem daran befestigten Metallschild
stand: »Silberner Hecht – Privatbesitz«. Eine Entenfamilie kam
schnatternd unter der Hütte hervorgepaddelt und ging an Land.
Ohne sich um das Verbotsschild zu kümmern, ließen sich die
Vögel in dem kargen Gras nieder und ordneten ihr Gefieder.
Ich schaute der Idylle eine Weile zu, dann machte ich mich
nachdenklicher, als ich aufgebrochen war, auf den Weg zur
Villa Zott.

Eierschwammerl-Schmarrn

Zutaten für 2 Personen
*150 g Eierschwammerln (Pfifferlinge) · ½ Zwiebel · 1 Knoblauch-
zehe · 1 EL Butter · Salz, Pfeffer · 1 EL gehackte Petersilie · 2 Eier ·
60 g Mehl · ⅛ l Milch · Öl zum Braten · Petersilie für die Garnitur*

Zubereitung
*Eierschwammerln putzen und klein schneiden. Zwiebel und Knob-
lauch klein schneiden. In einer Pfanne etwas Butter aufschäumen.*

Zwiebel darin andünsten. Knoblauch und Schwammerln zugeben, mit Salz und Pfeffer würzen. Schwammerln weich dünsten, vom Herd nehmen und abkühlen lassen. Dann Petersilie einrühren. Backrohr auf 200 Grad vorheizen. Eier in Eiklar und Dotter trennen. Eidotter mit Mehl und Milch zu einem Teig verrühren. Eiklar zu Schnee schlagen und unterheben. Eierschwammerl ohne Flüssigkeit (am besten vorher abseihen) in den Teig mischen. In einer beschichteten, feuerfesten Pfanne etwas Öl erhitzen. Die Masse eingießen und im Rohr etwa 8 Minuten lang backen. Aus dem Rohr nehmen und wenden. Etwas Butter beigeben und goldgelb fertig backen. Den Schmarrn mit einer Gabel zerreißen und mit Petersilie bestreuen.

Zeitaufwand: 45 Minuten

DREI

Der Mond hing voll und riesig über dem Felsmassiv. Sein Licht floss in mein Zimmer, wo ich im Schein der Leselampe an dem schweren geschnitzten Schreibtisch saß und versuchte, eine Reihenfolge für die Aufnahmen in Wien zu entwickeln. Ich hatte mein Notebook auf der abgewetzten grünen Filzauflage aufgebaut, aber die WLAN-Verbindung war schlecht, und das alte Möbelstück wackelte, sobald ich etwas fester auf die Tastatur klopfte. Die Balkontüren standen offen, um die Hitze, die sich während des Tages unter dem Dach gestaut hatte, durch den Nachtwind und die Seeluft zu vertreiben. Die schwarzen Umrisse der Berge und der Mond, der wie ein neugieriges Gesicht vor den Balkontüren hing und mich anstarrte, machten mich unruhig und beeinträchtigten meine Arbeit. Der Loser mit seinem Kopf aus Fels wachte wie ein steinerner Riese über der Villa Zott. Kein Laut drang in mein Dachzimmer. Ich sehnte mich nach dem weiten Horizont über dem Meer und dem Rauschen der Brandung.

Das Klingeln des Telefons im Erdgeschoss unterbrach die Stille. Ich versuchte gerade, das Bild einer paprikaroten Gulaschsuppe und eines grünen Bierkrugs herunterzuladen, aber die Datei ließ sich nicht öffnen. Das Telefon klingelte weiter. Niemand außer mir schien es zu hören. Wo waren Olga und Melusine? Ich versuchte es mit der Aufnahme eines Fiakers mit zwei davorgespannten Schimmeln vor einem typischen Wiener Beisl. Aber auch das Foto von der Pferdekutsche und der Kneipe wollte sich nicht öffnen lassen. Entnervt drückte ich die Aus-Taste und klappte den Rechner zu. Das Telefon läutete immer noch, das Geräusch zerrte an meinen Nerven. Der Anrufer gab einfach nicht auf. Anscheinend war ich mutterseelenallein im Haus. Ich beschloss, das Gespräch anzunehmen. Es schien dringend zu sein.

Ich war die ächzende Holztreppe in den ersten Stock schon hinuntergeeilt und hatte die Hand auf dem Geländer zum Erdgeschoss, da hörte das Klingeln des Telefons abrupt auf. Zunächst dachte ich, dass ich zu lange gewartet hatte. Aber dann vernahm ich eine Frauenstimme. Es war Olga. Sie klang angespannt. »Das Geld steht mir zu«, sagte sie mit gesenkter Stimme. Was sollte ich tun? Weil ihre Privatangelegenheiten mich nichts angingen, beschloss ich, in mein Zimmer zurückzukehren. Ich setzte den linken Fuß auf die obere Treppenstufe und verlagerte mein Gewicht von einem Bein aufs andere. Die Holzdiele knarrte beleidigt. Um nicht auf mich aufmerksam zu machen, blieb ich, wo ich war. Wer will schon als Lauscher in einem fremden Haus ertappt werden?

Im Erdgeschoss war es wieder still geworden. Hatte Olga den Hörer aufgelegt? Konnte ich meinen Platz verlassen? Ich beugte mich über das Treppengeländer und spähte in die Tiefe. Olga stand vor dem Tischchen mit dem Nippes. Sie trug Gummistiefel und einen grau–blau gestreiften Herrenbademantel aus Frottee. Mit einer Hand hielt sie den Hörer ans Ohr, mit der anderen umschloss sie gerade eine kleine Porzellanfigur, die sich neben dem Telefon befand.

»Nein, die ganze Summe − sofort«, sagte sie mit ruhiger Stimme und betrachtete die Figur. Es war eine Schäferin mit Puderperücke und rosa Kleid. »Dann müssen wir reden.«

Was war das? Bankgeschäfte am späten Abend? Ich versuchte, mich möglichst nicht zu rühren. Die Bewegungslosigkeit war unangenehm. Mein rechtes Bein, das mein ganzes Gewicht trug, wurde langsam taub.

»Ich bin sicher, da lässt sich was machen.« Olgas Stimme klang jetzt freundlich, fast schmeichelnd, aber ihre Faust umklammerte die kleine Porzellanfigur.

Ich hielt es nicht mehr länger aus. Um mein Bein zu entlasten, hob ich den Fuß und setzte ihn auf die obere Treppenstufe. Das Holz knackte verräterisch.

»Soll das ein Angebot sein?« In Olgas Stimme lag eine Mischung aus Unglauben und Ärger. Sie wog die rosa Schäferin in der Hand, als prüfe sie ihr Gewicht. Schließlich sagte sie knapp: »Gut, aber ich sage, wann und wo.«

Sie warf den Hörer auf die Gabel und starrte das Telefon an. Auf einmal holte sie aus und schleuderte die Porzellanfigur gegen eine Ecke des Kamins. Die Schäferin zerbarst in einem Regen aus rosa Scherben.

»*Schwein*«, sagte Olga.

Ich räusperte mich und stieg in normalem Tempo die Treppe hinunter, als wäre ich gerade aus meinem Stockwerk gekommen. Olga fuhr herum und blickte mir mit großen Augen entgegen. Sie war offenbar so vertieft in ihr Telefonat gewesen, dass sie das Knarren der Stufen überhört hatte.

»Guten Abend«, sagte ich unbefangen und ging auf sie zu. »Das Telefon hat so lange geläutet, und ich dachte, dass niemand im Haus ist.« Ich blieb vor ihr stehen und machte ein harmloses Gesicht, wobei ich so tat, als fiele mir ihr seltsamer Aufzug gar nicht auf.

Sie schluckte und fuhr sich mit der Hand durch die roten Locken. »Ich wollte gerade fortgehen«, sagte sie. »Und musste erst zurücklaufen.« Sie deutete auf die sterblichen Überreste der Schäferin, die anklagend zwischen uns auf dem Boden lagen. »In meiner Hektik habe ich die Figur runtergestoßen.« Das v-förmige Lächeln erschien auf ihrem Gesicht.

»War die Figur wertvoll?«

Das Lächeln verschwand, und sie seufzte. »In diesem Haus? Die Figur war aus Meissner Porzellan. Wenn ich nicht besser aufpasse, sind wir bald pleite.«

»Dann war das aber ein besonderes Pech.«

»Ja, nicht wahr?« Sie musterte mich. »Begleiten Sie mich doch.«

»Wie bitte?«

»Ich wollte gerade schwimmen gehen.«

»*Schwimmen?*« Es war inzwischen nach neun. In meiner Einfalt überlegte ich, wo im Park sich der Pool befand.

Ich musste ein ziemlich dummes Gesicht gemacht haben, denn sie lachte, während sie den Gürtel ihres Bademantels fester zog. Das unangenehme Telefonat schien vergessen oder doch nicht so wichtig gewesen zu sein.

»Es gibt hier einen See, wenn Ihnen das noch nicht aufgefallen sein sollte.« Sie trat neben mich und hakte sich ungeniert unter. Der Blick ihrer hellgrünen Augen tauchte in den meinen. »Tun Sie mir den Gefallen.«

»Ist es nicht schon zu dunkel dafür?«

»Wir haben Vollmond.« Ihre Hand umschloss fest meinen Arm. »Aber in Ihrer Begleitung würde ich mich natürlich sicherer fühlen.«

Die Situation war einfach komisch. Olga Zott in Bademantel und Gummistiefeln, die ihren Hausgast bat, sie zu einem nächtlichen Bad im See zu begleiten. Aber ich habe Sinn für skurrile Situationen.

»Ja dann, worauf warten wir noch?«, fragte ich.

Sofort ließ sie mich los, drehte sich um und marschierte zur Haustür. Im Schloss steckte ein altmodischer Schlüssel, und als Olga ihn drehte, fiel mir auf, dass die Tür zweimal versperrt war. Ob das ungebetene Gäste abhalten konnte, wagte ich zu bezweifeln. In meiner Lehrzeit hatte ich schon kompliziertere Schlösser an Vorratskammern geknackt, um an eine Handvoll Austern oder einen Löffel Foie gras zu kommen.

»Das neue Zylinderschloss ist schon bestellt«, sagte Olga, ohne mich anzusehen. Es war schon fast unheimlich, wie sie immer wusste, was ich dachte.

Wir spazierten den Weg hinunter und durch den Park zu dem efeuüberwucherten Tor. Im Mondlicht erinnerte die Blätterwand an das zottelige Fell eines toten Tieres, durch das an vielen Stellen schon das Skelett stieß. Unter den Bäumen im Park bildete die Schlingpflanze einen Teppich. Ihre Wurzeln mussten weit entfernt in dem verwilderten Garten liegen. Es war eine Welt in Schwarz, Grau und Weiß.

»Steht das Tor eigentlich immer offen?«, wollte ich wissen, als wir die Richtung zum Ort einschlugen.

»Die Welt ist überhaupt kein sicherer Ort«, sagte sie. »Für niemanden.« Es klang, als verfolgte sie mit diesen Worten einen bestimmten Gedanken.

»Fühlen Sie sich denn bedroht?«

»Wollen wir uns nicht duzen?«

»Ja, natürlich – gern.« Ich wusste nicht, ob diese Entwicklung der Dinge eine gute Idee war, konnte ihr den Wunsch aus Höflichkeit aber schlecht abschlagen. »Fühlen Sie – fühlt ihr euch bedroht, du und Melusine?«

»Das sind nur die Nerven.« Olga stieß die Hände in die Taschen ihres Bademantels und zog die Schultern hoch. »Ich weiß gar nicht, wie ich das jetzt alles bewältigen soll. Die Beerdigung, das Geschäft, die ganzen Rechtsangelegenheiten.« Sie seufzte. »Anton hätte zu keinem schlechteren Zeitpunkt sterben können.«

Wir ließen den Ort links liegen, und Olga führte mich über einen schmalen Pfad, der durch die Wiesen zum See hinunterführte. Die Luft war erfüllt vom Zirpen der Zikaden, und vom Wasser wehte eine kühle Brise herauf.

»Hat Anton dir von seinen Hotelplänen erzählt?«, fragte Olga, während sie in ihren Gummistiefeln vor mir herstapfte. Inzwischen war mir auch klar, warum sie sie trug. Die Wiese war sumpfig von den schweren Regenfällen der letzten Tage, und meine durchnässten Wildlederschuhe klebten wie ein frisch abgebalgtes Kaninchenfell an meinen Füßen.

»Ich habe davon gehört«, sagte ich und versank in einem Schlammloch. »Ziemlich riskant, meiner Meinung nach.«

Olga gab einen verächtlichen Laut von sich. »Anton hatte keine Ahnung, worauf er sich da eingelassen hat.«

Ich zog meinen Fuß aus dem Matsch, was ein ekliges Schmatzgeräusch verursachte. »Ja, das scheint mir auch so.«

»Zuerst war nur von einem Restaurant die Rede.« Sie beschleunigte ihre Schritte und marschierte auf den See zu. »Dann sollte es ein paar Fremdenzimmer geben, damit die Gäste in Altaussee übernachten können und nicht mitten in der Nacht noch nach Hause fahren müssen. Tja, und auf einmal war da die Idee mit dem Hotel. Ein *Gourmet-Hotel* – schon mal von so was gehört?«

»Ehrlich gesagt, nein.«

»Ich weiß gar nicht, wie er darauf gekommen ist, aber urplötzlich war er ganz euphorisch. Wirst sehen, hat er gesagt, jetzt kann nichts mehr schiefgehen, ich habe den Jackpot geknackt.«

»Anton hat Lotto gespielt?«

»Quatsch, so unrealistisch war nicht mal er.«

»Was könnte er dann mit Jackpot gemeint haben?«

»Keine Ahnung. Er hat gesagt, das sei sein Geheimnis und ich solle meinen hübschen Kopf nicht damit belasten. In der letzten Zeit war er immer entweder nervös oder total überdreht.« Sie zuckte die Schultern. »Die Sache mit dem Hauben-Restaurant habe ich mir noch einreden lassen. Ich habe mir gesagt, davon versteht er etwas. Aber ein *Hotel*? Und jetzt ist es genauso gekommen, wie ich befürchtet habe.«

Ich brauche das Geld. »Ein finanzieller Engpass?«

»Nett gesagt.«

Wir hatten den Trampelpfad am Ufer erreicht und bahnten uns einen Weg zwischen langen Grashalmen, die wie mit Fingerspitzen über meine Hosenbeine strichen. Ich dachte an mein Dachzimmer und die liegen gebliebene Arbeit auf dem Schreibtisch.

»Wir haben alles lockergemacht, was ging«, fuhr Olga fort. »Mir gehört das Haus, und Anton hat immer gut verdient. Aber für die ganzen Investitionen hätte das natürlich nie gereicht – *nie*!«

Sie blieb vor einer Holzpforte auf der Seeseite stehen. Daran hing ein Schild mit der Aufschrift »Privatgrund – Betreten verboten«. Aber das Schild schien die einzige Absicherung zu sein, denn Olga drückte einfach die Klinke und stieß sie auf. Es war nicht abgeschlossen.

»Los, komm«, sagte sie.

Ich folgte ihr über ein ziemlich verwildertes Wiesenstück zum Ufersaum. Der riesige Mond stand hoch über dem See und überzog das schwarze Wasser mit silbernem Glanz. Vor uns ragte ein Anlegesteg wie ein Pfeil in die Nacht hinaus. Die Brandung schlug leise gegen seine Pfosten. Olga stieg die Treppe hinauf und spazierte wie eine Nachtwandlerin über die rissigen Holzbohlen. Am Ende des Stegs angekommen, drehte sie sich zu mir um.

»Was ist?«, rief sie und kickte die Gummistiefel von den Füßen. »Willst du nicht auch ins Wasser?«

Sie zog ihren Frotteemantel aus und warf ihn auf den Steg. Darunter trug sie einen schwarzen Badeanzug mit breiten, im Rücken überkreuzten Trägern, wie man ihn von Wettkampfübertragungen her kennt. Ihre Figur war nicht so zerbrechlich, wie ich angenommen hatte, sondern athletisch und muskulös. Den breiten Schultern und dem gerundeten Rücken nach zu schließen, war sie eine fleißige Schwimmerin.

»Ich glaube, mir ist es zu kalt«, rief ich. Außerdem hatte ich keine Badehose.

»Ich schau nicht hin, versprochen.« Ihre Stimme war laut, aber lockend. »Na los, das Wasser ist herrlich.«

Ein Windhauch wehte kühle Luft heran und fächelte durch das Schilf. Die Halme knisterten, als würden sie von Feuer verzehrt, und das Wasser murmelte zwischen den Stängeln. Olga hatte die Hände in die Hüften gestützt. Sie wartete auf mich. Sie war die Frau meines Freundes – und seit gerade einmal zwei Tagen seine Witwe.

»Was ist nun?«, rief sie. »Ja oder nein?«

In der Villa Zott hat es in der Vergangenheit schon öfter Unfälle gegeben, raunte Tims Stimme in meinem Kopf. Er hatte schon immer einen Hang zum Theatralischen gehabt. Aber was konnte Olga mir schon tun? Im nächsten Augenblick wurde ich mir bewusst, was ich da gedacht hatte. Offenbar war ich verrückt geworden.

»Ich komme«, rief ich.

Entschlossen stieg ich auf den Steg und balancierte auf Olga zu. Durch meine dünnen Ledersohlen konnte ich die Wärme spüren, die das alte Holz während des Sommertages gespeichert hatte. Die Bretter knarrten und schwankten unter meinen Tritten, und einmal hatte ich sogar das Gefühl, als wollte eines unter mir nachgeben. Ich machte einen großen Schritt nach vorn. Auch wenn das Wasser im Uferbereich nicht tief war, so wusste ich doch nicht, was sich unter dem Steg verbarg.

»Schön hier«, sagte ich, als ich neben Olga stand.

Ich vermied den Blick auf sie und ihren Badeanzug und schaute zum anderen Ufer hinüber. Der volle Mond tauchte die Landschaft in alle Nichtfarben und schuf eine Schattenwelt. Ein großes Gebäude, wohl ein Hotel, war hell erleuchtet. Seine Lichter spiegelten sich im See. Münzen aus silbernem Licht tanzten auf den Wellen.

»Mystisch«, fügte ich hinzu.

»Ja, nicht wahr?« Ich spürte, dass sie mich von der Seite ansah.

»Also, was ist? Zieh dich aus.«

»Ich schwimme lieber im Meer.«

Sie lachte – gut gelaunt und nicht verächtlich, wie ich befürchtet hatte –, streckte die Arme aus, ließ sich nach vorne kippen und verschwand unter Wasser. Das Platschen war verstörend laut und zerschnitt die Stille der Nacht. Irgendwo quakte ein Frosch, als wollte er sich über den Lärm beschweren. Ich kniff die Augen zusammen, um zu sehen, wo Olga wieder auftauchte. Aber außer den silbernen Wellen, die die Oberfläche des Sees kräuselten, war nichts zu erkennen. Eine leichte Brise strich über das Wasser und ließ mich frösteln. Ich schlang die Arme um den Oberkörper und zog die Schultern hoch, während ich den See nach Olga absuchte – vergeblich. Wie lange konnte diese Frau unter Wasser bleiben?

Die Sekunden dehnten sich zu Minuten. Das Frosch-Gequake wurde vielstimmig, anscheinend verfügten diese Tiere über einen starken familiären Zusammenhalt. Wer einmal gesehen hat, wie lebende Frösche von einer Kreissäge in zwei Teile geschnitten werden und ihre Köpfe noch eine gefühlte Ewigkeit verzweifelt versuchen, mit den verbliebenen Vorderpfoten zu flüchten, kann ihre Schenkel sowieso nicht mehr kochen und essen. Ich bezweifle nicht, dass die Tiere eines Tages auf der Liste der Nahrungstabus landen werden. Schon heute setzt kein Küchenchef mehr eine Suppe Lady Curzon auf die Karte. Oder mögen Sie gekochte Schildkröte?

»Olga?«, rief ich auf den See hinaus.

Niemand antwortete mir, und die Wasseroberfläche blieb unbewegt. Ich wurde immer nervöser. Was, wenn Olga sich bei ihrem Tauchgang in etwas verfangen hatte? Ich hatte keine Ahnung, wo ich Hilfe holen sollte, und sie würde ja doch in jedem Fall zu spät kommen. Ich verfluchte meine Entscheidung, sie nicht beim Schwimmen zu begleiten. Selbst im kabbeligen Wasser der Nordsee bin ich ein ausgezeichneter Schwimmer.

Plötzlich hörte ich ein Rauschen zu meinen Füßen. Wie eine Amphibie, die an Land geht, tauchte Olga aus dem Wasser auf, umfasste die Enden der Bretter und hievte sich mit einem einzigen Zug auf den Steg. Mit aufgestützten Händen hockte sie zu meinen Füßen und schaute zu mir herauf. Das Wasser troff aus ihren Haaren und lief in Strömen an ihrer weißen Haut und dem schwarzen Badeanzug hinab. Ich hob den Frotteemantel auf und legte ihn ihr um die Schultern.

»Danke.« Sie fasste einen Ärmel und wischte sich das Gesicht ab. Dann stand sie auf, zog den Mantel an und band den Gürtel mit einem Ruck so fest, dass es aussah, als wollte sie sich damit zweiteilen. »Jetzt geht's mir besser.« Ihre Stimme war neutral, fast unbeteiligt und nicht so, als hätte sie mich noch vor wenigen Minuten zu einem gemeinsamen Bad verführen wollen.

»Dann sollten wir zurückgehen«, sagte ich.

Olga bückte sich wortlos, zog ihre Gummistiefel an und stülpte die Kapuze des Bademantels über den Kopf. Ohne darauf zu achten, ob ich nachkam, balancierte sie über die wackeligen Holzbohlen zurück zum Ufer. Ich folgte ihr, wobei ich bemerkte, dass sie dem losen Brett geschickt auswich. Wie in einem vertrauten Haus, in dem jeder die knarrende Treppenstufe kennt und sie einfach vermeidet, statt sie zu befestigen.

Eine Weile gingen wir schweigend nebeneinander über die Wiesen in Richtung der Villa Zott. Die tief herabgezogene Kapuze ließ Olga gesichtslos erscheinen, ihr langer Bademantel streifte raschelnd durchs Gras. Ich hatte das Gefühl, als wandelte neben mir ein Geist.

»Ich wollte mir heute Nachmittag einen Überblick verschaffen, wo wir stehen«, sagte Olga auf einmal. Ihre Stimme klang dumpf unter der Kapuze. »Geschäftlich, meine ich. Also bin ich in Antons Büro gegangen und habe ein paar Unterlagen durchgesehen, was ich natürlich schon früher hätte tun sollen. Aber ich habe ihm halt vertraut.« Im Vorbeigehen riss sie einen langen Grashalm aus und begann ihn in kleine Stücke zu reißen. »Und nun kann ich nicht mehr schlafen.«

»Kann ich euch irgendwie helfen?«, fragte ich und wählte absichtlich die Mehrzahl, die auch Melusine einschloss.

»Niemand kann uns helfen.« Olga warf die Überreste des Grashalms weg. »Wir müssen einfach weitermachen. Anton hatte schon Übernachtungen für September angenommen.« Sie schlug die Kapuze zurück. Ihre feuchten Locken ringelten sich um ihren Kopf. Ein Medusenhaupt schien neben mir zu schweben. Ich schaute schnell wieder auf den Weg. »Kannst du dir das vorstellen?«

»Dann müsst ihr die Reservierungen eben stornieren.«

Sie holte tief Luft. »Und was mache ich mit den Anzahlungen?« Sie schaute mich von der Seite an. Ihre Augen glitzerten im Mondlicht.

»Zurückzahlen.«

»Und wovon?«

»Was heißt ›wovon‹? Es wird wohl ein Geschäftskonto geben.«

»Nein.«

»*Nein?*«

»Ich habe zumindest keines gefunden. Mir ist, als wenn sich vor mir ein großes schwarzes Loch aufgetan hätte. Und das Schlimmste ist – ich habe keine Ahnung, was Anton mit dem ganzen Geld gemacht hat.«

Die völlig überdimensionierte Küche fiel mir ein, aber es hatte keinen Sinn, Olga darauf hinzuweisen. Wenn Anton die Anzahlungen allerdings gebraucht hatte, um Kredite zu bedienen, dann standen die Dinge schlimmer, als ich zuerst angenommen hatte.

»Sind es viele Reservierungen?«, fragte ich vorsichtig.

»Anton war immer ein Optimist.«

»Das heißt, ihr habt jede Menge Anmeldungen?«

»Wir sind ausgebucht.« Sie seufzte. »Es nützt ja doch alles nichts.«

Wir hatten das Ende der Wiese erreicht und schlugen einen
Bogen um den Ort. Die Holzdächer hoben sich wie schwarze
Zacken gegen den Nachthimmel ab. Aus einem Garten glitt
eine Katze hervor, huschte wie ein Schatten vor unseren Füßen über die Straße und verschwand unter einem Holzzaun
zwischen Rosensträuchern.

»Was hat Anton auf dem Hochsitz eigentlich gewollt?«, fragte
ich. »Konnte er überhaupt schießen?«

»Quatsch.« Sie schüttelte den Kopf. »Das war wieder so eine
Schnapsidee von ihm. Zu der Villa gehört auch eine kleine
Jagd. Früher war das hier so eine Sommerfrische, mit viel Per-
sonal und Gästen. Anton wollte das wieder aufleben lassen.
Das Problem ist nur, dass unsere ganzen Jagdsteige und Sitze
verrottet sind. Und wir haben auch keinen Jäger zur Führung
von Jagdgästen, sondern nur einen Burschen aus dem Ort, der
Bodenkultur studiert. Der kriegt halt ein Taschengeld.«

Das musste mein Automechaniker in spe sein. »Stefan?«

»Kennst du ihn?« In Olgas Stimme schwang Überraschung,
aber auch eine Spur Misstrauen.

»Melusine hat ihn mir empfohlen. Anscheinend repariert er
Rasenmäher – und alte Autos.«

Sie warf mir einen schnellen Seitenblick zu, und ich hatte
das Gefühl, als wollte sie mich etwas fragen. Aber dann fuhr
sie nur fort: »Die Baufirma hätte zwei Leute für die Reparatur
der Reviereinrichtungen schicken sollen. Aber als wir ihre
Rechnungen nicht mehr bezahlen konnten, hat die Firma die
Arbeiten einfach eingestellt.«

»Und deswegen hat Anton zur Selbsthilfe gegriffen?« Von
Zimmerei hatte er mit Sicherheit keine Ahnung gehabt. Was
ihn am Ende das Leben gekostet hatte.

»Genau«, sagte sie. Es klang bitter. »Was er in der letzten
Zeit getrieben hat, weiß ich nicht. Aber er war ziemlich viel
unterwegs, und das meistens abends. ›Geschäftsgeheimnis‹, hat
er immer gesagt, wenn ich wissen wollte, wohin er geht.« Sie
lachte kurz auf. »Ich dachte schon, er betrügt mich.«

Die Villa thronte groß und dunkel auf der Anhöhe. Der

65

Vollmond zeichnete ihre Konturen silbern nach. Wir gingen den Weg hinauf und zum Eingang auf der Rückseite. Mein Auto stand unverändert an der Stelle, an der ich es geparkt hatte. War das erst einen Tag her? Es kam mir schon viel länger vor. Der Frosch erinnerte mich an ein verwundetes Lebewesen.

Schon von außen konnte man sehen, dass in der Halle Licht brannte. Die bunten Glasfenster der Haustür strahlten wie die Leuchtfeuer eines sicheren Hafens und schienen uns willkommen zu heißen. Sonst war nur ein einziges Zimmer im ersten Stock erleuchtet. An einem anderen standen die Fensterflügel zwar weit offen, doch dahinter war es dunkel. Vielleicht war das Olgas Zimmer, und sie hatte, so wie ich früher am Abend, das Fenster geöffnet, um ein wenig von der kühlen Nachtluft hereinzulassen.

In diesem Moment zischte Olga: »Ich habe Melusine doch gesagt, sie soll das Fenster schließen! Wir haben hier jede Menge Fledermäuse, erst letzte Woche war so ein Vieh im Treppenhaus – widerlich.« Es war also nicht ihr Zimmer.

»Wohnt eigentlich nur ihr beide im Haus?« Irgendwie bereitete mir die Vorstellung von zwei Frauen allein in diesem riesigen alten Landhaus Unbehagen. »Du und Melusine?«

»Der Butler hat gekündigt, und die Köchin hat Ausgang, wenn du das meinst.« Ihre Stimme war so zynisch wie ihre Worte. »Aber Gartenarbeit soll ja gesund sein.« Sie zog die Ärmel über ihre Hände. »Zweimal die Woche kommt eine Putzfrau aus dem Ort. Wird schon irgendwie weitergehen – muss ja. Anton war nie eine große Hilfe, aber ich wünschte, er wäre noch da.«

Darauf wusste ich nichts zu sagen. Mir fiel ein, dass bei meiner Ankunft die Rede von einem abgängigen Sohn gewesen war. Ich wunderte mich, dass Olga sich so gar keine Sorgen um seinen Verbleib zu machen schien.

»Wo ist eigentlich Melusines Bruder?«, fragte ich.

»Wer?« Einen Augenblick schien sie verwirrt, aber dann setzte sie schnell hinzu: »Ach so, du meinst Johannes?«

»Ist er schon wieder nach Hause gekommen?«

»Jojo ist unser Sensibelchen, aber – nein.« Olga schüttelte den Kopf. »Der wird schon wiederauftauchen.«

»Wie alt ist er denn?«

»Neunzehn.«

»Machst du dir gar keine Sorgen um ihn?«

Sie zögerte mit ihrer Antwort, als müsste sie erst über meine Frage nachdenken. »Er hat angerufen«, sagte sie schließlich. »Es ist alles in Ordnung mit ihm. Natürlich hat ihn die Nachricht von Antons Tod geschockt.« Sie drehte sich schnell zu mir, legte mir die Hand auf die Brust und schaute in mein Gesicht. Ihre hellen Augen wirkten fast durchsichtig im Mondlicht. »Vielen Dank, dass du uns helfen willst, Mark«, flüsterte sie und blinzelte, als müsste sie ein paar Tränen unterdrücken. »Das bedeutet mir mehr, als du ahnst. Anton war so froh, dass du kommst. Und jetzt weiß ich, dass er recht hatte.«

Der fahrende Ritter in mir sprang auf sein weißes Pferd. »Wenn ich euch irgendwie helfen kann ...«

»Ich denke drüber nach.« Im Mondlicht konnte ich ihr schmales Fuchslächeln sehen. Sie nahm ihre Hand weg. »Gute Nacht, Mark, ich bin müde. Wir reden morgen weiter.«

Damit drehte sie sich um und schritt zielstrebig und mit sehr geradem Rücken auf das Haus zu. Der Frotteemantel schwang so elegant hin und her, als trüge sie einen kostbaren Pelz. Als sie die Eingangstür öffnete, umgab sie das Licht in der Halle wie eine Aureole, und ein helles Viereck fiel auf den Kies des Vorplatzes. Dann war Olga im Haus verschwunden.

Ich blieb noch ein wenig vor der Villa stehen. Ich wollte nicht zusammen mit Olga von einem gemeinsamen Abendspaziergang nach Hause kommen und bei Melusine einen unangemessenen Eindruck erwecken. Außerdem hatte der nächtliche Park mit den schwarzen Baumriesen, die mich wie aufmerksame Wächter umstanden, einen eigenartigen Reiz, der mich unwiderstehlich in seinen Bann zog. Ein leichter Wind raschelte im Laub, es klang, als tuschelten die Blätter miteinander. Rosenduft hing in der Luft und mischte sich mit dem Geruch des nahen Sees.

67

Vor dem monderleuchteten Nachthimmel wirkten die Umrisse der Villa wie ein alter Scherenschnitt. Nur der Kronleuchter in der Halle schimmerte durch die bunten Jugendstilfenster. Angesichts der Tragödie, die über diesem Haus und seinen Bewohnern lag, schienen mir die naiven Farben der Lilien geradezu schmerzhaft unpassend. Das Haus verströmte einen morbiden Charme, als wäre es einem hundert Jahre alten Roman entsprungen. Kein Wunder, dass Anton dem Zauber dieses Ortes erlegen war. Auf einmal wünschte ich, ich hätte ihm bei seinem Projekt behilflich sein können.

Da sah ich Olga in dem beleuchteten Fenster auftauchen. Sie trug noch immer ihren Bademantel, sprach hektisch und unterstrich ihren Redeschwall mit weit ausholenden Gesten. Gleich darauf erschien die gedrungene Gestalt der kleineren Melusine in meinem Blickfeld. In ihrem rot-weißen Pyjama erinnerte sie ein wenig an den Weihnachtsmann. Kurz ließ sie Olgas Tirade über sich ergehen, dann hielt sie ihrer Stiefmutter drohend den Zeigefinger unter die Nase. Offensichtlich gab sie Widerworte, denn Olgas Gesicht verzog sich vor Wut. Plötzlich drehte sie sich um, riss die Vorhänge vor das Fenster und entzog sich und Melusine damit meinem Blick. Wenn es bei dem Gespräch um Fledermäuse ging, dann stellten die Tiere ein ernstes Problem dar.

Ich beschloss, endlich in meine Zimmerflucht unter dem Dach zurückzukehren, und war nur noch wenige Meter von der Haustür entfernt, als mir eine neue Bewegung im ersten Stock auffiel. Jemand war an das offene Fenster in dem unbeleuchteten Zimmer getreten. Ich konnte eine menschliche Silhouette im Fensterrahmen sehen, aber nicht erkennen, ob es ein Mann oder eine Frau war. Die Gestalt schaute zu mir herab. War es Olga? Nein, hinter den vorgezogenen Vorhängen gestikulierten immer noch die Schatten der beiden Frauen. Da hörte ich ein Klappen, und als ich zu dem dunklen Zimmer zurücksah, war das Fenster geschlossen. Es lebte also doch noch eine weitere Person in der Villa Zott. Warum hatte Olga behauptet, sie und Melusine wären die einzigen Bewohner? Oder hatte Olga einen nächtlichen Besucher, von dem ich nichts wissen sollte? Der Gedanke versetzte mir einen kleinen Stich. Vielleicht war es der Anrufer vom frühen Abend.

Vor den leuchtenden Blumenfenstern in der Eingangstür taumelte ein schwarzer Schatten. Im ersten Augenblick dachte ich an einen riesigen Nachtfalter, aber dann sah ich, dass es eine Fledermaus war. Sie flatterte hin und her und verschwand dann so plötzlich aus meinem Blickfeld, wie sie aufgetaucht war. Sekunden später spürte ich einen leisen Luftzug auf meiner Wange und duckte mich instinktiv. Etwas zirpte an meinem Ohr. Es war die Fledermaus, die ohne Scheu in meiner Nähe jagte. Für ein paar Sekunden hing sie direkt vor meinen Augen gaukelnd in der von Rosenduft schweren Luft, dann verschmolz ihr Schatten mit dem der hohen Parkbäume.

Ich machte mich auf den Weg zum Haus. Im Vorbeigehen zupfte ich ein paar Rosenblätter von einem Strauch, hielt sie mir unter die Nase und zerrieb sie zwischen Daumen und Zeigefinger. Ich liebe diesen betäubend süßen Duft. Die wenigstens wissen, dass sich mit Rosenblättern auch hervorragend kochen lässt. Man kann Rosenöl daraus gewinnen und orientalische Süßspeisen damit parfümieren, man kann sie kandieren wie in der Provence und damit Torten verzieren. Oder man stellt Marmeladen und Gelees her.

Rosengelee

Zutaten für zwei Einmachgläser à 450 ml
1 kg säuerliche Äpfel oder 500 ml guter Apfelsaft · 500 g Gelier-
zucker · Saft von einer halben Zitrone · 20 unbehandelte Rosen-
blütenblätter

Zubereitung
Für das Gelee Äpfel waschen und vom Kerngehäuse befreien. Mit
einem Entsafter Apfelsaft herstellen oder 500 ml guten Apfelsaft
verwenden. Den Saft mit Gelierzucker und Zitronensaft in einem

großen Topf aufkochen. Etwa 5 Minuten kochen und dabei den Schaum abschöpfen. Rosenblütenblätter zugeben und 1 Minute lang mitkochen. Noch heiß in die vorbereiteten Gläser füllen und sofort verschließen. Abkühlen lassen und dabei öfter schütteln, damit sich die Rosenblätter gleichmäßig im Gelee verteilen.

Tipp: Als Beilage zu scharfem Lamm oder Huhn reichen.

VIER

»Wer wohnt eigentlich noch im ersten Stock?«, fragte ich Melusine am nächsten Tag. Sie hatte Erledigungen im Ort zu machen und mir angeboten, mich mitzunehmen. Damit ich nicht fad herumsaß, wie sie sich ausgedrückt hatte. Ihr strahlendes Lächeln war das einer aufmerksamen Gastgeberin gewesen. Überraschenderweise hatte auch Olga diesen Vorschlag ihrer Stieftochter geradezu enthusiastisch begrüßt und mir zugeredet.

»Außer Ihnen und Ihrer Mutter, meine ich.«

»Im ersten Stock? Wieso?«

Wir fuhren die Straße nach Altaussee hinunter, und Melusine schaltete in einen niedrigeren Gang, was das Getriebe des alten VW Passats mit einem unwilligen Knirschen quittierte. Obwohl die Kratzer und Dellen der Karosserie unter einer dicken Staubschicht fast verborgen lagen, war ich geneigt, der Kiste Oldtimer-Status zuzubilligen.

»Ich hatte gestern Abend den Eindruck, als wäre noch jemand im Haus«, sagte ich so neutral wie möglich.

Sie warf mir einen misstrauischen Seitenblick zu. »Wie kommen Sie denn darauf?«

»Ein Fenster stand offen«, sagte ich. »Im ersten Stock, rechts über dem Eingang.«

Wir hatten die ersten Holzhäuser mit ihren überbordenden Blumenkisten erreicht. Melusine rammte den Schaltknüppel in den dritten Gang. »Das ist Antons Zimmer. Olga hat sicher gelüftet«, sagte sie mit Nachdruck.

Das war angesichts Olgas Fledermaus-Phobie eine unwahrscheinliche Erklärung, doch ich konnte mir keinen Einwand erlauben. Freiwillig würde ich Melusine nichts von dem nächtlichen Ausflug mit Olga erzählen. Außerdem konnte ich mich natürlich getäuscht haben. Vielleicht hatten sich nur die Vorhänge im Wind bewegt, oder die Katze hatte auf dem Fensterbrett gesessen.

»Ach so«, sagte ich daher nur. »Ich dachte, ich hätte jemanden das Fenster schließen sehen.«

Melusine bremste abrupt, um eine Gruppe Touristen in haferflockenfarbener Funktionskleidung über den Fußgängerweg zu lassen. Sie trommelte mit den Fingern auf das Lenkrad. Kaum hatte der Trupp die andere Straßenseite erreicht, stieg sie aufs Gaspedal, sodass der alte Passat einen Satz nach vorne machte.

»Außer uns ist niemand im Haus«, sagte sie in abschließendem Ton, aber ich hatte den Eindruck, dass sie log und sich gleichzeitig Sorgen machte. Als wollte sie jeder weiteren Diskussion aus dem Weg gehen, fuhr sie an den Straßenrand und blieb stehen. »Sehen Sie das Kaffeehaus da drüben? Neben der Baustelle?« Sie deutete auf ein Café mit einer Terrasse am Wasser. Daneben war ein Haus eingerüstet. Bauarbeiter liefen auf den Brettern hin und her. »Da treffen wir uns wieder, okay? In einer guten Stunde.«

»Wunderbar«, sagte ich und stieg aus.

Kaum stand ich auf dem schmalen Gehsteig und hatte die Tür zugeschlagen, gab Melusine auch schon wieder Gas und brauste davon. Sie fuhr geradeaus bis zum See hinunter und bog dann nach links in eine Straße ein, die wieder den Hügel hinaufführte. Kehrte Melusine etwa zur Villa zurück? Entweder sie hatte von Anfang an keine Erledigungen zu machen gehabt – dann wollte sie mich an diesem Morgen einfach aus dem Haus haben. Oder meine Beobachtung hatte sie so beunruhigt, dass sie ihre Pläne geändert hatte.

Was, zum Teufel, ging in der Villa Zott vor? Wer war dieser geheimnisvolle Mitbewohner? Ich schaute den Hang hinauf, bis ich den silbernen Passat kurz zwischen zwei Häusern auftauchen und wieder verschwinden sah. *Wie lange braucht man denn hier für ein Begräbnis?*, hatte ich Tim am Vortag gefragt. *Ich hab was von einer Obduktion läuten hören*, hatte seine überraschende Antwort gelautet. Niemand würde eine Obduktion anordnen, wenn es nicht berechtigte Zweifel an der Todesursache gab.

Das war der Moment, in dem ich wieder einmal beschloss,

einer Sache auf den Grund zu gehen und meine Nase in Angelegenheiten zu stecken, die mich nichts angingen. Doch schließlich schuldete ich Anton wenigstens etwas Recherche. Wenn nichts dabei herauskam, konnte ich immer noch nach dem Begräbnis nach Wien fahren und keinen weiteren Gedanken mehr an Altaussee verschwenden. Zuerst einmal schlug ich jedoch den Weg zum Silbernen Hecht ein. Schließlich hatte mir Tim ein paar Rezepte versprochen.

Der Silberne Hecht hatte geschlossen.

An der breiten Doppelflügeltür hing ein Schild mit der Aufschrift »Dienstag Ruhetag«. Damit hatte ich nicht gerechnet. Ich beschloss, mich auf den Steg der Villa Zott zu setzen, die Füße ins Wasser zu halten und in Ruhe nachzudenken. Ich musste einen Plan entwickeln und durfte keine Zeit verschwenden. Bis Freitag waren es nur noch vier Tage. Wenn dieser Stefan mein Auto repariert hatte, gab es keinen triftigen Grund mehr, in Altaussee zu bleiben. Ich konnte der trauernden Witwe schlecht sagen, dass ich Zweifel an den Todesumständen ihres Mannes hatte und erst das Obduktionsergebnis abwarten wollte, ehe ich ihrem Haus für immer den Rücken kehrte.

Auf dem Uferpfad stand die Luft. Kein Windhauch regte sich. Die Sonne brannte mir auf den Kopf, und ständig musste ich nach Insekten schlagen, die vor meinem Gesicht herumschwirrten. Voller Sehnsucht dachte ich an eine frische Meeresbrise. Auf einem Uferstreifen lag ein langes Holzboot kieloben, und ein alter Mann war dabei, die rostroten Flanken abzuschleifen. Die meisten Badeplätze waren jedoch leer. Dafür entdeckte ich hinter dem Holztor mit der Aufschrift »Silberner Hecht – Privatgrund« meinen Freund Tim auf einem von zwei Klappstühlen nahe am Wasser sitzen. Auf dem Gartentisch vor ihm waren Papiere ausgebreitet, und er machte sich offenbar irgendwelche Notizen. Hinter ihm gleißte der See, und das Licht brach sich in einer großen Kristallkaraffe neben Tims Ellenbogen.

»Tim«, rief ich und winkte über das Gartentor. »Hallo!«

Tim hob den Kopf und schaute zu mir herüber, gab aber kein Zeichen des Erkennens, geschweige denn der Wiedersehensfreude von sich. Nun, das konnte ich nicht ändern. Entschlossen drückte ich gegen das »Privatgrund«-Schild, machte das Tor auf und ging über den kurz geschorenen Rasen zu ihm hinüber.

»Morgen, Tim«, begrüßte ich ihn.

»Mark«, sagte er mit wenig Enthusiasmus in der Stimme. »Wir haben heute Ruhetag.«

»Weiß ich.« Ich griff nach dem zweiten Klappstuhl. »Darf ich mich setzen?«

Tim zog schnell ein paar Rechnungsbelege heran und legte sie über die Notizen. Anscheinend war die Planung seiner Speisekarte Geheimsache. »Klar.«

Ich nahm auf dem wackeligen Stuhl Platz. Hinter mir lag das Bootshaus, das ich schon vom Uferweg gesehen hatte. Seine Holzwände waren silbergrau verwittert, nur da, wo sie von dem tief herabgezogenen Dach geschützt waren, schimmerten die Bretter rotbraun. Die Tür des Bootshauses war durch ein schweres Vorhängeschloss gesichert. Es musste nagelneu sein, denn das Metall strahlte bis zu mir herüber.

»Friedlich hast du es hier«, sagte ich. »Idyllisch.«

Draußen auf dem See stand ein Mann in einem flachen Holzboot, das an einen Einbaum erinnerte. In Fischerhosen, die ihm bis unter die Achseln reichten, war er über das Heck gebeugt und hantierte mit etwas im Wasser. Anscheinend legte er Netze aus.

»Wenn du das sagst.« Tim grinste breit, als erheiterte ihn ein Gedanke, den ich nie erraten würde.

Ich warf einen Blick auf die Zettel auf dem Gartentisch. Es waren Lieferscheine, ein paar auf Französisch und auch ein englischer war dabei. Seine Kopfzeile bestand aus chinesischen Schriftzeichen. Anscheinend war im Silbernen Hecht doch nicht alles so saisonal und regional, wie es den Anschein erweckte. »Machst du die Speisekarte?«

Er zuckte die Schultern. »Ich bekomme Wildschlegel rein«, sagte er. »Und ein paar Fasane.«

»Schlau«, sagte ich anerkennend.

Fasan ist ein gebratenes Gericht. Man kann es im Vorhinein halb fertig backen und später vom Knochen lösen und zum Garen in den Ofen werfen. Die Garnituren und Saucen werden nur noch erhitzt. So ein Gericht verschafft der Küche Luft.

Tim lachte, er hatte mich verstanden. »Du hast dein Metier noch nicht verlernt, wie ich sehe. Hättest beim Kochen bleiben sollen.«

»Ich hab meinen Weg gefunden.«

Er betrachtete mich. »Kochbücher, ja?«

»Die Küche ist das neue Statussymbol«, sagte ich. »Dafür geben die Leute oft mehr aus als für einen Mittelklassewagen. Die Gäste sollen die Küche natürlich auch bewundern – nur kochen kann heute kaum noch einer. Ich liefere das Handwerk frei Haus: einfache, nachkochbare Rezepte, garniert mit tollen Fotos.«

»Vielleicht sollte ich auch mal ein Buch schreiben.«

»Meine Auflage ist siebenstellig.«

Tim pfiff leise durch die Zähne. »Willst du Wasser?« Er deutete auf die Kristallkaraffe, in der ein Bund Melisse und Zitronenstücke schwammen. Auf einem kleinen Silbertablett daneben standen drei Gläser. »Bedien dich.«

Ich schenkte mir aus der Karaffe kräuteraromatisiertes Wasser ein. Der Schwall schwemmte eine Zitronenscheibe mit, die auf der Wasseroberfläche in einem Strudel herumwirbelte.

»Keine Sehnsucht nach scharfen Messern?«, fragte Tim.

Der Spott in seiner Stimme galt nicht nur mir, sondern in angenehmer Selbstironie unserer Zunft. Ein allgemein verbreiteter Irrglaube unter Amateurköchen ist, dass man zum Kochen einen ganzen Satz Spezialmesser braucht, in verschiedenen Größen und jedes für einen anderen Zweck.

Dazu möchte ich Ihnen an dieser Stelle einen guten Rat geben. Kaufen Sie sich ein gutes Kochmesser, das angenehm in der Hand liegt, und üben Sie an ein paar Zwiebeln. Ihre Gäste werden vielleicht wenig beeindruckt sein, wenn Sie nicht mit einem Profimesser aus Damaszener-Stahl herumwedeln, aber das sollte Sie nicht anfechten. Ihr teures Stück wäre sowieso bald nutzlos, falls Sie es nicht alle paar Tage auf einem geölten Schleifstein bearbeiten und anschließend mit einem Diamantstahl behandeln. Hand aufs Herz – tun Sie das? Eben.

»Ich bin froh, dass ich die ganze Mühe los bin«, sagte ich. »Worte sind scharf genug.«

Tim verschränkte die Arme vor der Brust. Er trug ein blaues Polohemd, und ohne den aufgestickten Namenszug hätte man ihn für einen ganz gewöhnlichen Provinzkoch halten können. »Redest du von Zott?«

»Anton war Restaurant-Kritiker«, sagte ich. »Klare Wortwahl wird da vorausgesetzt.«

Er betrachtete mich. »Wie ist denn so die Stimmung im Trauerhaus?«

»Traurig.«

»In echt?« Er zog die Brauen hoch. »Olga auch?«

»Sollte sie etwa nicht trauern?«

»Doch«, sagte Tim für meinen Geschmack etwas zu zögerlich. Er wandte sein Gesicht dem See zu und verfolgte eine Weile das Tun des Fischers in dem flachen Holzkahn. »Ist jedenfalls ein schönes Haus, die Villa Brezina. Aber nicht sehr komfortabel, was? Gibt's schon fließendes Warmwasser?«

»Die Villa Zott wird gerade aufwendig renoviert.« Ich hatte das Gefühl, als müsste ich das Heim von Olga und Melusine gegen Tims Spott verteidigen. »Wieso Villa Brezina?«

»Hat dem ersten Mann der schönen Olga gehört. Nach der Jagd kam der oft mit seinen Gästen zum Umtrunk in unser Gasthaus herüber. Ich erinnere mich noch gut an die Jagdhörner an der Garderobe.« Er lachte. »Einmal hat mich einer von Georgs Dackeln gebissen.«

»Olga war schon mal verheiratet?«

»Sag ich doch, mit Georg Brezina. Er war ein Stück älter und Witwer mit Kind, aber sie hat ihn wohl für eine gute Partie gehalten.« Tim lachte. »Die Brezinas sind aus Wien und hatten Fabriken irgendwo im Osten. Nach dem Krieg war jedenfalls alles weg. Na ja, für das übliche landadelige Getue hat's noch gereicht. Irgendwann wär's dann aus gewesen mit der Herrlichkeit.«

Das hatte Olga bestimmt gefallen. Wann nach der Hochzeit war sie wohl darauf gekommen, dass ihr alter Ehemann nicht so reich war, wie sie gedacht hatte? Oder hatte sie von Anfang an von den finanziellen Schwierigkeiten der Familie gewusst? »Stammt Olga von hier?«

Tim schüttelte den Kopf. »Keine Ahnung, woher die ist. Eines Tages ist der Georg mit ihr in Altaussee aufgetaucht. Ich war gerade zu Besuch bei meinen Eltern. Hat einiges Aufsehen erregt, der kleine Rotschopf. Und natürlich, dass sie selbst ein Kind mitgebracht hat.«

Das erklärte immerhin ihren Entschluss, sich ihren Unterhalt durch eine Heirat zu sichern. »Johannes?«

»Ich glaube, so heißt er, ja.« Tim verschränkte die Hände im Nacken, legte den Kopf zurück und ließ sich die Sonne ins Gesicht scheinen. »Na ja, ist halt auch nicht vom Glück verwöhnt, die gute Olga. Wer verliert schon gern zwei Ehemänner in Folge?«

»War ihr erster Mann denn so viel älter?«

Tim ließ sich die Frage durch den Kopf gehen. »Nein«, sagte er schließlich. »Altersschwach war Georg weiß Gott nicht.«

»Woran ist er dann gestorben?«

»Er hatte einen Unfall.« Tim deutete links von dem Fischerboot auf den See hinaus. »Genau da drüben war's. Ist beim Angeln ins Wasser gefallen und hat sich den Kopf am Bootsrand angeschlagen. Es heißt, er ist ertrunken.«

Ich maß in Gedanken die Entfernung von der Stelle, auf die Tim gezeigt hatte, bis zum nächsten Uferstreifen. Es waren höchstens hundert Meter. »Konnte er nicht schwimmen?«

»Der Georg ist am See aufgewachsen.« Tim verzog den Mund. »Aber ein Bewusstloser geht sang- und klanglos unter.«

Zwei tote Ehemänner und eine Witwe. Da können schon mal seltsame Gedanken auftauchen. Aber Olgas Männer waren nicht reich gewesen. Sie hatte wohl einfach kein Händchen für eine glückliche Partie.

»Wem gehört eigentlich die Villa?«, wollte ich wissen.

»Olga«, sagte Tim. »Und natürlich Melusine.«

Sie hatte also doch nicht so schlecht geerbt. Wenn man einmal von den sicher nicht unbeträchtlichen Betriebskosten für das alte Haus absah. Aber was hatte sie von Antons Tod? Nichts außer einem Archiv veralteter Restaurantkritiken und den Schulden aus einem Hirngespinst. Es musste Liebe gewesen sein, sagte ich mir. Arme Olga.

»Denkst du noch manchmal an Japan?« Tim unterbrach meine Gedanken. »Tokio?«

Ich wusste, was er meinte. Gleich nach Abschluss unserer Ausbildung waren wir mit einem gemeinsamen Freund auf eine lukullische Reise nach Japan gegangen. Nach den harten Lehrjahren hatten wir uns das verdient, fanden wir.

»Allerdings«, sagte ich und dachte dabei an ein bestimmtes kleines Fischrestaurant, das versteckt zwischen Karaoke-Bars, Nachtclubs und Bordellen lag. »Es war in Roppongi, oder?« Ich habe nie wieder so frisch gegessen. Im wahrsten Sinne des Wortes. Bei dem Gedanken schüttelt es mich noch heute.

Tim nahm die Hände aus dem Nacken. »Ich hab die letzten Jahre in Asien gearbeitet.« Er kniff die Augen zusammen und schaute auf den See hinaus, wo der Fischer seine Netze einzog. Der flache Kahn schaukelte auf den Wellen. »Hab mir ein paar Ideen geholt.«

»Was?«, fragte ich. »Etwa für hier?«

Eine unangenehme Erinnerung stieg in mir hoch. Der japanische Koch hatte die Abalone vor unseren Augen geöffnet und aufgeklappt. Sie hatte sich noch in ihrer Schale bewegt, als sie auf unserem Teller gelandet war. Gierig war Tim darüber hergefallen, während wir beiden anderen gewartet hatten, bis das pulsierende Leben der Riesenmuschel erloschen war. Verurteilen Sie Tim nicht – bestimmt haben Sie schon einmal eine frische Auster mit Zitronensaft traktiert. Haben Sie ihr Zusammenzucken bemerkt, ehe Sie sie ausgeschlürft haben?

Dann war uns, nach vielen wunderbaren Zwischengerichten, eine ganze gebratene Dorade serviert worden. Zumindest hatte ich das angenommen. Bis ich den verbrannten Kopf bemerkte, der noch deutliche Zeichen von Leben von sich gegeben hatte.

»Warum nicht?« Tim fixierte mich mit seinen schwarzen Augen. »Hier gibt's auch Gourmets. Du würdest dich wundern.«

»Du machst doch jetzt nicht etwa diesen Sushi-Quatsch?«, fragte ich. »Ich wette, in diesem Kaff isst niemand rohen Fisch.«

Tim griff nach dem Bleistift und kritzelte damit auf dem Rand der Speisekarte herum. Er zeichnete ein Tier, es sah aus wie eine Seespinne. »Mein Saiblings-Carpaccio mit rosa Pfeffer ist bis Wien bekannt.« Es klang, als wäre er mit seinem Kopf ganz woanders.

»Ach so.« Ich musste lachen. »Na, das klingt doch ganz bodenständig.« Und nicht sehr aufregend, setzte ich in Gedanken hinzu. Mir fiel die kulinarische Kreation eines jungen Wilden ein – Kassler mit Auster, gefrorenem Senf und Weißkraut. Wahrscheinlich war Tim so altmodisch, dass er schon wieder modern war.

»Bodenständigkeit ist mein Markenzeichen.« Mit dicken grafitgrauen Strichen machte Tim seiner Spinne den Garaus. »Leichte regionale Küche, das ist es, was die Leute heute wollen – Tradition. Dafür fahren sie meilenweit zu mir in den Silbernen Hecht.« Er warf den Bleistift auf den Tisch. »Alles andere ist vorbei, das kann man vergessen. Ich hab dir die Rezepte zusammengestellt. So lange wirst du ja nicht mehr bleiben, was?« Es klang eher wie eine Feststellung als wie eine Frage.

Eine leichte Brandung schlug gegen das Ufer. Der See war in Bewegung geraten, als hätte sich eine Kochplatte auf seinem Grund eingeschaltet und das Wasser in Wallung versetzt. Der Fischer ruderte stehend auf uns zu. In einem gleichförmigen Takt tauchten die Ruderblätter platschend ins Wasser und schickten kleine Wellen als Vorboten voraus.

»Danke für die Rezepte«, sagte ich. »Dafür schreibe ich einen Bericht über dein Haus, wenn du willst. ›Tim Brody – Der neue Stern am See verrät seine Geheimnisse‹.«

Das Boot hatte den Steg erreicht und ging längsseits. Der Fischer warf ein Seil auf die grauen Holzplanken, zog das eine Ende durch einen Eisenring und vertäute seinen Kahn. Dann hob er den Arm und winkte uns zu. Wir grüßten zurück.

»Deine Lieferung?«, fragte ich.

»Davon könnte ich nicht leben. Das meiste bringt der Kühltransport direkt aus Paris. Aber wenigstens kann ich fangfrischen Fisch auf die Karte schreiben.« Tim stand auf und schaute auf mich herab. »Immer noch zu neugierig, alter Kumpel, was? Immer auf zu neuen Ufern?«

»Gehört zu meinem Beruf.«

Er schob seine Notizzettel zusammen. Seine Hände waren schmal, aber muskulös wie die eines Bergsteigers und von zahlreichen Schnitt- und Brandnarben gezeichnet. »Bei Gelegenheit müssen wir reden«, sagte er. »Ich hab da was für dich.«

»Immer wieder gern – worum geht's denn?«

»Du darfst gespannt sein.« Ein seltsames Lächeln erschien auf seinem Gesicht. »Pass in der Zwischenzeit auf dich auf.«

»Wie meinst du das?«

Über diese Frage schien er erst nachdenken zu müssen. Schließlich sagte er: »Verdirb dir halt nicht den Magen.«

»Was?«

»Du, ich muss jetzt.« Damit drehte er sich um und stapfte am Bootshaus vorbei und zum Steg hinunter.

Ich schaute ihm noch zu, wie er den Fischer mit Handschlag begrüßte und sich über den Fang in den Netzen beugte. Er deutete ein paarmal mit dem Finger in das Bootsinnere und nickte dabei. Mir schenkte er keine Aufmerksamkeit mehr. Die Audienz beim großen Koch war beendet. Ein Blick auf die Uhr überzeugte mich, dass es ohnehin Zeit wurde, das Kaffeehaus aufzusuchen, das mir Melusine als Treffpunkt genannt hatte.

Zehn Minuten später war ich wieder im Ort, aber unter den aufgespannten Sonnenschirmen der Seeterrasse saß niemand. Der Gastgarten war menschenleer und keine Bedienung in Sicht. Suchend schaute ich mich nach dem alten Passat um, konnte ihn aber nirgends entdecken. Dafür parkten jetzt zwei Kleintransporter und ein VW Touareg vor der Baustelle. Daneben stand ein dicker Mann in Trachtenjanker, hielt ein Handy ans Ohr und schaute den Bauarbeitern zu. Das Dach des Hauses war mit einer Plastikplane abgedeckt, deren Enden im Wind flatterten. Die Mauern steckten in einem Eisenkorsett. Große gelbe Schilder, die mir bekannt vorkamen, hingen an dem Baugerüst. »MeisterBau – Ihr BauMeister« stand darauf. Die gleichen Schilder verunzierten die Villa Zott.

Der Mann im Trachtenjanker ließ das Handy in seine Jackentasche gleiten und stieg in den schwarzen Geländewagen. War das der Baumeister der Firma MeisterBau? Ich schaute die Straße hinauf und hinunter, aber von Melusine war immer noch nichts zu entdecken. Ehe ich sinnlos herumstand, konnte ich mir die Zeit genauso gut mit einem Plausch vertreiben.

Kurz entschlossen ging ich zu dem Touareg hinüber. Als der Fahrer mich kommen sah, runzelte er die Stirn, ließ aber das Fenster herunter.

Ich beugte mich zu ihm hinunter. »Guten Morgen.«

»Morgen.« Sein Ton war freundlich, aber eine Spur ungeduldig. Keine Frage, hier saß der Chef, und wichtige Angelegenheiten forderten seine Aufmerksamkeit. Ich beschloss, gleich zum Kern zu kommen.

»Mein Name ist Vanlanthen«, sagte ich. »Ich wohne in der Villa Zott, und wie ich gesehen habe, machen Sie dort auch den Umbau.«

»Richtig.« Er legte die Hände ans Lenkrad. »Und?«

»Ich bin ein Freund der Familie«, sagte ich. »Und nun frage ich mich, warum niemand auf der Baustelle ist.«

»Ich habe Ihrer Freundin, der Frau Zott, gesagt, dass ich nicht ihre Melkkuh bin«, sagte er. Offenbar glaubte er, ich redete in Olgas Auftrag mit ihm. Er fasste nach dem Zündschlüssel. »Ich hab sie gewarnt – solange sie nicht zahlt, stelle ich die Arbeiten ein.«

Wenn Olga gewusst hatte, dass sie nicht zahlen konnte, und den Auftrag trotzdem vergeben hatte, sah es schlecht für sie aus. Ich bin kein Jurist, aber da gab es sicher einen Straftatbestand.

»Haben Sie gar kein Geld bekommen?«, fragte ich.

Seine Augen verengten sich. »Sind Sie dieser neue Geldgeber, von dem der Herr Zott geredet hat?«

»Ich war sein Freund.« Ein neuer Geldgeber? Warum hatte Anton Olga nichts davon erzählt? Es hätte ihr einige Sorgen erspart. Immerhin schien er den Baumeister mit der Aussicht auf eine neue Geldquelle bei der Stange gehalten zu haben.

»Aha. Na, dann warte ich lieber, bis ich Geld sehe.«

In einem Dorf wie Altaussee kannte bestimmt jeder die finanzielle Situation der Zotts. Die Villa war eingerüstet, und die Baufirma musste eine Zeit lang gearbeitet haben. Was mich wunderte, denn der Mann, der da in seinem dicken Auto vor mir saß, sah nicht gerade wie ein uneigennütziger Menschenfreund aus.

»Sie wussten doch von der finanziellen Lage der Zotts?«

Er wich meinem Blick aus. »Einen Auftrag für ein ganzes Hotel lässt man nicht so einfach sausen«, sagte er. »Und dieser Zott sah so aus, als wenn er wüsste, was er tut.« Er klimperte mit dem Zündschlüssel »War's das?«

Ich nahm die Hände von der Tür. »Nur noch eine Frage.«

»Ja?« Offenbar war er in Gedanken schon auf seiner nächsten Baustelle.

»Wenn die offenen Rechnungen gezahlt werden, arbeiten Sie dann weiter?«

Mit neu erwachtem Interesse wandte er mir das Gesicht zu. »Sicher – sofort.« Er nahm die Hand vom Zündschlüssel. »Hab ich mir schon gedacht, dass Sie von einer Hotelkette sind.«

»Von welcher Hotelkette?«

»Ach, nicht?« Der Bauunternehmer neigte seinen Kopf zu mir hinüber. »Ganz unter uns«, sagte er mit gesenkter Stimme, »ich hab immer gedacht, dass die Zotts ihre alte Bude nur einmal voll belegen und dann im laufenden Betrieb an eine Hotelkette verkaufen wollten.« Er lehnte sich wieder zurück und zwinkerte mir zu. »Kapiert?«

»Nein, warum hätten sie das tun sollen?«

Er schaute mich ungläubig an. »Die hätten doch nie Gewinn gemacht, keine Chance.«

Natürlich, eine hundert Jahre alte Villa mit Sanierungsbedarf ist schwer an den Mann zu bringen. Aber ein auf Pump gebautes Luxushotel, mit ausgebuchten Zimmern und guter Küche – das ist was anderes. Hatten Anton und Olga so gerechnet? Mir fiel auch keine andere Erklärung ein.

»Verstanden«, sagte ich. »Dann holen Sie also demnächst Ihr Material ab?« Halb ausgeführte Bauarbeiten würden dem Aussehen der Villa Zott den Rest geben. Wie sollte Olga das Haus verkaufen? Denn das musste sie ja wohl, nach allem, was ich inzwischen über ihre Lage erfahren hatte.

Er schüttelte den Kopf. »Alles bleibt, wie es ist. Wir arbeiten natürlich weiter«, sagte er. »Es steht ja noch die Lebensversicherung aus, nicht wahr? Und sobald die Summe endlich auf dem Konto ist, packen wir wieder an. Interessieren Sie sich für die Villa? Wir würden auch die Innenrenovierung übernehmen – da steckt noch Potenzial drinnen.« Er schenkte mir ein Lächeln, das wohl Vertrauen erwecken sollte, aber irgendwie an Rotkäppchens Wolf erinnerte.

»*Lebensversicherung?*«, fragte ich. »Und wieso endlich?«

»Na, der Schwaiger Lukas muss ja anscheinend erst klären, ob er die Summe überhaupt auszahlen kann. Aber natürlich hat niemand ernsthafte Zweifel.«

»Der Schwaiger …?«

»Der Versicherungsagent.« Er beugte sich vor und griff ins Handschuhfach. »Hier.« Er reichte mir eine Visitenkarte. »Rufen Sie mich an, wenn Sie sich entschieden haben. Ist ein schönes Haus, auch als Privathaus – überlegen Sie sich das.« Er nickte mir zu und fuhr davon.

Ich schaute dem schwarzen Geländewagen nach, wie er sich seinen Weg die Hauptstraße entlangkämpfte, die immer wieder von fotografierenden Touristengruppen gequert wurde. Und noch immer keine Spur von Melusine.

In einem der kleinen Holzhäuser auf der anderen Straßenseite entdeckte ich ein Kleidergeschäft. In der Auslage waren Dirndl, Strickjacken und grüne Stutzen drapiert. Neben der Ladentür hingen Badeanzüge und Badehosen. Ich dachte an meinen nächtlichen Ausflug mit Olga und fand, dass ich für den Wiederholungsfall besser gerüstet sein sollte. Ich erstand knielange Badeshorts, deren Schnitt und Muster exakt denen einer Lederhose glichen.

Als ich, die Tüte in der Hand, wieder aus dem Laden kam, amüsierte ich mich bereits bei dem Gedanken an meinen Auftritt in den Dünen von Sylt. Deshalb bemerkte ich das Auto erst, als es laut hupte. Erschrocken fuhr ich herum. Der silberne Passat stand so dicht hinter mir, dass seine Stoßstange fast meine Beine berührte. Melusine beugte sich aus dem Fahrerfenster.

»Ich habe mich etwas verspätet«, sagte sie, für ihre Verhältnisse ungewöhnlich gut gelaunt. »Dafür habe ich eine gute Nachricht. Der Stefan ist da. Gleich morgen schaut er sich Ihr Auto an.«

Ich brauchte einen Augenblick, bis ich die Konsequenz ihrer Worte erfasst hatte. »Ach, wirklich?«, fragte ich, stieg ein und schlug die Tür zu.

Melusine gab Gas. »Also, etwas mehr Enthusiasmus hätte ich schon erwartet«, sagte sie hörbar gekränkt. »Ich hab ihn extra für Sie angerufen. Ich dachte, Sie wollen so schnell wie möglich aus unserem Kaff wegkommen.«

»Ja, doch – natürlich.«

»Aber?«

Zu meiner eigenen Überraschung wusste ich nicht, ob ich mich freuen oder ärgern sollte. Die Versuchung war groß, Altaussee hinter mir zu lassen und zu vergessen. Aber Antons Tod machte mir mehr und mehr zu schaffen. *Es steht ja noch die Lebensversicherung aus, nicht wahr?*, hatte der Bauunternehmer gesagt. Warum hatte Olga mir nichts davon erzählt, dass sie eine größere Geldsumme erwartete? Sondern mir stattdessen von ihren finanziellen Nöten vorgejammert? *Und vergiss nicht die Obduktion*, sagte eine boshafte Stimme in meinem Kopf. Fragen über Fragen, und die Zeit wurde knapp.

»Es ist nur so«, sagte ich möglichst unbefangen und hielt die Tüte aus dem Trachtenladen hoch, »ich habe mir gerade eine Badehose gekauft – mit Lederhosenmuster.«

Aus Melusines Gesichtsausdruck schloss ich, dass sie meine Freude über diesen Fang nicht teilte. Mit ziemlich viel Tempo bog sie in die Bergstraße ein. Ich beschloss, die letzten Minuten unserer Fahrt zu nutzen.

»Was ist das eigentlich mit dieser Lebensversicherung?«

Melusine trat abrupt auf die Bremse, sodass ich in den Gurt geworfen wurde. »Scheißkatze«, sagte sie. Ich hatte keine gesehen. »Wieso?« Sie gab wieder Gas, fuhr aber deutlich langsamer als bisher. »Was ist damit?«

»Ich habe gehört, dass es Schwierigkeiten mit der Auszahlung geben soll«, sagte ich.

»Stimmt.«

»Und ich frage mich, warum. Hat es was mit Antons Todesumständen zu tun?«

Melusine schüttelte den Kopf. »Anton hat die Versicherung erst vor acht Monaten abgeschlossen. Und bei einer derart großen Summe stellt eine Versicherung erst mal selber Untersuchungen an. Das ist ganz normal.«

»Wie viel Geld ist es denn?«

»Sind Sie immer so neugierig?«

»Ich fürchte ja – Berufskrankheit.«

»Ich mag neugierige Leute«, sagte sie, und ich konnte das Lächeln in ihrer Stimme hören. »Wegen der Versicherung müssen Sie Olga fragen.«

»Sie wissen es nicht?« Immerhin konnte das Geld ihr das Dach über dem Kopf retten.

»Anton und Olga haben mich bei ihren Aktionen doch nicht um Erlaubnis gefragt.« Sie klang verärgert und gleichzeitig resigniert. »Ich bin ja nur die geduldete Verwandte.«

»Aber die Villa gehört doch auch Ihnen, oder?«

»Allerdings«, sagte Melusine. »Und wenn Olga und ihr Schatzi Jojo etwas dagegen tun könnten, dann würden sie nicht zögern, mich rauszuwerfen. Aber keine Sorge, ich koche selbst.«

Olgas Worte an meinem ersten Abend in der Villa Zott klangen in meinen Ohren. *Das dumme Gänschen glaubt nur, dass ich ihren Stiefvater umgebracht habe.* Melusine hatte wirklich einen Hang zum Melodramatischen.

»Na, dann bin ich ja beruhigt«, sagte ich, als hätte ich ihren Scherz verstanden.

Melusine schwieg, bis wir das Eisentor der Villa Zott passiert hatten. Als wir das Rosenbeet umrundeten, stachen mir das Baugerüst, die Gitter und der Betonmischer besonders ins Auge. Ich hatte mich an ihren Anblick schon gewöhnt, ja, sie geradezu als Teil der Villa wahrgenommen. Jetzt fragte ich mich, ob die Höhe von Antons Lebensversicherung wirklich so enorm war, dass es sich für die Baufirma lohnte, auf einen großen Umbau zu warten. Dann stand das Material vielleicht noch da, damit kein Konkurrent den großen Auftrag wegschnappen konnte. Schlaff hingen die gelben Plastikplanen mit der Aufschrift »MeisterBau – Ihr BauMeister« vor der silbergrauen Holzfassade.

Melusine hielt vor der Haustür an und stellte den Motor ab. Doch sie machte keine Anstalten, auszusteigen. »Ich muss noch mal weg«, sagte sie.

»Ja, klar«, sagte ich. Offenbar hatte sie mich nur im Ort aufgelesen, um mich nach Hause zu fahren. Was hatte sie vor, wobei ich nicht mitkommen konnte? Ich kletterte aus dem Wagen, legte eine Hand aufs Autodach und beugte mich in den Fahrerraum. »Danke fürs Herbringen.«

Melusine reagierte nicht, sondern starrte mit gerunzelter Stirn durch die Windschutzscheibe. »Der Moritz ist nicht weggelaufen«, sagte sie auf einmal.

Im ersten Moment wusste ich nicht, von wem die Rede war. »Wer?«

»Mein kleiner Dackel, der Moritz.«

Richtig, sie hatte irgendwas von ihren Hunden erzählt. Und dass sie jetzt eine Katze hatte. »Max und Moritz, was?«

»Sie haben's mir nur so erzählt.«

»Verstehe.« Worum ging es hier eigentlich? Aber Melusine machte einen wirklich traurigen Eindruck.

86

»Olga hat ihn überfahren.« Sie wandte mir ihr Gesicht zu. In ihren dunklen Augen schwammen Tränen. »Ich hab's von meinem Zimmerfenster aus gesehen. Es war genau hier.« Auch das noch. »Das tut mir leid um Ihren Hund.« »Sie hat sogar zurückgesetzt und ist noch mal drübergerollt.« Sie wischte sich eine Träne aus dem Augenwinkel. »Aber er war einfach nicht tot. Papa hat ihn dann weggebracht.« Ich konnte sie nur anstarren. Meinte sie das im Ernst? »Dabei war der Moritz erst vier Monate alt.« Jetzt liefen ihr die Tränen übers Gesicht. »Papa hatte ihn mir zum Geburtstag geschenkt«, schluchzte sie.

Melusine lehnte sich an die Kopfstütze und kniff die Augen zusammen. Sie rang sichtlich um Fassung und versuchte, wieder die Erwachsene zu sein, die sie noch gar nicht war. Ich griff in die Hosentasche, zog mein Taschentuch heraus und reichte es ihr.

»Danke«, flüsterte sie und putzte sich geräuschvoll die Nase. »Sie dürfen es aber keinem erzählen.«

»Das mit dem Moritz?«

»Dass ich Bescheid weiß.« Schnell drehte sie mir ihr ver-schwollenes Gesicht zu. »Bitte, sagen Sie Olga nichts davon, hören Sie?« Sie hielt mir das durchgeweichte Taschentuch hin. »Bitte.«

»Behalten Sie das Tuch«, sagte ich.

»*Bitte* – nichts sagen«, beharrte sie. »Versprochen?«

»Heiliges Indianerehrenwort.«

Ein kleines Lächeln erschien auf ihrem Gesicht. Wortlos drehte sie den Zündschlüssel und ließ den Motor an. Ich schlug die Autotür zu und trat zurück. Fast im gleichen Augenblick gab sie Gas, sodass der Schotter unter den Reifen spritzte.

Ich sah dem Passat nach, wie er die Auffahrt nahm und hinter dem Efeu des Tors verschwand. Ob die Geschichte mit dem Dackel stimmte oder der Phantasie eines Teenagers entsprun-gen war, konnte ich nicht überprüfen. Aber Melusines Tränen waren echt gewesen. Genau wie die Angst in ihren Augen.

Ziemlich beunruhigt betrat ich die Halle der Villa Zott – und stutzte. Vor dem runden Tisch stand ein rothaariger junger Mann. Er trug Jeans, eine hellgrüne Leinenjacke und dazu ein rosafarbenes Hemd und war damit beschäftigt, die Post durchzusehen. Sorgfältig drehte er jedes einzelne Kuvert um und las den Absender, wobei er hin und wieder die Stirn runzelte. Ich konnte sehen, dass ein paar der Briefumschläge Trauerränder hatten.

»Guten Tag«, sagte ich.

Der junge Mann hob den Kopf und musterte mich. »Ja, bitte?« Ein Kuvert schwebte in der Luft, er hatte es gerade lesen wollen. Es war offensichtlich, dass ich störte. Er konnte kaum älter als zwanzig sein, aber seine Haltung war ganz die des Hausherrn. Was wohl auch die für seine Jugend zu biedere Kleidung ausdrücken sollte. »Was kann ich für Sie tun?«

Für den Bruchteil eines Augenblicks hatte ich das Gefühl, als trüge ich meine Kochjacke und sollte das Menü mit meinem Arbeitgeber besprechen. »Vanlanthen«, sagte ich. Er trug das Haar im Nacken länger und hatte es mit einer ordentlichen Portion Gel zurückgekämmt. Ich hasse jugendliche Schnöseligkeit. »Und wer sind Sie?« Das »Sie« war reine Höflichkeit meinerseits.

Der gute Junge zog die Brauen zusammen. »Johannes Regensburg«, sagte er in einem Ton, der nahelegte, dass ich das eigentlich wissen müsste. Er war genau der Typ Praktikant, den besorgte Mütter jahrelang bei mir in der Küche abgeben hatten, weil der Herr Sohn sich als kommenden Stern am Kochhimmel sah. Nach zwei Tagen entwickelten die meisten ausgefallene Allergien und kehrten fluchtartig wieder in den Schoß ihrer Familien zurück. »Wenn Sie wegen des Weinkellers kommen, hätten Sie vorher anrufen sollen.«

»Ihr Weinkeller interessiert mich nicht«, sagte ich. Das war also Olgas Sohn Johannes – *Jojo*. Offenbar wusste er nichts von meinem Aufenthalt in der Villa Zott. »Ich bin ein Gast Ihrer Mutter.«

»Ach, ja?« Er musterte mich mit neu erwachtem Interesse. Sein Blick glitt über mein maßgeschneidertes Hemd und blieb an meinen Church-Schuhen hängen. Neben dem Oldtimer ist qualitätsvolle Kleidung mein einziger Spleen. »Dann sind Sie der Schriftsteller in der Loser-Suite, ja?« Seine Stimme war auf einmal freundlich, fast schmeichelnd. Aber seine grünen Augen glitzerten und erinnerten mich an ein hungriges Krokodil.

»Ich wohne im Dachzimmer.« Mir war nicht nach einem Gespräch mit diesem Halbaffen zumute. »Melusine hat gesagt, ich würde hier einen gewissen Stefan finden, der sich den Motor meines Autos ansehen kann.« Boshaft setzte ich hinzu: »Auf den ersten Blick hatte ich gemeint, dass Sie das sind.«

Johannes legte die Briefe auf den Tisch und schob die Hände in die Hosentaschen. Wenn ich noch etwas nicht leiden kann, dann diese großspurig-flegelhafte Attitüde. Die Mehrzahl meiner Gäste, für die ich im Laufe der Jahre die Ehre hatte zu kochen, hätte den Jungen an dieser Stelle kommentarlos stehen lassen.

»Keine Ahnung«, sagte er um einige Grade kühler. »Ich bin gerade erst zurückgekommen.«

Mir fiel ein, dass Johannes an Antons Todestag gar nicht zu Hause gewesen war. »Mein Beileid, übrigens.«

»Danke.«

»Sie waren verreist, hat mir Ihre Mutter erzählt?«

»Ich war auf der Hütte.« Sein Blick richtete sich hinter mich auf die Haustür. »Irgendwer muss sich ja darum kümmern.«

Ich warf einen Blick über die Schulter, konnte aber niemanden sehen. Die Sonne schien ungehindert durch die Blumenfenster und legte einen Teppich aus buntem Licht auf die alten Dielen. War dieser Johannes etwa erbberechtigt, und gehörte die Villa Zott jetzt auch ihm? Sein Auftreten ließ zumindest den Anspruch vermuten. Melusine war die Tochter von Georg Brezina und mit Olga nur durch Heirat verwandt. Johannes war nur das Kind, das Olga mit in die Ehe gebracht hatte.

»Werden Sie die Renovierung fortsetzen?«, fragte ich.

Johannes Regensburg griff nach dem ganzen Poststapel und wog ihn in der Hand. »Natürlich, warum nicht?«

»Weil ich seit drei Tagen hier bin und noch keine Arbeiter

gesehen habe.« Dass ich von der Lebensversicherung wusste, ging ihn nichts an. »Und Ihre Mutter hat etwas von einem finanziellen Engpass erwähnt.«

Er musterte mich. »Hat sie das? Warum?«

»Ich bin ein alter Freund.« Inzwischen betrachtete ich mich auch so. Schmerzhaft fiel mir das Geständnis der armen Melusine ein. Ich würde noch einmal in Ruhe mit ihr über den Tod des Dackels reden.

»Meine Mutter scheint Vertrauen zu Ihnen zu haben.« Sein Ton lag irgendwo zwischen Spott und Belustigung, als wunderte er sich wirklich über Olgas Geschmack. »Sie hat eine musische Natur und versteht nichts von Geschäften. Natürlich ist genügend Kapital vorhanden.«

Ich konnte mir nicht vorstellen, dass dieser blasierte Zwanzigjährige mehr Ahnung von etwas haben sollte als seine Mutter. Einer von beiden log mich an. Die Frage war nur, wer und warum? Und warum sollte Olga eine musische Natur sein? War sie Künstlerin? Vielleicht machte sie ja Seidenmalerei.

»Das beruhigt mich.« Ich wandte mich zur Treppe. »Dann werde ich mich mal wieder an die Arbeit machen.«

Nach allem, was ich am Morgen gehört hatte, freute ich mich auf die ruhige Atmosphäre meines Dachzimmers. Ich würde die Balkontüren öffnen, den spektakulären Ausblick auf den Loser und die sanfte Seeluft genießen. Und endlich die Planung für die Fotostrecke fertigstellen.

»Herr Vanlanthen?«

Ich drehte mich noch einmal um. »Ja, bitte?«

»Ich freue mich, dass meine Mutter einen guten Freund an ihrer Seite hat«, sagte er und klang dabei ganz aufrichtig. »Sie kann wirklich Hilfe brauchen.« Er ließ die Briefe in seiner Hand wie ein Kartenspiel durch die Finger gleiten. »Wissen Sie, meine Mutter ist manchmal ...« Er brach ab und kniff den Mund zusammen.

»Was?«

»Ach nichts, alles in Ordnung.«

Was hatte er sagen wollen? Meine Mutter ist keine Geschäftsfrau? Meine Mutter ist nicht ganz – *normal?* Ich dachte an das sprunghafte Verhalten, das Olga seit meiner Ankunft an den Tag gelegt hatte, den ständigen Wechsel zwischen Fröhlichkeit und Verzweiflung. An einem Tag versank sie in tiefer Trauer über Antons Verlust, am nächsten schien sie seinen Tod vergessen zu haben. Und ich dachte an unseren nächtlichen Ausflug zum See. Was wäre passiert, wenn ich mit ihr schwimmen gegangen wäre? Das alles war sicher keine leichte Bürde für den Jungen, der da vor mir stand, sich wie ein Fünfzigjähriger kleidete und sich für den Mann im Haus hielt. Wie war Anton bloß mit dieser schrecklich netten Familie zurechtgekommen?

»Ich verstehe, Herr Regensburg«, sagte ich.

»Johannes«, sagte er schnell, und ein fast schüchternes Lächeln erschien auf seinem Gesicht. Auf einmal sah er wie ein Schuljunge aus und so jung, wie er wirklich war. »Aber alle nennen mich Jojo.«

Ist mal wieder abgehauen, dein Goldschatz, hatte Melusine bei meiner Ankunft über ihren Bruder gehöhnt. Und auf die scharfe Reaktion Olgas nur geantwortet: *Der scheißt sich nichts, das weißt du doch.* Anscheinend stand es um das Verhältnis der beiden Teenager auch nicht zum Besten. Dazu die psychisch labile Mutter – zum ersten Mal stellte ich mir die Frage, ob nicht ein Berg Schulden und die irritierenden Schwingungen in der Villa meinen Freund Anton in den Selbstmord getrieben hatten. Vielleicht hatte nicht nur ich diesen Verdacht, und das war der Grund für die Obduktion. Nur – wenn Antons Tod Selbstmord war, würde die Lebensversicherung nicht ausbezahlt werden.

»Sie müssen mich jetzt entschuldigen«, sagte ich und wunderte mich über seine Distanzlosigkeit. Dachte er wirklich, ich würde einen Wildfremden bei seinem Kosenamen rufen? »Bis später dann.« Ich packte die Tüte mit meiner Badehose fester und stieg, ohne mich noch einmal umzusehen, die Treppen in den zweiten Stock hinauf.

In meinem Zimmer war es warm und stickig. Es roch nach Staub und alten Möbeln. Mein Bett war ungemacht, so wie ich es am Morgen verlassen hatte, und auf dem Stuhl lag meine Kleidung vom Vortag. Heute war also keiner der Tage, an denen eine Putzfrau aus dem Ort in die Villa Zott kam.

Ich warf die Tüte auf den Ohrensessel und riss die Balkontüren auf. Draußen brannte die Sonne auf den Garten, und der Felskopf des Loser verschwamm hinter dem Dunst des heißen Sommertages. Ich zog die dünnen Vorhänge vor, um Insekten – und Fledermäuse – draußen zu halten. Dann ging ich ins Badezimmer, ließ kaltes Wasser in einen Zahnputzbecher laufen und leerte ihn auf einen Zug. Eine Minibar gehörte offensichtlich zur letzten Ausbaustufe des Gourmet-Hotels.

Wie ich es vorgehabt hatte, kehrte ich zu meinem Schreibtisch zurück, um weiterzuarbeiten. Jemand hatte einen kleinen Teller mit Petit Fours für mich hingestellt. Es waren kleine Schüsseln aus Zartbitterschokolade, gefüllt mit Erdbeeren und Heidelbeeren. Olga musste sie mir gebracht haben. Ich freute mich über ihre Aufmerksamkeit.

Meine Stifte lagen genau wie am Morgen neben dem aufgeklappten Zeichenblock, auf dem ich eine Art Storyboard für die Fotostrecke skizziert hatte. Mein Notebook war zugeklappt, genau wie mein Kalender. Was du schwarz auf weiß besitzt, kannst du getrost nach Hause tragen, pflegte meine Großmutter zu sagen. Und nach dem letzten Super-GAU in meiner elektronischen Terminverwaltung bin ich reumütig zu Stift und Papier zurückgekehrt. Ohne irgendein Gerät auf Flughäfen, in Taxis oder Hotelzimmern aufladen oder hochfahren zu müssen, habe ich in meinem ledergebundenen Planer jederzeit Zugriff auf Termine, Adressen und Telefonnummern. Natürlich wirkt er auch sehr stilvoll. Ich habe ihn nach einer Restauranteröffnung in London auf der Oxford Street gekauft – Old School.

Und der Kalender war der Punkt, der mich stutzen ließ.

Natürlich hatte ich ihn wie immer offen auf dem Schreibtisch liegen lassen. Ich habe ein fotografisches Gedächtnis und war mir der Sache sicher. Bevor ich am Morgen mein Zimmer verlassen hatte, war mir noch der Name eines Wiener Food-

Stylisten eingefallen, den ich auch gleich auf der Seite des Tages notiert hatte.

Es war kein Zweifel möglich – jemand war in meinem Zimmer gewesen und hatte meinen Terminkalender und mein Adressbuch gefilzt. Langsam ließ ich mich auf den Schreibtischsessel sinken. Bisher war ich nur ein außenstehender Besucher gewesen, der die Vorgänge in der Villa Zott mit Interesse, aber ohne persönliche Betroffenheit verfolgte. Aber nun lagen die Dinge anders. Jemand im Haus – und es konnte nur ein Mitglied der Familie gewesen sein – hatte sich heimlich über meine Arbeit und mein Leben informiert.

Nachdenklich steckte ich ein Petit Four mit Heidelbeeren in den Mund. Unter dem Obst war Vanillepudding, einfach und doch gut, bestimmt selbst gemacht. Während ich noch kaute, griff ich zu einem Bleistift und fing an, auf dem Skizzenblock herumzukritzeln. Als ich am unteren Rand des Blocks angelangt war, stand mein Entschluss fest. Was immer mit Anton geschehen war – ich würde es herausfinden. Als ich auf den Block schaute, bemerkte ich, dass meine Kritzelei ein Rezept geworden war. Wahrscheinlich hatten mich das Gespräch mit Tim und das Fischerboot auf dem See zu diesem Gericht inspiriert. Die verschlungenen Wege des Unterbewusstseins sind nicht leicht zu ergründen.

Lachsforelle mit Mangold

Zutaten für 8 Personen
1,5 kg Mangold · 1 kleine Zwiebel · Olivenöl zum Braten · ⅛ l
Gemüsesuppe · 2 Lachsforellen à 1 kg · Salz, Pfeffer · 4 Zweige
Petersilie · Kräuter-Knoblauch-Öl

Zubereitung
Mangold vom Strunk befreien und die Blätter waschen. Die unteren weißen Stängelteile spitz aus den Blättern und dann in etwa 2 cm lange Rauten schneiden. Zwiebel fein hacken und in Olivenöl hell-

gelb rösten. Die weißen Mangoldstängel zugeben, mit Gemüsesuppe aufgießen und bei mittlerer Hitze kurz durchkochen. Vom Herd nehmen und ziehen lassen. Lachsforellen innen und außen salzen, mit je 2 Petersilienzweigen füllen. In einer Pfanne Olivenöl erhitzen, Lachsforellen darin beidseitig je 5 Minuten bei mittlerer Hitze braten. Herausnehmen und warm stellen. Bei Zubereitung am Grill vorher mit Olivenöl bestreichen oder in Alufolie wickeln und vorsichtig am Rand des Grills garen. Mangoldblätter in größere Stücke schneiden. Die Stängel wieder aufkochen, das Grün zugeben und bei sehr großer Hitze 2 Minuten lang garen, sodass die Flüssigkeit zur Gänze verkocht. Zum Schluss mit Salz und Pfeffer abschmecken. Die Fische filetieren und die Filets halbieren. Mit Kräuter-Knoblauch-Öl beträufeln und mit Mangold anrichten. Für das Kräuter-Knoblauch-Öl werden in einem Topf 2 EL gehackte Kräuter wie Thymian, Petersilie und Basilikum mit 2 gehackten Knoblauchzehen und ¼ Liter kalt gepresstem Olivenöl vermischt. Dann erhitzen, aber nicht zum Kochen bringen, und mit Salz und Pfeffer abschmecken.

Zeitaufwand: 45 Minuten

FÜNF

In der Nacht konnte ich kaum schlafen. Die Hitze in meinem Dachzimmer machte mir zu schaffen. Immer wieder wachte ich schweißgebadet auf und hatte das Gefühl, als schaukelte meine Matratze auf dem Meer. Davon wurde mir so schlecht, dass ich gegen zwei Uhr morgens aufstehen und mich übergeben musste. Mein Kreislauf ist für das Bergklima einfach nicht gemacht.

Als ich am nächsten Morgen in die Küche herunterkam, war nur für eine Person gedeckt. Neben dem grüngoldenen Frühstücksgeschirr der Villa Zott standen Schinken, Käse, Marmeladen, Brot und ein Stück Butter, dessen Oberfläche schon zerlaufen war. Mein Magen hob sich.

»Morgen.« Olga kam gerade durch eine Seitentür herein und war offensichtlich gut gelaunt. »Wie willst du deine Eier?«

Der Gedanke an flüssiges Eigelb gab mir den Rest. Ich musste würgen. »Nix«, presste ich hervor.

Olga starrte mich an. »Geht's dir nicht gut?«

»Nur der Kreislauf«, nuschelte ich.

Sie ging zum Herd hinüber. Heute trug sie eine lange weiße Küchenschürze, die sie mit einer Schleife am Hals festgebunden hatte. Ihr wildes rotes Haar war in einem Knoten gebändigt. Sie erinnerte an die Hausfrauen aus den fünfziger Jahren.

»Du bist ja ganz weiß«, sagte sie, und ich konnte die Sorge direkt in ihrer Stimme hören. »Ich mache dir einen Tee.«

»Das wäre wunderbar«, sagte ich und ließ mich dankbar auf einen Küchenstuhl fallen. »Mein Magen ist beleidigt.«

»Sicher nur ein wenig übersäuert.« Sie hantierte am Herd herum und lachte. »Das haben wir gleich.«

Der Tee, den sie mit zwanzig Tropfen aus einer kleinen Phiole mischte, war genau das Richtige. Eine wohltuende Wärme durchströmte mich, und mein Magen entspannte sich. Ich fühlte mich schlagartig besser.

»Jetzt geht's wieder, oder?« Auf Olgas Gesicht lag das v-förmige Lächeln.

Ich nickte. »Unglaublich.«

»Prima, der Stefan ist nämlich da.« Sie stand auf, nahm meine Tasse und schüttete den Rest des Tees in den Ausguss. »Er wartet schon eine ganze Weile auf dich. Vielleicht solltest du zu ihm rausschauen.«

»Bin schon weg.« Der Tag verlief besser, als er begonnen hatte. Ich eilte aus der Küche.

Als ich vor die Villa Zott trat, sah ich, dass ein blauer VW-Käfer älteren Baujahrs neben meinem Austin parkte. Ein Mann im Förster-Outfit – grüner Pullover, Bundhose und Bergstiefel – verschwand zur Hälfte unter der aufgestellten Motorhaube meines Autos.

»Guten Morgen«, sagte ich und ging zu meinem Wagen hinüber. »Kann ich Ihnen helfen?«

Aus den Tiefen des Motors tauchte der Kopf eines jungen Mannes auf. »Grüß Gott«, sagte er. Ich schätzte ihn auf Mitte zwanzig. Sein dichtes Haar war zerzaust und wurde offensichtlich nicht vom selben Coiffeur betreut wie das des jungen Hausherrn. Aus freundlichen braunen Augen schaute er mich an. »Ich bin der Mooslechner Stefan, und wenn das hier Ihr Auto ist, dann bin ich Ihr Mechaniker.« Er zog eines der blau karierten Küchentücher der Villa Zott aus den Eingeweiden meines Autos. Es war voller schwarzer Flecken, er hatte wohl bereits den Ölstand überprüft. »Sag einfach Stefan.«

»Stefan, sehr gut.« Das war also der Rasenmäher-Spezialist. Ich reichte ihm die Hand. »Mark. Und? Gibt es schon eine Diagnose?«

Mit seiner freien Hand kratzte sich Stefan am Kopf. »Das ist der Austin Healey Sprite MkI«, sagte er. »Neunhundertachtundvierzig Kubikzentimeter Hubraum, der Vierzylinder.«

»Ja, stimmt.« Ich begann, Vertrauen zu fassen. »Baujahr 1961.«

Stefan lachte. »Dann ist es ja ein jüngeres Exemplar.« Er wurde wieder ernst. »Das Problem bei dem Modell ist nicht nur, dass es von innen nach außen durchrostet.« Er musste meine erschrockene Miene bemerkt haben, denn fast väterlich setzte er hinzu: »Aber ich nehme an, der Rahmen ist noch in Ordnung.«

»Gut zu hören.«

»Der Austin Healey verliert auch gern Öl – und da müssen wir sehen, was alles durchgerostet ist, welche Ersatzteile wir brauchen und wo wir die am schnellsten herkriegen.«

»Und wann wissen wir das?«

Stefan wischte sich die Hände sorgfältig an einer sauberen Ecke des Küchenhandtuchs ab. »Tja, wie gesagt, ich helfe dir gern, aber heute habe ich keine Zeit.« Er fischte einen zerdrückten Zettel aus der Hosentasche. »Hier, ich hab dir mal meine Telefonnummer aufgeschrieben. Vielleicht probierst du es auch mal in Wien – könnte schneller gehen.«

»Ich kenne keine Werkstatt in Wien.« Ich nahm den Zettel und steckte ihn ein. »Und es macht auch nichts, wenn's ein wenig länger dauert.«

Stefan warf mir einen überraschten Blick zu. »In echt? Sonst wollen die Leute ihre Geräte lieber gestern als heute zurück.«

»Rasenmähen ist wichtiger als Autofahren.« Ich versuchte es mit einem Scherz, um mir meine Erleichterung über den Zeitaufschub nicht anmerken zu lassen. »Das heißt, bis nächste Woche wird es dauern, was?«

Er lachte. »Ganz so hoffnungslos ist es *nicht*.«

»Nein, nein, sieh dir die alte Kiste nur sorgfältig an«, sagte ich mit Nachdruck. »Nicht dass irgendwo ein versteckter Defekt ist und ich dann mit dem Schrotthaufen an der nächsten Ecke wieder liegen bleibe.« In Gedanken bat ich meinen Frosch um Verzeihung. »Und mach dir über das Honorar keine Gedanken.« Ich glaube, ich habe schon erwähnt, dass eine rege Nachfrage nach guten Kochbüchern besteht.

»Schön.« Er warf das mit Öl vollgesogene Handtuch auf die Kühlerhaube, wo es bestimmt einen hässlichen Fleck hinterlassen würde. »Dann werde ich mal schauen, dass ich ins Revier und zur Hütte hinaufkomme. Nachdem die Polizei jetzt endlich alles wieder freigegeben hat.«

»Polizei?« In meinem Kopf schrillten sämtliche Alarm-
glocken. »Und was ist da endlich freigegeben?«

»Der Hochsitz, von dem der Herr Zott gestürzt ist. Das
ist nix Besonderes – Unfälle werden immer untersucht.« Er
steckte die Hände in die Hosentaschen, aber als er meine Miene
bemerkte, nahm er sie wieder heraus. Ich dachte an den lieben
Jojo und schloss Stefan umgehend ins Herz. »Und ich muss
auch einen Blick in die Jagdhütte werfen.« Er lächelte verlegen.
»Der Johannes war ein paar Tage oben, und da muss ich sie
nachher immer wieder in Ordnung bringen.« Ich fing an, ihn
wie einen Sohn zu lieben.

»Könnte ich dich nicht begleiten?«, fragte ich. Trotz meiner
durchwachten Nacht fühlte ich mich erstaunlich fit. Ich musste
Olga nach diesen Tropfen fragen. Immerhin litt ich ja auch
öfter unter Jetlag.

Stefan musterte mich. »Warum?« Dumm war er nicht.

»Bergwandern ist mein Hobby«, log ich.

»Ah, ja?« In seiner Stimme schwang berechtigter Zweifel,
aber dann setzte er höflich hinzu: »Gut, ich warte hier, bis du
deine Ausrüstung geholt hast. Die leichten Bergschuhe reichen
heute für den Aufstieg.« Von *schweren* Bergschuhen hatte ich
noch nie gehört. Ich hatte nicht einmal leichte.

»Oh, nein, *verdammt* – jetzt hab ich doch meine ganze Ausrüstung zu Hause«, sagte ich so ärgerlich, als müsste ich eine
Himalaya-Sause mit Reinhold Messner ausschlagen. »Eigentlich
bin ich ja nur auf der Durchfahrt zu einem Geschäftstermin gewesen. Bis … Na ja.« Ich deutete resigniert auf meinen Frosch.

»Wo bist denn zu Hause, wenn man fragen darf?«

»Auf Sylt.« Ich konnte mir nicht vorstellen, dass dieser Berg-
mensch genau wusste, wo das lag.

»Mitten in der Nordsee? Flachlandindianer, was?« Seine
Mundwinkel zuckten. »Und da ist Bergwandern dein Hobby?«
Er glaubte mir kein Wort. Aber schließlich warf er doch einen
skeptischen Blick auf meine Wildleder-Sneakers. »Na gut, dann
müssen die Turnschuhe eben heute reichen. Aber pass auf, dass
du damit nicht umknickst.«

Turnschuhe. Altaussee liegt ja schließlich nicht im Karako-
rum-Gebiet. In Anbetracht der Umstände stieg ich bester Laune
in Stefans Käfer. Ich freute mich auf den Ausflug. Außerdem
brauchte ich dringend Abstand zu Altaussee und der Villa
Zott – und zwar nicht nur räumlich.

Wir ließen den See hinter uns und fuhren zwischen ausge-
dehnten Blumenwiesen direkt, wie es schien, auf einen Berg-
hang zu. Hätte nicht die Villa Zott wie ein lauerndes Untier
hinter mir gelegen, wäre es die pure Sommerfrische gewesen.
Wehmütig dachte ich daran, wie es hätte sein können, wenn
ich Anton gesund und munter angetroffen hätte und wir uns
ein paar nette Tage in dieser traumhaften Umgebung gemacht
hätten.

Die Straße wurde holperig, die Asphaltdecke war zu Ende.
Auf der Weide zu meiner Rechten stand eine Herde braun
gefleckter Kühe und starrte uns feindselig an. Ich finde ja, dass
nur die norddeutschen Schwarzbunten nach Milch aussehen.
Vielleicht gaben die braunen gleich Kakao? Bei der Vorstellung
musste ich grinsen. Meine gute Laune hielt so lange an, bis eine
Schranke den Weg versperrte. Ich konnte sehen, dass die Straße
danach geradewegs den Berg hinaufführte. Auf einmal hatte
ich Assoziationen von steilen Hängen und tiefen Schluchten.
Ich bin nicht schwindelfrei.

Stefan stieg aus und öffnete das Schloss. Hinter uns ließ er
den Balken wieder herab und versperrte ihn sorgfältig.

»Ab hier ist's eine Privatstraße«, erklärte er und legte den
ersten Gang ein. »Achtung, jetzt geht's hinauf.«

»Wunderbar«, sagte ich und wurde in die Sitzlehne geworfen,
als Stefan Gas gab und der alte Käfer mit dröhnendem Motor
im Schritttempo den Berg hinaufrumpelte.

Der unbefestigte Forstweg schlängelte sich in Serpentinen
zwischen riesigen Nadelbäumen dahin, die wie Wächter von
beiden Seiten auf uns herabschauten. An jeder Kehre musste
Stefan erst in den ersten Gang hinunterschalten, ehe der Wagen
durch ausgewaschene Spurrinnen weiterholperte und mich
dabei ordentlich durchschüttelte. Hin und wieder wurde der

Wald lichter und gab den Blick auf das Tal frei. Am Horizont glitzerte der See.

Endlich erreichten wir einen Schotterplatz, der wohl als Parkplatz diente.

»So«, sagte Stefan. »Da wären wir.«

Ich beugte mich vor und spähte durch die kleine Windschutzscheibe. Direkt vor mir konnte ich einen Hochsitz erkennen. Dahinter standen dichter Bergwald und mannshohe Farnwedel. Dann mussten wir wohl doch nicht zu irgendeiner Berghütte aufsteigen. Ich konnte mein Glück kaum fassen. Stefan hatte mich also nur aufgezogen.

»Ist Anton hier verunglückt?«

Stefan nickte. »Lag am Fuß der Leiter. Der Brodinger Tim hat zuerst nur das Auto gesehen und gedacht, der Herr Zott wäre weiter zur Hütte hinauf. Da war er in der letzten Zeit anscheinend öfter.« Er räusperte sich. »Er wollte wohl auch mal seine Ruhe haben.«

Ich wurde hellhörig. »Was heißt – in der letzten Zeit?«

»Na ja, früher hat er sich halt nie um die Hütte gekümmert. Die war schon ganz verfallen. Und auf einmal war der Zott ganz heikel damit. Hat ein neues Schloss anbringen lassen und keinem den Schlüssel gegeben – nicht mal mir.« Er klang gekränkt.

»Das heißt, wir können nicht hinein?«, fragte ich und konnte schon selbst die Erleichterung in meiner Stimme hören. »Sehr schade.« Wer wusste schon, auf welcher Höhe diese Bretterbude lag?

Stefan grinste. »Frau Zott hat mir heute Morgen den Schlüssel gegeben.«

»Aha. Na ja, dann ist es ja gut.« Ich überlegte. »Gibt es eigentlich auch Renovierungspläne für diese Hütte?« Kein Hotel in den Bergen, das nicht eine Alm bewirtschaftet und dort zu überhöhten Preisen Billigessen anbietet.

»Möglich«, sagte Stefan zurückhaltend.

Ich schaute zu ihm hinüber und sah, dass er mit gerunzelter Stirn vor sich hin starrte. »Gibt's eine andere Erklärung für das plötzliche Interesse?«

Stefan fuhr sich mit der Hand übers Gesicht und wirkte auf einmal verlegen. »Man hört halt so dies und das. Ist aber wahrscheinlich nur Dorftratsch.«

»In welcher Richtung?«

»Na ja, es heißt, es hat immer wieder Streit zwischen den Eheleuten gegeben.«

»Wegen der Hotelpläne?«

»Wohl auch«, sagte Stefan.

»Auch?« Ich hatte Olgas Stimme noch im Ohr. *Was er in der letzten Zeit getrieben hat, weiß ich nicht. Aber er war ziemlich viel unterwegs.* »*Geschäftsgeheimnis*«, hat er gesagt. Mir fiel auch nur eine andere Erklärung ein. »Hatte Anton etwa ein Verhältnis?«

Stefan zuckte nur die Schultern.

Fast hätte ich selbst bei dem Gedanken gelacht. Aber Anton hatte ja auch die schöne Olga für sich gewinnen können. Mir schien, dass mein alter Freund ein paar Seiten gehabt hatte, die mir neu an ihm waren und die ich ihm nicht zugetraut hatte. Stille Wasser sind ja bekanntlich tief.

Stefan machte die Autotür auf. »Also, gehen wir's an.«

»Hatte Anton eine Freundin?«, beharrte ich.

Vielleicht hatte Olga Angst gehabt, verlassen zu werden? In ihrer konfusen Gefühlswelt spielte Eifersucht bestimmt eine Rolle. Aber die Villa gehörte ihr. Sie hätte sie im Fall einer Scheidung also nicht verloren. Im Gegenteil, Antons Tod hatte sie wahrscheinlich vor größeren finanziellen Einbußen bewahrt. Und es war nicht einmal sicher, dass sie verschuldet war. Schließlich hatte dieser Jojo behauptet, es sei genug Geld vorhanden.

»Von mir hast es nicht«, sagte Stefan, stieg aus und knallte die Autotür zu. Durch die Windschutzscheibe sah ich ihn auf den Hochsitz zustapfen. Seine Schritte waren ruhig und sicher. Mir ging die Überlegung durch den Kopf, ob er nun leichte oder schwere Bergschuhe trug.

Ich stieg ebenfalls aus und ging ihm nach. Die Steine des unbefestigten Parkplatzes bohrten sich schmerzhaft durch die dünne Gummisohle meiner edlen Sneakers. »Nur noch eine

Frage«, rief ich hinter Stefan her, ehe er mich zwischen Tannen und Lärchen allein zurücklassen konnte.

Er drehte sich um. Zwischen seinen Brauen stand eine steile Falte, offenbar bereute er seine Offenheit bereits. »Ja?«

»Ist die Dame verheiratet?«

»Wer?«

»Antons Freundin.« Wenn es einen eifersüchtigen Ehemann gab, dann erweiterte das den Kreis der Verdächtigen um mindestens eine Person, die nicht zur Familie gehörte. Aus irgendeinem Grund wünschte ich mir das.

»Keine Ahnung«, sagte Stefan. »Ich hab's auch nur als Gerücht gehört. Hätt's gar nicht erwähnen sollen.«

»Du weißt also nicht, wer sie ist?«

Stefan zögerte, etwas zu lange, wie mir schien. »Reiner Wirtshausklatsch«, sagte er schließlich, drehte sich um und setzte seinen Weg fort. Aus ihm würde ich zu dem Thema nicht mehr herausbekommen, so viel war klar.

Der Hochsitz bestand aus einer Kanzel auf Stelzen, zu der eine lange Leiter hinaufführte. Ihre Sprossen bestanden aus dicken Ästen und waren, soweit ich das beurteilen konnte, unversehrt. Ich ließ meinen Blick über die Umgebung wandern.

Trockene Tannennadeln bedeckten wie ein dicker, weicher Teppich den Boden unter dem Hochsitz. An einer Stelle war der Untergrund großflächig aufgewühlt, und man konnte die nackte Erde sehen. Entweder hatte ein Tier hier sein Lager gehabt – oder es war die Stelle, an der Anton gelegen und gestorben war. Die Tannennadeln waren in einem Kreis auseinandergescharrt. Der Anblick erinnerte mich an die Dünen von Sylt, wo die Kinder sich auf den Rücken legen und mit Armen und Beinen im Sand rudern. Engel machen, nennen sie das. Dies war auch ein Engel – ein Todesengel.

»Ist das die Stelle, wo man Anton gefunden hat?«, fragte ich und zeigte auf den Boden.

Stefan nickte. »Der Brodinger Tim war als Erster bei ihm«, sagte er. »Aber wie ich dazugekommen bin, hat der Herr Zott noch genauso dagelegen.«

Das war mir neu. »Du hast die Leiche auch gesehen?«

»Freilich, ich hab auch seine ganzen Sachen eingesammelt. Die waren im ganzen Umkreis verstreut.« Stefan steckte die Hände in die Hosentaschen und starrte auf die Stelle unter dem Hochsitz, als wollte er sich das Bild noch einmal in Erinnerung rufen. »Ich war gerade hinter einem Mountainbiker her. Die dürfen eigentlich nur auf den Forstwegen fahren, reißen aber lieber den ganzen Waldboden auf. Ich hätt ihn auch erwischt, aber dann ist der Tim gleich hinterhergekommen. Der war total im Schock. Ich hab ihn ein paarmal anrufen müssen, bevor der überhaupt stehen geblieben ist.«

So nervenstark, wie er tat, war der liebe Tim also doch nicht. »Der ist einfach davongerannt?«

»Wollte wohl Hilfe holen.«

»Warum hat er nicht einfach den Notruf gewählt?«

Stefan warf mir einen merkwürdigen Blick zu. »Siehst du hier irgendwo einen Sendemast?«

»Stimmt.« Hier gab es sicher keinen Empfang. Wieder einmal hatte ich mich als Greenhorn erwiesen. »Vielleicht war ja dieser Mountainbiker zuerst beim Anton und hat nur nichts zu dir gesagt, damit er keinen Ärger kriegt.«

»Den Radlern trau ich alles zu«, sagte Stefan grimmig. »Kannst jedenfalls froh sein, dass du den Herrn Zott nicht gesehen hast. War kein schöner Anblick, so mit dem Gesicht nach hinten – wie ein böser Geist. Muss ein ordentlicher Aufschlag gewesen sein.«

»Dann hat er sich also den Hals gebrochen?«

»Klar, was sonst?« Stefan streckte den Arm in Richtung Himmel und zeigte auf die Kanzel. »Jetzt aber los – steig hoch. Wir haben nicht ewig Zeit, ich muss noch zur Hütte. Wenn du Glück hast, siehst ein paar Rehe.«

Ich legte den Kopf in den Nacken und schaute zur Kanzel hinauf. Ich bin an der Küste aufgewachsen, da ist die höchste Erhebung der Leuchtturm, und auch der übt keinerlei Anziehungskraft auf mich aus. Hotelzimmer, die über dem zweiten Stock liegen, buche ich nicht.

»Wie hoch ist das?«, wollte ich wissen. Eigentlich bestand die Kanzel nur aus einem Holzboden, durch den ich an manchen Stellen den Himmel sehen konnte, und einem aus Ästen zusammengezimmerten Geländer. Aus meiner Perspektive schien sie dicht unter den Wolken zu schweben. Wer hier abstürzte, war mit Sicherheit tot.

»Angst?« Spott schwang in Stefans Stimme. Es klang, als hätte er am liebsten wieder »Flachlandindianer« gesagt.

Ich kniff die Augen zusammen und versuchte, den Abstand der Kanzel zum Boden abzuschätzen. Langsam geriet ich in Erklärungsnot. Was, wenn nicht die Liebe zu den Bergen, hatte mich dazu getrieben, ihn zu begleiten? Was sollte ich zu ihm sagen? *Ich habe den begründeten Verdacht, dass mein Freund Anton ermordet worden ist? Und jemand hat meine Sachen durchwühlt, weshalb ich ab heute mein Zimmer zuschließen muss?* Weil jemand offenbar Zutritt zum Haus hat, von dem seine Bewohner nichts wissen.

»Willst du lieber im Auto warten?«

»Quatsch«, sagte ich. Wäre Reinhold Messner vor dem Yeti geflohen? »Den Blick lass ich mir nicht entgehen.«

Ich setzte meinen Fuß auf die erste Sprosse und hielt mich an den Seiten der Leiter fest. Sie hatte festen Stand und wackelte nicht. Ein wenig beruhigt begann ich den Aufstieg. Sprosse für Sprosse kletterte ich die Leiter hinauf, wobei ich jeden Blick in die Tiefe vermied. Als ich endlich die Kanzel erreicht hatte, fühlte ich mich dem Himmel so nah, dass ich wünschte, ich hätte den Boden nie verlassen. Ich hievte mich auf die Holzplattform, schloss die Augen und rang nach Luft.

»Mark?«, schallte es von unten zu mir herauf. »Alles in Ordnung bei dir?«

Ich stand auf und umfasste das Geländer. Meine Knie zitterten noch ein wenig, aber die Stütze gab mir ein Gefühl der Sicherheit. »Alles bestens«, rief ich. »Traumhafte Aussicht hier oben.«

Die Einrichtung der Kanzel bestand nur aus einem Sitzbrett und einer kleinen Kiste. Eine zerschlissene Armeedecke lag in einer Ecke. Sonne und Regen hatten ihre Farbe zu einem modrigen Grün verblassen lassen. Ich hob den Blick und schaute über das Geländer hinweg. Links von mir konnte ich den Loser sehen. Feine Nebelschwaden umgaben seinen Felsenkopf wie Rauchringe. In der Ferne lag Altaussee wie eine Ansammlung von Spielzeughäuschen um das grüne Tintenfass des Sees. Darüber wölbte sich ein blassblauer Himmel, an dem zerrissene Wolken hingen. Es war auch nicht anders als im Flugzeug.

Mutig geworden, beugte ich mich über das Geländer und spähte in die Tiefe. Von hier sah die Leiter wie eine Rutschbahn aus. Sie war so steil, dass ihre Sprossen nicht voneinander zu unterscheiden waren.

Anton hatte sich das Genick gebrochen. *Kein schöner Anblick, so mit dem Gesicht nach hinten – wie ein böser Geist.* Aber wie sollte das zugegangen sein? Wäre Anton hier oben ausgerutscht – bei feuchtem Wetter auf den glitschigen Holzbohlen durchaus möglich –, dann wäre er abgestürzt und erst auf dem Boden aufgeschlagen. Niemals hätte er sich zwischen den Sprossen verfangen können.

Am Fuß der Leiter stand Stefan. Er hatte die Daumen in den Gürtel gehakt und schaute zu mir hoch. »Und? Wie is'?«, rief er. Ich konnte sein Grinsen hören.

»Keine Rehe, leider«, schrie ich zurück.

Auf einmal wurde mir schwindelig. Schnell richtete ich mich auf und holte tief Luft. Wahrscheinlich war es Anton genauso gegangen. Er hatte eine Weile ruhig hier oben gesessen. Dann war etwas passiert, was abrupt seine Aufmerksamkeit erregt hatte. Vielleicht war jemand vorbeigekommen und hatte nach ihm gerufen, so wie Stefan gerade nach mir. Überrascht war Anton aufgestanden – möglicherweise etwas zu schnell – und hatte sich über das Geländer gebeugt. Dabei wurde einem unweigerlich schwindelig, wie ich gerade am eigenen Leib erfahren hatte. Ein Gefühl der Erleichterung durchströmte mich. Was hatte ich mir eigentlich eingebildet? Und natürlich hatte nur jemand in meinem Zimmer Staub gewischt und der

Ordnung auf meinem Schreibtisch keine Beachtung geschenkt. Wie oft hatte ich mich in Hotels schon darüber geärgert. Ohne noch einmal in die Tiefe zu sehen, rief ich: »Ich komme jetzt runter!«

Der Abstieg war weniger beschwerlich als der Aufstieg, und als ich endlich wieder festen Boden unter den Füßen hatte, war mir schon wieder zu Scherzen zumute.

»So einen Aussichtsturm brauchen wir auch auf Sylt«, sagte ich, während ich die Handflächen aneinander rieb, um den Schmutz von der Leiter loszuwerden.

»Habt ihr da Rehe?«

»Nein, aber Fische.«

Stefan lachte. »Jetzt müssen wir dazuschauen, dass wir zur Hütte kommen. Das Auto können wir hier stehen lassen.«

»Ist es ein weiter Weg?«

»Überhaupt nicht.« Stefan schüttelte den Kopf. »Gute Stunde etwa.« Er deutete über unsere Köpfe auf eine Stelle über der Baumgrenze.

»Wie schön«, sagte ich, schließlich war Wandern ja mein Hobby. Aber mein Herz sank. »Na dann, Berg Heil, was?«

Stefan wandte schnell sein Gesicht ab, und ich hatte den schweren Verdacht, dass er mir sein Grinsen ersparen wollte.

Schweigend stapften wir über Geröll und Äste einen Waldweg hinauf. Ich hätte durchaus noch ein paar Fragen zur Villa Zott und ihren Geheimnissen gehabt, aber mir fehlte schlicht die Luft zum Reden. Ich starrte auf die Erde vor meinen Schuhspitzen und konzentrierte mich auf meine Schritte. *Einatmen, ausatmen, einatmen, ausatmen*, wiederholte ich ständig wie ein Mantra.

Irgendwann wurde es heller, die Sonne stach durch die Zweige, und die Bäume wurden spärlicher. Schließlich blieb der Wald ganz hinter uns zurück.

»Geht's noch?«, erkundigte sich Stefan.

»Kein Problem«, keuchte ich.

»Jetzt geht's nur noch flach dahin.«

Der Pfad schlängelte sich nun zwischen Latschenfeldern und üppig blühenden Sträuchern weiter.

»Almrausch«, sagte Stefan und zeigte auf die rosa Pracht.
»Und das dahinter sind Silberdisteln.«

»Schön«, japste ich, und er ließ mich in Frieden.

Felsbrocken ragten aus dem Almboden, der mit Kuhfladen
und Hufabdrücken übersät war. Kühe begegneten uns nicht,
dafür sauste einmal ein riesiger Hamster über den Weg.

»Ein Murmeltier«, erklärte Stefan.

Nach einer gefühlten Ewigkeit tauchte eine Holzhütte vor
uns auf. Das Dach war mit Steinen beschwert, die Fensterläden
geschlossen und die Holzwände grau verwittert. Ein Trampelpfad führte über das magere Gras zur Eingangstür. Ein dickes
neues Vorhängeschloss leuchtete im Sonnenlicht.

Verschwitzt und außer Atem blieb ich stehen und stützte
die Hände in mein schmerzendes Kreuz.

»Ist sie das?«, fragte ich.

Stefan nickte. »Die Jagdhütte.«

Wir folgten dem Pfad. Vor der Eingangstür fischte Stefan einen Schlüssel aus der Tasche und öffnete das nagelneue
Schloss, das die verwitterten Bretter sichern sollte. Dann zog
er an dem Holzbalken, der als Klinke diente. Mit einem lauten
Knarren schwang uns die Tür entgegen. Ein eisiger Hauch,
eine Mischung aus abgestandener Luft und Moder, wehte uns
entgegen.

»Puh«, sagte Stefan. »Da war aber lang keiner mehr.«

»Johannes Zott war gerade hier oben«, sagte ich.

Stefan brummte etwas Unverständliches und betrat die
Hütte. Zögernd folgte ich ihm. In dem wenigen Tageslicht,
das durch die offene Tür fiel, konnte ich sehen, dass der einzige
Raum aufgeräumt und unpersönlich war.

Auf den Holzdielen lag ein abgetretener Fleckerlteppich,
und über dem Tisch, an den ordentlich drei Stühle geschoben
waren, hing eine Petroleumlampe. An der linken Wand befand
sich ein schmales Bett, auf dem zusammengefaltete Wolldecken
und ein Stapel alter Jagdzeitschriften lagen. Die rechte Seite
nahm eine Küchenzeile aus Resopal ein. Dort stand ein Teller,
auf dem zwei halb herabgebrannte Kerzen in einem See aus

gestocktem Wachs klebten. Ein Stapel Schneidbretter und eine Kaffeetasse, in der Gabeln und Brotzeitmesser steckten, rundeten die spartanische Einrichtung ab. Eine klobige Plastikbox diente wohl als Kühlschrankersatz.

Stefan kratzte sich am Ohr. »Frau Zott hat gesagt, dass der Johannes ein paar Tage hier heroben war. Das versteh ich nicht – normalerweise muss ich nachher immer das Chaos beseitigen.«

»Mir gegenüber hat er behauptet, er kümmere sich um die Hütte. Irgendwer müsse es ja tun.« Und das hatte dieser Johannes offensichtlich ernst gemeint. Alles war ordentlich aufgeräumt. »Vielleicht hätte er länger lüften sollen.«

Stefan drehte sich langsam im Kreis. »Seltsam«, sagte er.

»Stimmt was nicht?«

»Der Johannes hinterlässt wirklich immer einen Saustall.«

Ich zuckte die Schultern. »Er wird eben ordentlich.«

»Eher schneit es in der Hölle.«

Mir wurde langsam kalt. Der Schweiß trocknete unter meinem dünnen Pullover, und Gänsehaut breitete sich auf meinem Rücken aus. »Dann brauchen wir ja nicht mehr länger zu bleiben, oder?« Ich zog die Ärmel über meine Hände. »Wenn hier alles seine Richtigkeit hat?«

»Ja, sieht so aus.« Stefan klang nicht überzeugt. Auf einmal straffte er seinen Körper. »Ich mach noch eine Runde ums Haus, ob alles in Ordnung ist. Ich meine, ob die Fensterbalken fest sind und so. Dann packen wir den Abstieg an.« Ohne meine Antwort abzuwarten, verließ er die Hütte.

Ich setzte mich auf das ziemlich harte Bett und fasste mich in Geduld. Nach der ganzen Kletterei war die Ruhepause eine wahre Wohltat. Eine Weile konnte ich Stefan noch draußen herumstapfen hören, dann entfernten sich seine Schritte. Der Gedanke schoss mir durch den Kopf, er könnte mich in dieser Einöde zurücklassen, aber dann beruhigte ich mich wieder. Schließlich führten von hier oben alle Wege ins Tal. Ich brauchte immer nur bergab zu gehen, um wieder in die Zivilisation zurückzukommen.

Etwas drückte gegen meinen rechten Oberschenkel. Ich rückte beiseite. Die Matratze gab ein wenig nach, und auf einmal bemerkte ich einen kleinen Gegenstand, der unter den zusammengelegten Decken hervorrutschte. Es war ein Handy, ein billiges Teil und nicht unbedingt das Modell, das ich bei diesem Jojo vermutet hätte. Aber er musste es hier oben vergessen haben. Ich griff danach und betrachtete es. Bestimmt hatte er vergeblich versucht zu telefonieren, sich geärgert und das Gerät dann aufs Bett geworfen. Wo es zwischen die Decken gerutscht war.

Ich tippte ein wenig auf der Tastatur herum, um zu sehen, ob es hier oben wirklich keinen Empfang gab, wie Stefan behauptet hatte. Sollte er nicht zurückkommen, konnte ich auch mit meinem eigenen Handy Hilfe rufen. Und tatsächlich – drei kleine Striche tauchten auf dem Display auf. Nicht viel, aber zum Telefonieren reichte es. Ich tippte noch ein wenig weiter und landete bei den Anrufen. Es war eine ganze Liste – aber nur eine einzige Nummer. Für einen Moment war ich verwirrt, aber dann wurde mir klar, was es mit diesem Handy auf sich hatte. Es war das von Anton. Der es nicht in die Villa Zott hatte mitnehmen wollen. Denn die einzelne Nummer gehörte, davon war ich überzeugt, seiner unbekannten Geliebten. Ich lauschte, ob Stefans Schritte wieder zu hören waren. Immerhin wurde es Zeit, mich endlich aus meiner Einsamkeit zu erlösen. Aber dieser Aushilfsförster schien irgendwo verschwunden zu sein.

Ich musterte das Handy und rang mit mir. Aber dann siegte wie immer meine Neugier. Ich drückte auf die Wiederwahltaste und hielt mir den Apparat ans Ohr. Es dauerte eine Weile, bis das Gerät ein Netz gefunden hatte, aber schließlich läutete es. Was sollte ich der Dame sagen? Während ich dem Klingeln lauschte, wurde mir mein unmögliches Benehmen klar. Ich wollte den Anruf gerade unterbrechen, als am anderen Ende abgenommen wurde. Es meldete sich niemand.

»Hallo?«, sagte ich unsicher. »Wer ist denn da?«

Keine Antwort.

»Mein Name ist Vanlanthen. Ich habe gerade ein Handy gefunden«, erklärte ich, »und dies ist die einzige Nummer darauf.« Jetzt musste sie wissen, um welches Handy es sich handelte. »Wenn es Ihnen gehört, würde ich es Ihnen gern zurückgeben.«

Am anderen Ende der Leitung hörte ich leises Atmen.

»Hallo? Sind Sie noch dran?«

Ein trockenes Klicken beendete das Gespräch.

Ärgerlich starrte ich auf den kleinen Apparat in meiner Hand. Sie war also wirklich verheiratet. Ich schob das Handy in die Hosentasche. Es hier oben zu lassen brachte ja auch nichts. Ich stand auf und fing an, in der Hütte herumzuwandern. Wo blieb bloß der verdammte Stefan? Auf der Suche nach einem Zeitvertreib schaute ich mich um. Aber die zerfledderten Jagdzeitschriften konnten mich nicht reizen.

Mein Blick blieb an der Kühltasche hängen.

Und da hatte ich eine Idee. Wenn der gute Anton in dieser gottverlassenen Hütte seine Schäferstündchen abgehalten und sein geheimes Handy versteckt hatte, dann gab es hier sicher auch irgendwo was Feines zu trinken. Ich hatte nicht nur Durst, ich konnte auch einen guten Schluck gebrauchen. Vor meinem geistigen Auge erschien eine kältebeschlagene Champagnerflasche. Genau das Richtige.

Entschlossen ging ich zur Küchenzeile hinüber und besah mir die Plastikbox. Es war ein teures Stück, in dem man verderbliche Lebensmittel mehrere Stunden transportieren konnte, ohne die Kühlkette zu unterbrechen. Wie immer hatte Anton bei der Verwirklichung seiner Träume nicht gespart. Ich umfasste den Griff und legte ihn um. Dann hob ich den Deckel ab und – fuhr zurück. Der Geruch, der der Kühlbox entwich, war infernalisch. Und ich kannte ihn.

Auf einer meiner Arbeitsstellen in Südfrankreich war einmal das Notstromaggregat an der Fleischkühlung ausgefallen, und weiß der Teufel, aber an dem Abend hatte es keiner gemerkt. Es war einer dieser brütend heißen Augustsonntage in Cannes gewesen und der darauffolgende Montag Ruhetag. Am Dienstag hatte mein Souschef zu seinem Pech ein paar Entrecotes benötigt. Nichts ahnend hatte er die schwere Tür aufgezogen – wir mussten ihn mit einer halben Flasche »Napoléon« wiederbeleben.

Die Hand vor dem Mund, näherte ich mich wieder der Tasche. Trotzdem war der Verwesungsgestank schier unerträglich. Was um alles in der Welt hatte Anton darin vergessen? Auf den ersten Blick ließ es sich nicht mehr feststellen. In der Plastikwanne schwamm eine dicke Suppe aus grauer Masse und rosafarbenem Wasser. Darin trieben Papierfetzen, zarte Knöchelchen und dicke Gräten. Ein dreieckiger Echsenkopf, so groß wie mein Daumen, glotzte mich aus leeren Augenhöhlen an.

Ich schlug den Deckel über den Kadaverresten zu und ließ mich auf den Boden fallen. Dabei versuchte ich, den Würgereiz zu unterdrücken, indem ich ruhig und gleichmäßig atmete. Draußen näherten sich schwere Schritte der Hütte. Ein Schatten fiel über die offene Eingangstür.

»So«, sagte Stefan hinter mir. »Scheint alles in Ordnung zu sein. Wir können also ...« Er brach ab. »Oh Gott, wonach stinkt es denn hier?« Seine Stimme klang atemlos.

Ich wandte ihm das Gesicht zu und zeigte auf die Kühltasche. »Da«, krächzte ich. »Da drin.«

Mit drei Schritten war Stefan neben mir und riss den Deckel von der Plastikbox. »Scheiße, was ist denn das?« Mit aufgerissenen Augen starrte er auf das höllische Gebräu. Immerhin zeigte er keine Anzeichen von Übelkeit.

»Ich dachte, es wäre was zu trinken drin«, flüsterte ich.

Dick und klebrig waberte der ekelerregende Geruch durch die Hütte. Mir brach der kalte Schweiß aus. Aber es war nicht der Anblick der Fleischreste, der mich entsetzte. Wenn Sie einmal eine Kiste Austern geöffnet haben, die versehentlich in der Bretagne zu spät auf Transport gegangen ist, sind Sie gegen so was immun. Es waren diese Knochen, die in einer normalen Küche nichts zu suchen haben.

»Das muss hier raus!« Stefan knallte den Deckel auf die Box und schleppte das Ganze aus der Hütte.

Ich rappelte mich auf und folgte ihm. Inzwischen hatte meine Neugier wieder die Oberhand über mein Entsetzen gewonnen. Als ich aus der Hütte trat, stapfte Stefan bereits über den Almboden auf einen riesigen Felsbrocken zu. »Moment«, rief ich. »Wohin bringst du das Zeug?« Er blieb stehen und drehte sich um. »Das ist Aas.« »Ja, schon, aber was für welches?« Ich lief zu ihm hinüber. »Lass mich noch einen Blick darauf werfen.« Er starrte mich ungläubig an. »Was?« »Ich will wissen, was da drinnen ist.« Stefan runzelte die Stirn, aber er stellte die Kühlbox ab. Er griff nach einem dünnen Zweig, hob den Deckel hoch und warf ihn beiseite. Dann fing er an, mit dem Holzstück in der Box herumzustochern. »Seltsam«, sagte er. Ich beugte mich neben ihm über die stinkende Brühe. Hier draußen wehte ein leichter Wind, und der Geruch war nicht ganz so erstickend wie in der engen Hütte. »Was sind das für Knochen?«, fragte ich. Stefan gab keine Antwort. Mit dem Ast fischte er eine lange Reihe von Wirbeln, an denen links und rechts dünne Rippen hingen, heraus und ließ sie auf den Boden fallen. Zart, weiß und fast durchsichtig glänzte das biegsame Gerippe auf dem krausen Moos. Auf den ersten Blick sah es nach den Überresten eines Fisches aus. Aber es war über einen Meter lang. »Das war mal eine Schlange«, sagte ich. Stefan nickte. »Und was für eine. So was gibt's hier gar nicht.« Mit seinem Stock angelte er zunächst vergeblich nach dem Echsenkopf. Schließlich stach er die Holzspitze durch eine leere Augenhöhle, hob den Kopf heraus und legte ihn zu den Knochen. »Ein Meter zwanzig, schätze ich. Wahnsinn.« Er rollte den Schlangenkopf hin und her. »Nein, die ist nicht von hier. Das ist irgendwas Exotisches.« »Hm.« Ich überlegte. »Vielleicht ist sie irgendwo ausgekommen, und Anton hat sie gefunden.« In die Kühlbox und Deckel drauf war eine grausame Art der Entsorgung für ein lebendes Tier.

»Hier wird's nachts ziemlich kalt«, sagte Stefan. »Dann erstarrt so eine Schlange, und man kann sie gefahrlos aufheben. Vielleicht hatte sie sich in die Hütte verkrochen. Und Herr Zott wollte sie noch runterbringen. Aber dann hatte er den Unfall.« Er zuckte die Schultern. »Könnte doch sein, oder?«

»Glaub ich nicht«, sagte ich. »Das Zeug lagert schon länger da drin. Sicher über einen Monat.«

Stefan nickte nachdenklich und widmete sich wieder der Kühlbox. Nach und nach fischte er winzige Hohlknochen heraus und breitete sie neben die Überreste der Schlange aus. Auch ein kleiner gelber Schnabel war darunter. Ohne den zugehörigen Kopf hatte er etwas Surrealistisches.

»Vogelknochen«, sagte Stefan. »Spatzen oder so.«

Was war das gewesen? Futter für die Schlange? »Grässlich«, sagte ich und richtete mich auf. »Und wohin jetzt damit?«

Stefan warf die Tierreste in die Box zurück und legte den Deckel auf. »Da drüben ist ein Luderplatz. Da legen wir immer Aas für die Füchse hin.« Er warf den Stecken weg und stand auf. »Kannst ruhig schon losgehen. Ich hol dich wieder ein.«

»Alles klar«, sagte ich. Auf eine Besichtigung der Stelle, die Stefan den Luderplatz nannte, war ich nicht scharf. »Dann bis gleich.«

Von der Hütte folgte ich dem Weg, auf dem Stefan und ich gekommen waren. Ich hatte mir eingebildet, der Abstieg wäre angenehmer als der Anstieg, aber da hatte ich mich getäuscht. Bei jedem Schritt fuhr ein Stoß durch meinen ganzen Körper, und nach kaum hundert Metern hatte ich das Gefühl, Nadeln in den Knien zu haben.

Fluchend stolperte ich über Steine und Geröll zu Tal. Um mich herum breitete sich die Alm aus und schien mir auf einmal viel größer als noch vor einer Stunde. Meine einzige Gesellschaft waren hin und wieder ein pfeifendes Murmeltier und ein großer Vogel, der am weiten Himmel über mir kreiste – drohend, wie ich fand. Obwohl mir die Sonne heiß auf den ungeschützten Kopf brannte, fühlte ich mich so einsam wie der letzte Überlebende einer Polarexpedition im ewigen Eis. Immer wieder drehte ich mich um. Keine Spur von Stefan. Sehnsüchtig schaute ich auf den Bergwald hinab, der sich unter mir hinzog, aber einfach nicht näher kommen wollte, und versuchte, die verbleibende Wegstrecke abzuschätzen. Es kam, wie es kommen musste. In einem dieser Augenblicke der Unachtsamkeit trat ich ein Felsstück los, verlor den Halt und schlitterte auf den Gummisohlen meiner Turnschuhe wie ein Skirennläufer talwärts, bis es mir irgendwann den Boden unter den Füßen wegriss. Wie ein Dolchstoß fuhr es durch meinen Knöchel, und ein schwerer Schlag traf meinen Hinterkopf. Mir wurde schwarz vor Augen, und ich hatte das Gefühl, mich übergeben zu müssen. Aber diesmal nicht vor Ekel, sondern vor Schmerz.

Auf dem Rücken liegend wartete ich ein paar Minuten, dann stützte ich mich mit den Händen auf und versuchte aufzustehen. Der Schmerz im Bein nahm mir den Atem. Es hatte keinen Sinn. Aus eigener Kraft würde ich hier niemals wegkommen. Verzweifelt ließ ich mich zurücksinken und ergab mich in mein Schicksal.

Eine gefühlte Ewigkeit lag ich auf dem harten Untergrund, während sich scharfe Steine in meinen Rücken bohrten und es in meinem Fußgelenk pulsierte und pochte. Ich konnte förmlich spüren, wie mein Knöchel anschwoll. Hilflos wie eine auf den Panzer gefallene Schildkröte lag ich da unter freiem Himmel und starrte in die Luft. Ich erinnere mich, dass bald zwei große Vögel über mir kreisten, die ich angesichts meiner Lage inzwischen für Geier hielt. Es werden wohl Adler gewesen sein.

Ich verdrehte den Kopf und versuchte, den Weg hinaufzuschauen, in der Hoffnung, Stefan auf mich zueilen zu sehen. Außer ein paar Heidelbeersträuchern, die vor meiner Nase zwischen den Felsen wuchsen, konnte ich jedoch nichts entdecken.

Nach einiger Zeit versank ich in eine Bewusstlosigkeit, aus

der ich nur hin und wieder auftauchte. In meiner Erinnerung reihen sich in wirrer Abfolge die besorgten Fragen von Stefan, ein grelles Licht und Hubschraubergedröhn auf. Ich wurde herumgerüttelt und glaube, dass ich mich darüber beschwert habe. Dann sagte ein Mann in Weiß etwas zu mir, das klang wie »Gleich ist's vorbei«, woraus ich schloss, dass ich im Sterben lag. Es machte mir nichts aus.

Irgendwann hörten die Schmerzen in meinem Knöchel und in meinem Kopf auf, und ich fiel in einen tiefen Schlaf. In meinen Träumen erhoben Schlangen ihre Köpfe aus einem Meer von Heidelbeeren. Sie zischten, als wollten sie mir etwas mitteilen. Aber ich verstand sie nicht.

Schwarzbeer-Boggerl

Zutaten
¼ l Milch · 3 Eier · 6 EL Mehl · 1 Prise Salz · 1 EL Schmalz · Schwarzbeeren (Heidelbeeren) · nach Belieben Zimt und Zucker zum Bestreuen

Zubereitung
Milch, Eier, Mehl und Salz versprudeln. In einer Rein das Schmalz zerlassen und den Teig fingerdick einfüllen, Schwarzbeeren darauf verteilen, mit Zucker und Zimt bestreuen. Im Rohr bei 220 Grad etwa 10 Minuten, am besten aber auf Sicht goldbraun backen.

SECHS

Die langen Vorhänge an den Balkontüren bewegten sich wie
tanzende Gespenster. Sie huschten in mein Zimmer, zogen
sich zurück, blähten sich zu unangemessener Wichtigkeit auf
und fielen wieder zusammen. Die Sonne stand so hoch am
Himmel, dass sie nicht zu mir hereinbrannte, sondern durch
das Laub der alten Bäume schien und hinter den Glasscheiben
einen Vorhang aus grünem Licht wob. Die einzigen Laute,
die zu mir drangen, waren das Summen einer Hummel um
die Geranien und das Zirpen der Zikaden im Park. Es musste
gegen Mittag sein.

Das Kissen fühlte sich angenehm kühl an meiner Wange an.
Ich hatte keine Schmerzen, lag entspannt unter meiner leichten
Decke und genoss die Stille. In mir herrschte ein nie gekannter
Frieden. Mein Unfall fiel mir wieder ein, und ich versuchte,
das verletzte Bein zu bewegen. Es gelang mir ohne Weiteres.
Mein linker Fuß tauchte unter der Bettdecke auf, unversehrt bis
auf eine Bandage um den Knöchel. *Kein Gips, nicht gebrochen.*
Eine Welle der Erleichterung erfasste mich. Auch mein Kopf
schien in Ordnung zu sein. Ich erinnerte mich sogar vage an
das Gespräch mit dem Arzt. Er hatte wie der Dorfdoktor im
Film ausgesehen, weißhaarig und mit Goldrandbrille. Missbil-
ligend hatte er über Turnschuhtouristen geredet. Und über –
Asthmamittel? Mir war schlecht gewesen, wahrscheinlich hatte
ich gehustet.

»Ja, da ist ja einer wach. Endlich«, sagte jemand munter.
»Schlafmütze.«

Irritiert drehte ich den Kopf in Richtung der Stimme. In
dem Ohrensessel neben dem Schreibtisch saß Olga mit hochge-
zogenen Füßen, ein Buch auf dem Schoß und schaute lächelnd
zu mir herüber. Um ihre schmale Gestalt bauschte sich der
grün-blaue Kaftan, den sie schon am Abend meiner Ankunft
getragen hatte. Türkis, nicht schwarz, dachte ich, obwohl sie da

schon vom Tod ihres Mannes gewusst hatte. Über ihr hingen wie Teufelsgesichter die gehörnten Gamstrophäen, was ihr die Aura einer heidnischen Hohepriesterin verlieh. Um ihren Mund lag das v-förmige Lächeln.

»Guten Morgen«, sagte ich.

»Mittag trifft es eher.«

»Ich bin abgestürzt.« Ich fasste an meinen Kopf. »Habe ich eine Gehirnerschütterung?«

»Dein Schädel ist aus Beton.« Sie lachte. »Na gut – eine leichte Gehirnerschütterung, aber kein Grund zur Besorgnis.«

»Und mein Knöchel?«

»Verstaucht«, sagte sie. »Ich werde dich bandagieren. Du brauchst nicht einmal mehr zum Arzt.«

»Nicht?« Dass der Arzt mich nicht noch einmal sehen wollte, sprach gegen meine Lebenserfahrung. Und sicher auch gegen seine Kostenrechnung. »Der Doktor hat keine Kontrolle angeordnet?«

»Der Dr. Hallhuber ist ein alter Mann«, sagte sie. »Der ist froh, wenn man ihm die Arbeit abnimmt.« Sie bemühte sich nicht einmal, die Lüge wie Wahrheit klingen zu lassen. »Bei mir bist du in besten Händen.«

»Daran habe ich keinen Zweifel«, sagte ich freundlich, aber in meinem Kopf schrillte eine Alarmglocke. Ich bin es seit zwanzig Jahren nicht mehr gewöhnt, bemuttert zu werden, und irgendwie waren wir dabei, eine Grenze zu überschreiten. In meiner Situation hielt ich es jedoch für besser, keine Widerworte zu geben. Ich beschloss, so bald wie möglich aus der Villa Zott zu verschwinden. Wenn Anton einen eifersüchtigen Ehemann verärgert hatte, dann hatte er eben die Konsequenzen zu tragen gehabt. »Hast du Medizin studiert?«

»Ich bin Krankenschwester«, sagte sie in einem Ton, als wäre das noch viel besser. »Du hast eine Infusion mit Schmerzmitteln bekommen, wenn die nachlässt, haben wir Tabletten.«

Meine Mutter ist ein musischer Typ, hatte dieser Jojo behauptet. Krankenschwester schien mir eine seltsame Berufswahl für eine Künstlerin.

»Dann warst du mit mir beim Arzt?«

»Selbstverständlich«, sagte sie hörbar gekränkt. »Der Stefan hat mich sofort angerufen. Schließlich bist du unser Gast.«

»Und? Wie lautet meine Prognose?«

»Keine Lebensgefahr. In ein paar Tagen bist du wieder auf den Beinen.«

Die Erinnerung an die Worte des Arztes schoss mir erneut durch den Kopf. »Sag mal, hat der Arzt gesagt, dass ich Asthma habe? Brauche ich ein Spray oder so? Ich kann mich nicht mehr genau erinnern.«

»*Asthma?*« Sie klappte das Buch auf ihrem Schoß zu und strich mit der Hand über den Einband. Er zeigte das Bild einer Frau im langen Kleid, die mit sturmzerzausten Haaren an einer zerklüfteten Klippe entlangspazierte. Olga las Liebesromane, wer hätte das gedacht? Wann werden Frauen je aufhören, von Prinzen und Schlössern zu träumen? Immerhin war Olga ja ziemlich nahe dran gewesen. »Ich habe keine Ahnung, wovon du redest«, sagte sie kühl und schüttelte den Kopf, sodass ihre roten Locken in Bewegung gerieten. »Das bildest du dir ein.«

»Na gut«, sagte ich unsicher. Immerhin hatte ich eine leichte Gehirnerschütterung, auch wenn ich das Gefühl hatte, genauso gut denken zu können wie sonst.

Olga stand auf und strich ihren Kaftan glatt. »Mir scheint, es geht dir doch noch nicht so gut«, sagte sie. »Versuch ein wenig zu schlafen. Sonst liegt da auch was zum Lesen.« Sie zeigte auf meinen Nachttisch, wo Mineralwasser und ein Teller mit Obst standen. Dazwischen lagen eine Tablettenschachtel mit der Aufschrift »DolorEx« und eine noch mit einer Banderole umwickelte Tageszeitung. Anscheinend war Anton ihr einziger Leser im Haus gewesen.

»Danke«, sagte ich.

Olga schenkte mir ein Lächeln, aber ihre hellgrünen Augen glänzten wie Glas. Sie betrachtete mich, als wollte sie etwas abschätzen. »Denk dran – du darfst höchstens drei von den Schmerztabletten am Tag nehmen, auf keinen Fall mehr.«

»Kann ich mich damit etwa vergiften?«, sagte ich, ohne mir

meine Worte zu überlegen. Eine typische Freud'sche Fehlleistung.

»Nur wenn du die ganze Packung isst.« Ihr Lächeln vertiefte sich. »Aber du kriegst Halluzinationen. Ich schau später wieder nach dir.« Damit ging sie zur Tür. Eine Hand auf der Klinke, drehte sie sich noch einmal um und sagte: »Wenn du vorher was brauchst, ruf einfach an.«

Ich hob die Hand und winkte so matt, wie es einem Bettlägerigen zukam. Dabei bin ich ziemlich zäh und fühlte mich nicht besonders krank, hielt es aber für besser, diese Tatsache erst einmal für mich zu behalten.

Die Tür schloss sich hinter Olga, und ich war allein. Eine Weile schaute ich in den Sommertag hinaus. Dann nahm ich mein Handy, das man mir so fürsorglich auf den Nachttisch gelegt hatte, rief in Wien an und verschob meine Termine. Immerhin klang die Entschuldigung – ein Unfall beim Bergsteigen – spektakulär. Damit hatte ich alles erledigt und fing an mich zu langweilen.

Sollte ich nicht doch versuchen aufzustehen? Ich setzte mich auf, schob meinen bandagierten Fuß über die Bettkante und stellte die Zehen auf den Boden. Probeweise verlagerte ich mein Gewicht auf den verletzten Fuß – und biss mir vor Schmerz auf die Lippen. Der Dolch in meinem Knöchel war noch da. Schwer atmend ließ ich mich auf das Bett zurücksinken. Ich wartete, bis das Pochen nachgelassen und sich mein Puls wieder beruhigt hatte. Vielleicht war es Zeit für eine Tablette? Nein, lieber noch nicht. Zur Ablenkung griff ich nach der Zeitung auf meinem Nachttisch und zog die Banderole ab.

Anscheinend teilt sich die Menschheit ja in Leser, die ihre Zeitung von vorn nach hinten konsumieren, und solche, die in umgekehrter Reihenfolge vorgehen. Ich gehöre zur letzteren Spezies. Und so blätterte ich mich erst durch die Leserbriefe und den Sportteil, ehe ich am Foto der Ausseer Narzissenkönigin, die anscheinend jeden Juni auf dem Ausseer Narzissenfest gekürt wurde, hängen blieb. Es war eine dralle Blondine, die fatal an Miss Piggy von den Muppets erinnerte, aber ihre Repräsentationspflichten offenbar ernst nahm. Das Bild zeigte sie im knappen Dirndl und umringt von Greisen mit Gamsbarthüten, aber tapfer lächelnd.

Ich blätterte weiter und stieß auf ein Foto von Tim und einem Jäger mit Hut, das Gewehr über der Schulter, auf der Wiese vor dem Gasthof. Tim trug eine bodenlange Schürze und blickte auf ein totes Reh, das zu seinen Füßen im Gras lag. Das Bild war sichtbar gestellt. Die Bäume im Hintergrund hatten ihr Laub fast verloren, und über dem See waberte Nebel. Es musste spät im Herbst aufgenommen worden sein. Wahrscheinlich bewarb Tim einfach die Wildschlegel vom Großhändler, von denen er mir erzählt hatte. Da stand es auch schon: Der Silberne Hecht lud zu Wildwochen.

Und dann stieß ich auf den Artikel.

Noch ein Toter im Umfeld der Villa Zott

Gestern wurde der Altausseer Versicherungsvertreter Lukas Schwaiger (44) tot aufgefunden. Zwei Buben, die auf dem privaten Seegrund, der zur Villa Zott gehört, angeln wollten, entdeckten den Toten gegen 17.30 Uhr im flachen Uferbereich treibend. Der neunjährige Sebastian Gruber: »Wir wussten sofort, dass er tot ist, weil er mit dem Gesicht nach unten im Wasser lag. Außerdem war sein Kopf voller Blut.« Die beiden Buben riefen ihre Eltern zu Hilfe, die sofort die Rettungskräfte alarmierten. Aber auch der herbeigeeilte Notarzt konnte nur noch den Tod des Versicherungsvertreters feststellen. Die Polizei geht von einem tragischen Unfall aus. Eines der Bretter auf dem Anlegesteg sei locker, und Schwaiger müsse es bei dem Versuch, den Steg zu überqueren, losgetreten haben. »Lukas war ein guter Freund der Familie«, sagte uns die völlig erschütterte Grundeigentümerin Olga Zott (38) am Telefon. »Er hatte die Erlaubnis, jederzeit bei uns schwimmen zu gehen, und war auch mit dem Zustand des Steges vertraut.«
Es ist bereits der zweite tragische Unfall in letzter Zeit, der die Villa Zott betrifft. Olga Zotts Ehemann, Anton, war

*erst letzte Woche bei einem Jagdunfall ums Leben gekommen.
Ältere Altausseer werden sich auch noch an Georg Brezina
erinnern, dem die Villa einst gehörte und der beim Angeln auf
dem See ertrunken ist. »Auf dem Haus liegt ein Fluch«, so
ein älterer Anwohner, der nicht genannt werden möchte. »Da
ist schon zu viel passiert.« In der Zentrale der Versicherung
war gestern Abend niemand mehr für eine Stellungnahme zu
erreichen. Wer Lukas Schwaigers Geschäfte in Altaussee weiter-
führen wird, ist unklar.*

Ich ließ die Zeitung auf die Bettdecke sinken. Lukas Schwaiger
hatte für Anton die Lebensversicherung abgeschlossen, und er
hatte Schwierigkeiten gemacht. Weil die Versicherung bei einer
so hohen Summe erst die Todesumstände prüfte. Das war völlig
normal und verzögerte höchstens die Auszahlung. Schwaiger
war ein Freund der Familie gewesen und schwimmen gegangen.
Er kannte also den Zustand des Steges. Ich dachte an das lose
Brett, über das Olga und ich in jener Nacht hinweggestiegen
waren. Dabei fiel mir das Telefonat ein, das Olga ein paar
Stunden vor unserem nächtlichen Badeausflug geführt hatte
und dessen unfreiwilliger Zeuge ich geworden war. *Das Geld
steht mir zu,* hatte Olga gesagt. *Nein, die ganze Summe – sofort.*
Jemand hatte ihr Geld vorenthalten. Lukas Schwaiger? *Dann
müssen wir reden. Gut, aber ich sage, wann und wo.* Und: *Schwein!*
Die Zeitungsseite raschelte auf der Bettdecke. Meine Hände
zitterten, und mein Mund war trocken. Schnell ließ ich das Papier los. Vor meinen Augen erschien das Bild von Olga, so wie
ich sie vor ein paar Minuten gesehen hatte: in dem Ohrensessel
unter den Gamshörnern sitzend, ein Buch in der Hand und
das kleine v-förmige Lächeln auf den Lippen. Warum hatte sie
mir von dem neuerlichen Unfall nichts erzählt? Hatte sie mich
schonen wollen? Sie wusste weder, dass ich ihr Telefongespräch
belauscht hatte, noch, dass mir die Schwierigkeiten mit der
Lebensversicherung bekannt waren. Deswegen war es eben
auch nicht nötig gewesen, mich zu beunruhigen, natürlich
nicht.

Auf dem Balkon summten die Hummeln um die Geranien. Schweiß bedeckte meinen Körper und juckte unter dem Verband am Knöchel. Die Mittagshitze quoll über das Balkongeländer und kroch in mein Zimmer. Mir wurde bewusst, dass ich im Dachgeschoss völlig isoliert war. Ein ganzer leerer Stock lag zwischen der sogenannten Loser-Suite und dem Erdgeschoss. Dort gab es sicher noch mehrere Zimmer außer denen der Familie. Wo hatte Anton wohl die Geschäftsunterlagen aufbewahrt, von denen Olga gesprochen hatte? Nach deren Durchsicht sie nicht mehr hatte schlafen können?

Draußen knarrte die Holztreppe. Jemand stieg aus dem ersten Stock ins Dachgeschoss. Mit fliegenden Fingern faltete ich die Zeitung wieder zusammen. Ich fischte die Banderole vom Nachttisch und versuchte, sie auf die Papierrolle zu schieben. Feste Schritte kamen auf mein Zimmer zu. Kraftvoller stopfte ich die Zeitung in die verdammte Hülle. Gleich war es geschafft, niemand sollte wissen, dass ich über den Todesfall gelesen hatte. Nicht, solange ich hilflos im Bett lag. Noch ein wenig schneller – mit einem scharfen Geräusch riss die Banderole. Vor meiner Tür verstummten die Schritte. Verzweifelt wickelte ich das lange Papierband um die Zeitungsrolle, schob beides hinter die Mineralwasserflasche und ließ mich auf mein Kissen sinken. Mit geschlossenen Lidern mimte ich den Kranken.

»Herr Vanlanthen?« Es war Johannes.

Ich machte die Augen auf. »Ja?« Ich kam von weit her.

Johannes trat ins Zimmer und schritt auf mein Bett zu. Er trug weiche Loafer, Shorts, darüber ein weites blaues Oxfordhemd mit lässig aufgekrempelten Ärmeln. *Die jungen Kennedys.* Mit den gegelten Haaren hätte ich ihn jederzeit für eine Fotostrecke über Neuengland einsetzen können. Vielleicht mit ein paar roten Hummern oder einem Red Snapper im Vordergrund.

»Ich wollte nur mal nach Ihnen sehen«, sagte Johannes. Sein Blick glitt prüfend über meinen bandagierten Fuß, der unter der Bettdecke hervorragte, und dann über das Sammelsurium auf dem Nachttisch. »Haben Sie alles, was Sie brauchen?« Er war ganz der besorgte Hausherr.

»Alles bestens, nur …«

Er wandte mir sein Gesicht zu, lächelte. »Ja?«

»Also …«

»Was können wir für Sie tun?«

Und da hatte ich die Eingebung. »Es ist so heiß.«

»Ich lasse Ihnen Eistee bringen.«

»Ja, danke, aber könnte ich nicht vielleicht – ein anderes Zimmer haben?«

Aus seiner unbewegten Miene war nicht abzulesen, ob ihm meine Bitte ungelegen kam. »Warum?«, erkundigte er sich höflich. »Gefällt es Ihnen hier nicht?«

»Wenn man im Bett liegt, ist es sehr warm hier. Und da dachte ich, dass ich vielleicht in den ersten Stock ziehen könnte. Nur für ein paar Tage.«

Johannes setzte sich auf das Fußende des Bettes und faltete die Finger im Schoß. An seinem Handgelenk glänzte eine teure Sportuhr. »Es ist nur so – wir haben im Augenblick kein Schlafzimmer frei. Ein Teil ist in Gebrauch, die anderen sind im Umbau, leider.« Ich konnte nicht glauben, dass es in diesem alten Kasten keine andere Schlafmöglichkeit für mich gab. Anscheinend sollte ich in meinem abgeschiedenen Exil bleiben.

»Außer, Sie wollen in eines von Antons Zimmern ziehen.« Er schien sich sicher, dass ich das nicht wollte.

»Das wäre wunderbar«, sagte ich. »Ich hoffe, ich mache Ihnen nicht zu viele Umstände?« Darauf konnte er schwer etwas sagen.

»Nein, nein, kein Problem«, sagte Johannes, aber seiner Stimme war anzuhören, dass es eben doch ein Problem war.

»Dann spreche ich mit meiner Mutter.«

Ich setzte mich im Bett auf. Sofort wurde mir schwindlig, das Zimmer verschwamm vor meinen Augen, aber ich versuchte trotzdem, einen munteren Eindruck zu machen.

»Prima«, sagte ich. »Es ist ja nur für ein oder zwei Nächte, damit ich mal durchschlafen kann. Ich weiß nicht, wer es früher hier oben im Sommer ausgehalten hat.«

123

»Die Dienstboten«, sagte Johannes und stand auf. »Na gut, wenn Sie sicher sind, dass Sie im Zimmer eines Verstorbenen …«

»In alten Häusern hat es immer Todesfälle gegeben«, sagte ich schnell, und zum Beweis meiner Entschlossenheit schwang ich die Beine über den Bettrand. »Und Anton ist ja schließlich nicht im Bett, sondern im Wald gestorben, nicht?«

Johannes fuhr sich mit der Hand durchs Haar. »Ja, stimmt. Also, dann kümmere ich mich um Ihren Umzug.« Auf einmal hatte er es eilig. Den Tod des Versicherungsvertreters hatte er mit keinem Wort erwähnt.

Auf dem Nachttisch lag die Zeitung. Verräterisch schlängelte sich die zerrissene Banderole darum. Was sollte ich tun? Wer immer kam, um mir mit meinen Sachen zu helfen, würde auf den ersten Blick erkennen, dass ich den Artikel gelesen hatte. Ich überlegte kurz, dann brachte ich mein Handy und die Tablettenschachtel in Sicherheit, indem ich sie unter die Bettdecke schob. Dann nahm ich die Mineralwasserflasche, schraubte den Deckel ab und leerte den Inhalt über die Zeitung. Das mürbe Papier saugte sich voll, wellte sich, und die Banderole ringelte sich, als wäre sie zum Leben erwacht. Prickelnd verteilte sich das Wasser auf dem Nachttisch, rann auf den Parkettboden und versickerte zwischen den alten Holzdielen. Ich zerknüllte die Reste der Zeitung und wischte damit gründlich das Wasser zusammen. Bald war von dem verräterischen Artikel nur noch ein grauweißer, schleimiger Rest übrig. Ich ließ ihn in einem nassen Haufen vor dem Bett liegen.

Jetzt fiel mir auch wieder das Handy ein, das ich auf der Jagdhütte gefunden hatte. Mir wurde heiß. Hatte Olga es entdeckt? Wenn sie es sich genau angeschaut hatte, dann wusste sie, dass es Anton gehört hatte. Hektisch sah ich mich um. Ich trug ein T-Shirt und meine Shorts. Die Sachen, die ich auf meiner unglückseligen Wanderung angehabt hatte, lagen ordentlich gefaltet auf dem Schreibtischsessel. Das Handy hatte ich vor dem Abstieg tief in eine Hosentasche geschoben. Wenn es herausgefallen wäre, hätte man es mir auf den Nachttisch gelegt.

Schließlich konnte niemand wissen, dass es Anton gehört hatte. Es musste noch in der Jeans stecken. Nur – wie sollte ich die paar Meter überwinden? Probeweise setzte ich meinen verletzten Fuß auf den nassen Boden und versuchte, ihn vorsichtig zu belasten. Es tat so weh, dass ich mich wieder aufs Bett zurücksinken ließ. Die Tablettenschachtel mit der Aufschrift »DolorEx« stach mir ins Auge. Ich würde einfach eine nehmen. Es kam sowieso nicht in Frage, dass ich die nächste Zeit hilflos herumlag. Und wenn es sein musste, würde ich eben zwei schlucken, Halluzinationen hin oder her. Ich zog einen der drei eingeschweißten Streifen aus der Schachtel und drückte eine Tablette heraus. Weil ich kein Wasser mehr hatte, würgte ich sie trocken hinunter. Dann fasste ich mich in Geduld.

Ich brauchte nicht lange zu warten. Meine nächste Besucherin war Melusine. Trotz der Hitze trug sie ihre lange schwarze Gymnastikhose und irgendetwas schwarzes Selbstgestricktes darüber.

»Sie wollen umziehen?«, fragte sie mich, kaum hatte sie mein Zimmer betreten. »Das ist eine gute Idee.«

»Es ist nur wegen der Hitze.«

Sie stapfte auf mein Bett zu. »Los, wir müssen uns beeilen, bevor Olga sich anders besinnt.«

Vielleicht wollte Olga nicht, dass ein Fremder so bald in das Zimmer ihres verstorbenen Mannes zog. Aber da konnte ich ihr nicht helfen. »Gibt es irgendwelche Einwände?«

»Klar, hier oben hat sie Sie besser unter Kontrolle.« Melusines Stimme klang bitter. »Olga leidet unter Kontrollzwang.«

Kontrollzwang? *Wir machen uns Sorgen um sie*, hatte Olga an meinem ersten Abend über ihre Stieftochter gesagt. *Melusine leidet gelegentlich unter Realitätsverlust.* Ich fing an zu begreifen, was sie gemeint hatte. »Verstehe.«

»Nichts verstehen Sie«, sagte Melusine, trat an mein Bett und streckte mir die Hand hin. »Lassen Sie uns keine Zeit verlieren.«

»Aber ich muss erst ein paar Sachen ...«

»Johannes bringt Ihnen später alles, was Sie brauchen.« Sie griff nach meinem Arm. »Nun kommen Sie endlich.«

Ich gab meinen Widerstand auf. »Moment«, sagte ich, zog eine dünne Decke vom Fußende und wickelte mich wie in eine Toga hinein. »Geht das so?« Ich stand auf, wobei ich in Erwartung des Schmerzes die Luft anhielt. Aber dank der Tablette war er erträglich.

Erleichtert humpelte ich Melusine in den ersten Stock hinterher. Mein neues Zimmer lag genau in der Mitte des Hauses und war schattig und kühl. Auch hier gab es einen Schreibtisch, einen Ohrensessel und ein Bett, aber die Einrichtung stammte nicht aus dem 19. Jahrhundert, sondern erinnerte mit ihren runden, schlichten Formen eher an eine Filmausstattung aus den dreißiger Jahren. Auf einem Tischchen standen ein Teller mit Broten und eine antike Kristallkaraffe mit Eistee. Es hätte mich nicht gewundert, Humphrey Bogart auf der Terrasse sitzen und eine Zigarre rauchen zu sehen. Keine Frage, in diesem Haus hatten mehrere Generationen ihre Spuren hinterlassen.

Melusine ging zu den rosa und grün gemusterten Vorhängen und riss sie auf. »Da ist das Brückl, da können Sie dann immer sitzen und hinausschauen.«

»Was für eine Brücke?«

Sie drehte sich zu mir um und grinste. Wenn sie fröhlich war, hatte sie Grübchen in den Wangen. »Das ist ein großer Balkon mit Dach«, erklärte sie. »So heißt das bei diesen Häusern. Das Fenster auf der rechten Seite vom Brückl gehört zu meinem Zimmer. Wenn Sie also was brauchen, einfach klopfen. Jetzt sind wir Nachbarn.«

»Verstehe. Danke«, sagte ich und hinkte zum Bett hinüber. Es war bezogen, und eine hellgrüne Tagesdecke lag darauf. »Was hat Olga zu meinem Umzug gesagt?«

»Sie hat sowieso nichts dagegen.«

Mir kam ein Verdacht. »Sie weiß es gar nicht, oder?« Ich ließ mich auf die Tagesdecke fallen. »Hat Johannes nur mit Ihnen gesprochen?«

»Wir reden nicht miteinander, und Olga ist gerade weggefahren«, sagte Melusine. »Aber es ist ja schließlich mein Haus.« Sie deutete auf den Teller mit den Broten. »Olga hat Ihnen was Kaltes zum Essen hergerichtet – Beerenbrot. Die Ribisl sind aus unserem eigenen Garten. Na ja, sie bemüht sich.« Das klang nach Gnädigster, die mit dem vorhandenen Personal vorliebnehmen muss. Mir fiel auf, dass dieser Ton das Verhältnis der beiden Frauen zueinander ziemlich genau traf. Auch wenn Olga sich offenbar Mühe gab, Melusine die Mutter zu ersetzen und ihr auf Augenhöhe zu begegnen, lehnte diese ihr Angebot mit einer Nachlässigkeit ab, die an Arroganz grenzte. »Ich hab's aus der Küche für Sie mit raufgenommen.«

Was sollte ich tun? Das Zimmer war groß und kühl, und der Gedanke, wieder unter das heiße Dach zu ziehen, hatte nichts Verlockendes. »Na gut«, sagte ich. »Wenn Sie meinen, dass das in Ordnung geht.«

»Klar tut es das«, gab sie zurück, und die Erleichterung war ihrer Stimme anzuhören. »Hier ist Ihr Essen. Ich hoffe, Sie mögen Ziegenkäse.« Sie brachte mir die Brote und den Tee und stellte beides in meine Reichweite auf das Nachttischchen. »Und später bringen wir Ihre Sachen runter.« Damit ließ sie mich allein.

Ich betrachtete das Brot. Es war geröstet und dick mit einer Käsecreme bestrichen. Darauf lagen marinierte Beeren. Es sah sehr gut aus. Zufrieden über die Entwicklung des Tages kroch ich unter die Bettdecke. Dann schenkte ich mir ein Glas Eistee ein. Ich hatte Hunger und Durst. Gut, dass Melusine daran gedacht hatte, mein Essen mitzunehmen. Bei dem Gedanken an Melusine fiel mir etwas auf. Wenn Johannes weder mit Olga noch mit ihr über meinen Wunsch, das Zimmer zu tauschen, gesprochen hatte – woher wusste Melusine dann davon?

Nachdenklich nahm ich einen Schluck Tee. Er war mit Zucker und Zitrone versetzt. Sogar ziemlich viel Zitrone, denn er schmeckte widerlich sauer. Es gab nur eine Antwort auf meine Frage. Melusine hatte an der Tür gelauscht, während Johannes in meinem Zimmer gewesen war. Gänsehaut kroch über meine Arme. Was war in diesem Haus los?

Ohne mir etwas dabei zu denken, trank ich noch etwas von dem Tee. Bestimmt hätte ich zuerst von dem Beerenbrot essen sollen. So brannte die Zitronensäure meine Speiseröhre hinunter und mischte sich in meinem Magen mit der Tablette. Der Schmerz breitete sich wie ein Feuer in meinem Innersten aus. Ich schaffte es gerade noch, das Glas wegzustellen, dann fiel ich auf das Kopfkissen, schloss die Augen und ließ die Schmerzwellen über mir zusammenschlagen.

Zehn Minuten später fing das Erbrechen an. Ich riss die halb leere Karaffe vom Tisch, beugte mich darüber und krampfte und würgte. Erst gegen Abend, als es im Zimmer dunkel wurde und ich Olgas gereizte Stimme aus dem Erdgeschoss vernahm, hörten die Anfälle auf. In kalten Schweiß gebadet, wartete ich, bis meine Krankenschwester nach mir sehen und mir helfen würde.

Natürlich nahm sich Olga wie eine gute Samariterin meiner an. Aber Verwunderung und Sorge waren ihr deutlich ins Gesicht geschrieben.

Beerenbrot

Zutaten
4 Scheiben würziges Brot · 2 EL Butter · 150 g Ziegenkäse · 1 Prise Salz · 250 g gemischte Beeren (Ribiseln/Johannisbeeren, Heidelbeeren, Himbeeren) · 2 EL Olivenöl · 1 Spritzer Zitronensaft · 2 TL Holundersirup · 1 EL gehackte Minze · frisch gemahlener Pfeffer

Zubereitung
Die Brotscheiben kräftig in Butter rösten, mit Ziegenkäse dick bestreichen und leicht salzen. Die geputzten Beeren mit Olivenöl, Zitronensaft und Holundersirup marinieren und auf den Broten verteilen. Zum Schluss mit Minze und Pfeffer bestreuen.

SIEBEN

»Scheint Ihnen ja schon besser zu gehen.« Melusine lehnte mit
dem Rücken am geschnitzten Balkongeländer und sah mir beim
Frühstück zu. Sie trug ein weißes Sommerkleid, in dem sie wie
eine Schneekugel aussah, und Sandalen mit Sohlen wie Briketts.
Um ihren Hals lag eine altmodische Granatkette, zweifellos ein
Erbstück, die zur Hälfte unter ihrem Doppelkinn verschwand.
Sie hatte sich hübsch gemacht.

Ich saß in einem der Korbsessel, die sich auf dem großen
überdachten Balkon vor Antons Zimmer um den Esstisch
gruppierten. Es war der erste Tag, an dem ich das Bett nach
meiner Magenverstimmung verlassen konnte. Olga hatte mich
mit Tee und Suppen versorgt und sich aufopferungsvoll um
mich gekümmert. Nun fühlte ich mich so gut wie lange nicht
mehr und genoss den sonnigen Morgen auf dem Brückl.

An dem grünen Spalier, das zwischen Fenstern und Balkontüren an der Hausmauer befestigt war, wuchsen Rosen. Auf
dem Tisch lag eine mit roten Löwen bestickte Leinendecke,
grün-weißes Keramikgeschirr und ein Korb mit allerlei Gebäck
ließen mich fast vergessen, dass ich nicht auf Urlaub in der
Villa Zott war. Ein paar hundert Meter entfernt glitzerte, von
Bergen umrahmt, der See.

»Können Sie schon laufen?«, erkundigte sich Melusine.
Vielleicht bildete ich es mir ein, aber ihr Tonfall schien etwas
Lauerndes zu haben.

Ich schüttelte energisch den Kopf. »Vom Bett zum Bad
und zum Balkon, mehr geht leider noch nicht«, sagte ich so
traurig wie möglich. »Vielleicht sollte ich noch mal zum Arzt
gehen.«

»Unsinn«, sagte sie. »Das wird schon.«

Ich nahm ein Kipferl aus dem Brotkorb und inspizierte die
gelbgraue Marmelade, die in einem Glasschälchen vor mir
stand. »Was ist denn das Gutes?« Eine leuchtend orangefarbene

Blüte der Kapuzinerkresse zierte den stumpfen Obstbrei. Das Schüsselchen war extra für mich hergerichtet worden. Sehr nett.

»Ist von mir«, sagte sie. »Apfel mit Rosmarin.«

Um Gottes willen. »Hm, lecker.«

Marmelade sollte meiner Meinung nach aus den besten Früchten gekocht werden, die man bekommen kann. Und auch nur danach schmecken. Beherzt häufte ich dicke Apfelstücke und glibberiges Gelee auf mein Kipferl. Die Rosmarinkrümel darin erinnerten mich an Ameisen. Ich wurde nicht enttäuscht. Der Apfel war hart, das Gelee sauer, und die Menge Rosmarin hätte für eine ganze Lammkeule à la provençale ausgereicht. Ich ertappte mich dabei, wie ich versuchte, eine Spur Knoblauch herauszuschmecken.

»Kommen Sie heute Morgen mal allein klar?«, fragte Melusine, als wäre ich ein Pflegefall. »Nur bis Mittag?«

»Sicher.« Ich nahm noch ein Löffelchen von dem gelbgrünen Brei und steckte ihn mit Todesverachtung in den Mund.

Melusine lächelte. »Wenn Sie wollen, gebe ich Ihnen das Rezept«, sagte sie. »Ich habe es ein wenig, äh, abgewandelt.«

»Unbedingt«, sagte ich. »Müssen Sie weit fahren?«

»Wieso?«, fragte sie, nun wieder auf der Hut.

»Sie sehen heute besonders hübsch aus.« Ich schenkte ihr diesen gewissen Blick – *ciao bella.* »Ich wette, es steckt ein junger Mann dahinter.«

Melusines Augen verengten sich, aber eine zarte Röte überzog auf einmal ihre vollen Wangen. »Quatsch«, sagte sie wütend. »Wir fahren nur zum Notar, nach Ischl.«

Das war eine halbe Stunde Fahrt plus Termin plus Rückfahrt. Ergab zusammen mindestens zwei freie Stunden, falls die liebe Familie nicht noch Erledigungen machte oder auswärts speiste. Aber danach zu fragen, wagte ich nicht.

»Aha«, sagte ich möglichst gleichgültig. »Na ja, ich denke, ich werde die Zeit für ein geruhsames Schläfchen nutzen. Diese Tabletten machen ganz schön müde.« Ich überlegte, ob ich gähnen sollte, unterließ es dann aber.

130

Melusine und ich schauten uns an und lächelten einander zu. Führten junge Mädchen nicht ein Tagebuch, dem sie alle Vorkommnisse bis ins kleinste Detail anvertrauten? Wenn ich etwas über die letzten Tage vor meiner Ankunft in der Villa Zott erfahren wollte, würde ich also Melusines Zimmer durchsuchen müssen. Der Gedanke bereitete mir Unbehagen. Ich bin kein Voyeur und lege auch Wert auf meine eigene Privatsphäre. Aber wie heißt es so schön? Der Zweck heiligt die Mittel.

»Okay«, sagte Melusine. »Ich muss los.«

Ich bedankte mich artig für das wunderbare Frühstück, wünschte ihr einen schönen Tag und humpelte auf mein Krankenlager zurück. Obwohl es mir schwerfiel, fasste ich mich in Geduld. Ich brauchte nicht lange zu warten. Etwa zwanzig Minuten, nachdem Melusine das Brückl verlassen hatte, hörte ich laute Stimmen im Erdgeschoss – Olga, Johannes und Melusine. Die Familie hatte anscheinend einen handfesten Streit. Für einen Augenblick fürchtete ich, dass sich einer der drei entschließen würde, lieber zu Hause zu bleiben, statt den Ausflug nach Bad Ischl mitzumachen. Aber dann krachte die schwere Haustür ins Schloss. Totenstille breitete sich aus. Ich atmete auf – endlich allein.

Zur Sicherheit wartete ich noch ein paar Minuten. Dann drückte ich eine Schmerztablette aus der Packung und spülte sie mit dem frischen Mineralwasser, das mir Melusine gebracht hatte, hinunter. Auch wenn ich meinen Fuß nicht belastete, schmerzte der Knöchel bei jeder Bewegung. Ich konnte es nicht riskieren, zusammengekrümmt auf dem Boden eines fremden Schlafzimmers gefunden zu werden. Doch die Zeit drängte, und ich wollte nicht abwarten, bis die Tablette ihre Wirkung entfaltete. Mit zusammengebissenen Zähnen hüpfte ich zur Tür.

Ein Schatten huschte an mir vorbei und glitt die Treppe hinunter – die Katze. Dann lag der Gang dunkel und leer vor mir. Ich beschloss, mit Melusines Zimmer, das direkt neben dem meinen lag, anzufangen. Und für den Fall, dass der Schmerz zu groß wurde oder die Familie vorzeitig zurückkehrte, konnte ich schnell in mein eigenes Reich flüchten.

Das Zimmer, das ich betrat, war spartanisch eingerichtet und erinnerte mich an eine Klosterzelle. Wie das ganze Haus roch es nach Staub, aber darüber lag ein süßlicher Parfümduft, der nichts mit Olgas teurem Blumenbouquet zu tun hatte. Es musste tatsächlich Melusines Zimmer sein. Um mir meinen Fluchtweg frei zu halten, ließ ich die Tür zum Gang offen stehen. So konnte ich die Geräusche in der Villa Zott hören und lag zur Not in einer Minute wieder auf meinem Krankenlager. Dann schaute ich mich um.

Die Möbel reihten sich in einer eigenartigen Anordnung an den Wänden. Zu meiner Linken befand sich ein schmales Einzelbett, dieses Achtzig-Zentimeter-Modell, das Kinder nach dem Gitterbett bekommen. Anscheinend hatte niemand es für nötig gehalten, Melusine ein angemessenes Bett zu kaufen. Ein Stück weiter stand ein Schreibtisch, auf dem eine aufgerissene Riesentafel Schokolade und ein Berg Strickzeug lagen. Melusines Norwegerpullover und die dicken Socken waren also aus eigener Produktion. Hatte ein achtzehnjähriges Mädchen denn außer Handarbeit keinen anderen Zeitvertreib? Natürlich nicht, wenn es den ganzen Sommer fern von seinen Wiener Freunden in Altaussee festsaß. Aber Olga hatte doch etwas von Schulproblemen erwähnt. Nachdem ich keine Lehrbücher oder Schreibsachen entdecken konnte, hatte Melusine jedenfalls nicht vor, sich ihre Sommerferien durch Lernen zu verderben. Das letzte Möbelstück befand sich zu meiner Rechten und war ein riesiger schwarzer Kleiderschrank, auf dem ein geschnitzter Adler thronte. Der Kasten beherrschte und verdüsterte das ganze Zimmer.

Das einzige Bild an der Wand war das in Öl gemalte Porträt einer lachenden jungen Frau. Die Qualität war überraschend gut, sodass ich einen zweiten Blick darauf warf. Die Frau war von einer altmodischen, ein wenig pausbäckigen Schönheit. Sie trug ein grünes Dirndl, und um ihren Hals lag ein Granatcollier. Es war die Kette, die mir an diesem Morgen an Melusine aufgefallen war. Zum ersten Mal fragte ich mich, warum bisher noch nie die Rede von Melusines Mutter gewesen war. Wahrscheinlich hatten sich ihre Eltern scheiden lassen. Kein Thema, das sich für Small Talk eignete.

Als Erstes ging ich zu dem Monster von Schrank. Der Schlüssel steckte im Schloss, und als ich ihn herumdrehte, sprangen mir die Türen mit einem Knall entgegen, sodass ich zurücksprang, um nicht von den scharfen Kanten getroffen zu werden.

Das Innere des Schrankes war genauso spartanisch eingerichtet wie das ganze Zimmer. Ein paar Kleider, etwas Tracht und Jeans und viel Selbstgestricktes. Auf dem Schrankboden standen mehrere Paare ausgetretener Schuhe, die etwas Anrührendes hatten. Ein Geheimversteck sah anders aus. Voll des schlechten Gewissens über meinen Einbruch in Melusines Intimsphäre verschloss ich die Schranktüren wieder.

Dann wandte ich mich dem Schreibtisch zu. Auch hier waren die Schubladen penibel aufgeräumt. Nur ein billiges Muschelarmband, vielleicht die Erinnerung an einen Familienurlaub am Meer, lag auf einem Schreibblock. Es war das Einzige, was man als persönlich bezeichnen konnte. Aber wahrscheinlich hätte ich Melusines Tagebuch eh nicht gelesen.

Eine nach der anderen schloss ich alle Schreibtischladen. Hoffentlich hatte ich nichts darin verschoben. Bei dieser peniblen Ordnung stach jede Veränderung ins Auge. Mein Blick glitt prüfend über den Schreibtisch. Die Schokolade lag immer noch im Winkel von fünfundvierzig Grad zur Tischkante. Das Strickzeug hatte ich nicht angerührt. Es war irgendwas Derbes, Grau-Weißes, und auf den dicken Nadeln hätte man ein Spanferkel grillen können. Unter dem fertig gestrickten Stück lugte ein Stück graue Pappe hervor. Die Farbe war nahezu identisch mit der der Wolle. Deshalb war es mir wohl bisher nicht aufgefallen. Ohne große Erwartungen und nur, um wirklich nichts zu übersehen, hob ich das Strickzeug hoch. Ein dünner Aktenordner kam zum Vorschein. Das Papier war abgeschabt und die Ecken weißlich abgestoßen. Ich schob den Berg aus

Wolle beiseite. Dann zog ich die Mappe zu mir heran und schlug sie auf.

Der Inhalt des Ordners bestand aus alten Zeitungsausschnitten, Postkarten und Fotos. Obenauf lag eine Handvoll blasser Polaroids. Ich nahm die steifen kleinen Quadrate und betrachtete eines nach dem anderen.

Das erste Bild zeigte ein kleines Holzkreuz, das in der Erde steckte. Die beiden schmalen Balken waren mit einem roten Band zusammengeschnürt, und ein mit kindlicher Schrift beschriebener Zettel hing daran. »Minnie Maus ruhe in Friden«. Ein rührender Strauß halb zerdrückter Wiesenblumen lag am Fuß des Kreuzes. Offenbar hatte ein Kind sein verstorbenes Haustier liebevoll beerdigt. Ich legte die Aufnahme beiseite und nahm die anderen Fotos in Augenschein.

Je weiter ich mich durch die Bilder arbeitete, umso irritierter wurde ich. Jedes Foto zeigte das Grab eines Tieres – insgesamt zählte ich acht. Da gab es Kreuze und Steine mit Zetteln oder beschriftete Bretter, und einmal steckte nur ein Stück Pappe in der frisch gelockerten Erde. »Zur Erinerung an meinen Welensitich Hansi. Meinem geliepten Hamster Fred. Im tot vereint zwei Merschweinchen. Schlaf gut liebe Mizi«. Es war nicht zu übersehen, dass die Blumensträuße, die auf den Gräbern lagen, von Bild zu Bild aufwendiger und professioneller wurden. Auf dem Katzengrab lag ein zerrupfter Tennisball. Und noch etwas fiel mir auf. Die toten Tiere wurden immer größer. Von Maus über Meerschweinchen bis Stubentiger – dieses Kind hatte viele Lieblinge beerdigen müssen. Und zwar in relativ kurzer Zeit, denn die Orthografie auf den Inschriften zeigte keine merkliche Verbesserung.

Besonders die Katze gab mir zu denken.

Ich hasse Katzen, hatte Melusine gesagt. *Früher hatten wir Dackel. Max und Moritz.* Was hatte sie noch gesagt? Max war gestorben, weil er schon alt war. *Und was ist mit Moritz?* Melusine hatte auffallend lange gezögert, ehe sie geantwortet hatte. *Weggelaufen.* Später hatte sie behauptet, Olga hätte den Hund zweimal überfahren, um ihn sicher zu töten. *Melusine leidet*

134

unter Realitätsverlust, hatte Olga an meinem ersten Abend in der Villa Zott erklärt, und ich konnte ihr trauriges Gesicht direkt vor mir sehen. Wenn stimmte, was ich vermutete, dann waren Melusines Schulprobleme die geringsten ihrer Sorgen. Ich starrte wieder auf die Fotos. Gab es eigentlich auch ein Bild mit der Aufschrift »Schlaf gut lieber Dakel Moritz«? Ich wollte es gar nicht wissen. Schnell legte ich die Polaroids beiseite. Wobei ich trotzdem darauf achtete, sie in der vorgefundenen Reihenfolge zu belassen. Dann wandte ich mich den Zeitungsausschnitten zu.

Der erste war schon ziemlich vergilbt, über zwanzig Jahre alt, und stammte aus der englischen Daily Mail. Ein Schwarz-Weiß-Foto zeigte ein gut gekleidetes junges Paar vor einem mit Weihnachtskarten geschmückten Kamin. Zu seinen Füßen saß ein etwa einjähriges Kleinkind auf dem Boden und räumte eifrig einen Geschenkestrumpf aus. Ein junges Mädchen in Jeans und Pullover kniete neben ihm. Im Hintergrund war ein riesiger Weihnachtsbaum zu sehen, daneben stand ein alter Mann mit einem Glas in der Hand. Eine familiäre Szene, wie sie sich zu Tausenden jedes Jahr abspielt. Ich las den zugehörigen Text.

Tragödie am ersten Weihnachtstag

Wie erst heute bekannt wurde, ist die Familie des Tory-Abgeordneten James Huntington und seiner Frau Amanda von einem schweren Schicksalsschlag getroffen worden. Während die Familie im Wahlbezirk des Abgeordneten auf dem Weg zum Weihnachts-Gottesdienst war, kletterte ihr kleiner Sohn Jonathan im Keller ihres Hauses in die Waschmaschine und schlug versehentlich die Tür hinter sich zu. Warum sich die Maschine in Gang setzte, ob das Kind den Vorgang auslöste oder ob ein technisches Gebrechen vorliegt, wird eine Untersuchung zeigen. Als das deutsche Au-pair, das zur selben Zeit in einem Nebenraum Wäsche sortierte, den Unfall bemerkte und es ihr gelang, die Tür der Waschmaschine zu entriegeln, war es bereits zu spät. Das junge Mädchen erlitt einen Schock und befindet sich in ärztlicher Behandlung. »Wir geben niemandem die Schuld«, so der Abgeordnete Huntington zur Daily Mail. Gleichzeitig bat er, die Privatsphäre seiner Familie zu respektieren. Es wird erwartet, dass die Beisetzung nach Abschluss der gerichtlichen Untersuchung auf dem Friedhof im Wahlbezirk des Abgeordneten stattfindet.

Als ich auf die Zeitungsseite starrte, verschwammen die Buchstaben vor meinen Augen. Erst die toten Tiere. Jetzt ein totes Kind. Aber Melusine war zu jung, um bei der Tragödie eine Rolle gespielt zu haben. Ich zwang mich weiterzudenken. *Und Olga?* Die Erleichterung folgte sofort – in dem Artikel war von einem deutschen Au-pair-Mädchen die Rede. Olga sprach Österreichisch mit leichtem Wiener Dialekt. Sie hatte also auch nichts damit zu tun. Wahrscheinlich hatten sich die Familien einfach gekannt. Das war natürlich trotzdem sehr traurig. Ich legte den Zeitungsausschnitt auf die Fotos mit den Tiergräbern.

Die nächsten Zeitungausschnitte waren zusammengefaltet und stammten von Gerichtsseiten. Mehrere Krankenschwestern wurden verdächtigt, beim Tod ohnehin Sterbender auf ihrer Station nachgeholfen zu haben. Schon der erste Artikel enthielt langatmige Interviews mit Angehörigen und Anwälten und Verantwortlichen des Krankenhauses. Es waren mindestens zehn Seiten verschiedener Printmedien, die ich aber nicht mehr genauer in Augenschein nahm, sondern gefaltet beiseitelegte. Man liest ständig von diesen Dingen. Das hier war ein lange zurückliegender und noch dazu aufgeklärter Kriminalfall, von dem ich noch nie gehört hatte. Bestimmt war ein Familienmitglied Melusines unter den betagten Opfern gewesen.

Als Nächstes kam eine Klarsichthülle mit einem goldenen Rand zum Vorschein. Geschützt vor Schmutz und Knitterfalten lag darin eine Hochzeitsanzeige, so groß wie eine Menükarte. Georg Brezina und Olga Brezina, geborene Regensburg, freuten sich, ihre kirchliche Vermählung in Altaussee bekannt zu geben. Die Kinder, Johannes und Melusine, wurden nicht erwähnt. Das Foto zeigte einen stattlichen Mann in den Fünfzigern und eine feenhafte Braut im weißen Kleid, die beide glücklich und sehr vertraut in die Kamera lächelten. Das Bild war vor genau fünf Jahren im sommerlichen Garten der Villa Zott – oder damals wohl noch Villa Brezina – aufgenommen worden. Im Bildhintergrund stand eine blumengeschmückte Hochzeitskutsche. Dahinter hockte der Loser wie ein böses Omen.

Es folgte ein Briefkuvert aus handgeschöpftem Büttenpapier. Es hatte einen Trauerrand und trug keine Anschrift, war also wohl ein Muster der Druckerei. Ich zog die Karte aus dem Umschlag heraus. Wasserflecken waren tief in das teure Papier eingedrungen. Es sah aus, als wären Tränen daraufgefallen. Marie-Antoinette Elisabeth Brezina, geborene Mayerhofer, war unverhofft zu ihrem Herrn heimgekehrt. Sie war nur zweiundvierzig Jahre alt geworden. Die Todesumstände waren nicht vermerkt. In ewiger Liebe gedachten ihrer jedoch ihr Mann Georg und die Tochter Melusine Antoinette.

Ich schaute zu dem Porträt an der Wand hinüber. Die junge Frau lächelte mich an, in ihren vollen Wangen saßen Grübchen. Sie wirkte glücklich und ein wenig einfältig, jedenfalls im Reinen mit sich selbst. Melusines Mutter war eine hübschere, wenn auch ältere Ausgabe ihrer Tochter. Und sie sah keineswegs kränklich aus. Hieß »unverhofft« etwa, dass es einen weiteren Unfall gegeben hatte? Ich wollte die Karte gerade wieder in das Kuvert stecken, als mein Blick auf das Todesdatum fiel. Marie-Antoinette Brezina war zu Pfingsten vor fünf Jahren gestorben. Mein Knöchel fing an zu kribbeln. Der Todesfall hatte sich nur knapp drei Monate vor der Eheschließung des Witwers mit Olga Regensburg ereignet. Und es brauchte eine gewisse Zeit, um eine so aufwendige Hochzeit zu organisieren. Als ich die Karte in den Umschlag zurückschob, zitterten meine Hände.

Jetzt lagen nur noch ein Zeitungsausschnitt und ein Foto in der Mappe. Es war die Lokalzeitung, dieselbe, die über den tragischen Unfall des Versicherungsagenten berichtet hatte.

Von dessen Tod wusste ich offiziell immer noch nichts. Die Titelzeile des Artikels, der jetzt vor mir lag, lautete: »Georg Brezina tot aufgefunden«.

Im Erdgeschoss knallte eine Tür zu. Erschrocken fuhr ich zusammen. Ich war so in meine Entdeckungen vertieft gewesen, dass ich die Rückkehr der Familie überhört hatte. Schnell stopfte ich den Artikel in die Mappe zurück. Dabei fiel das Foto auf den Boden. Ich bückte mich hektisch danach. Als ich mich wieder aufrichtete, stieß ich mir den Kopf an der Schreibtischkante. Doch ich hatte das Bild erwischt und warf es zwischen die anderen Papiere. Es war zu spät, um sich über die Anordnung in der Mappe Gedanken zu machen, die Zeit reichte gerade noch für einen flüchtigen Blick auf das Foto. Ich erkannte es sofort wieder. Es war ein Porträt von Anton, und zwar jenes, das jede seiner Kolumnen zierte.

»Wenn ihr mir das gleich gesagt hättet, wäre ich gar nicht mitgefahren«, brüllte Melusine in der Halle.

Olgas Stimme klang begütigend, offenbar versuchte sie, das Mädchen zu beruhigen. Ich schichtete die restlichen Papiere in den Aktenordner und legte die Polaroid-Fotos von den Tiergräbern zuoberst.

»Ihr könnt mich nicht dazu zwingen«, kreischte Melusine. »Ich bin volljährig, ich kann machen, was ich will.«

Ich schloss den Aktendeckel und arrangierte das Strickzeug darauf, wobei ich darauf achtete, dass diesmal keine Ecke unter der Wolle hervorschaute. Irgendwie wirkte es perfekter so. Aus der Halle drangen ein paar kurze, scharfe Worte herauf, von denen ich nur »Schule« und »... endlich zusammenreißen« verstand. Erleichtert erkannte ich, dass man Melusine wohl nur Vorhaltungen wegen ihrer Faulheit machte. Obwohl die Probleme meiner Meinung nach tiefer lagen. Allein der Inhalt dieses Aktenordners verriet ein auffallend morbides Interesse. Ich humpelte zur Tür, öffnete sie einen Spalt und spähte auf den Gang hinaus. Nichts, ich war allein im ersten Stock.

»*Neiiiin*«, brüllte Melusine. »Ihr werdet schon sehen, was ihr davon habt!«

Der untere Treppenabsatz knarrte unter ihrem Gewicht. Rasch trat ich auf den Gang hinaus, zog die Tür leise hinter mir zu und hinkte so schnell ich konnte zu meinem Zimmer hinüber. Bei jedem Schritt hatte ich das Gefühl, als hätte ich kein Fußgelenk mehr, sondern liefe auf splitternden Knochenenden. Tränen brannten in meinen Augen, als ich die Tür zu meinem Zimmer aufstieß und dahinter verschwand. Keine Sekunde zu früh, denn hinter mir hörte ich Melusine heulend die Treppe herauftrampeln. Sie hielt wütende Selbstgespräche. Dann knallte ihre Zimmertür ins Schloss, und im Haus herrschte auf einen Schlag gespenstische Ruhe. Schweißbedeckt schleppte ich mich zu meinem Bett, ließ mich darauf fallen und schloss die Augen. Hinter meinen Lidern drehten sich blutrote Kreise, und obwohl ich schwitzte, war mir eiskalt. Kein Zweifel, mein Kreislauf brach zusammen. Mit meiner Spionageexpedition hatte ich mich heillos überfordert. Aber sie war nicht umsonst gewesen.

Voller Grauen dachte ich an den Aktenordner, den Melusine so geschickt unter ihrem Strickzeug versteckt hatte. Je mehr ich über den Inhalt nachdachte, umso mehr entsetzte er mich. Wer hatte diese Polaroid-Fotos gemacht? Auch ich hatte als Kind verendete Vögel im Watt gefunden, zwischen Strandhafer beerdigt und dabei ein paar Tränen verdrückt. Aber ein Hamster und ein Wellensittich und zwei Meerschweinchen, die noch dazu gemeinsam das Zeitliche gesegnet hatten? Und was war mit dieser Katze Mizi passiert? In jedem Fall war es eine ganze Menge toter Tiere.

Schlich Melusine herum und machte Fotos von Tiergräbern? Oder — schrecklicher Gedanke — hatte sie selbst ihre Opfer beerdigt und ihre Taten dokumentiert? Psychopathen taten so etwas. Es fängt mit einer Quälerei an, dann werden erst kleine Tiere getötet und schließlich immer größere, bis — ja, bis *was*? Warum hatte Melusine die Zeitungsartikel mit den Todesfällen archiviert? Als Inspiration?

Eine Gänsehaut breitete sich über meinem Rücken aus, und ich wünschte, ich hätte mein Zimmer nie verlassen. Das einzige Ergebnis meiner Schnüffelei war die Erkenntnis, dass ich Wand an Wand mit einer Psychopathin lebte. Aber war Melusine wirklich für andere Menschen gefährlich? Und wenn ja – für wen? Sie hasste ihre Familie. Mit der sie schließlich auch nicht verwandt war. Am Ende hatte sie etwas mit Antons Tod zu tun? Vielleicht war er nur ihr erstes Opfer gewesen. Einem Mann den Kopf umzudrehen, erforderte einiges an Kraft. Aber Verrückte verfügten ja angeblich über übermenschliche Kräfte. Die Frage nach ihrer Motivation war leicht beantwortet. Sie wollte die Villa, die ihr Elternhaus war, wieder für sich haben. Ohne die verhassten Eindringlinge Olga und Johannes, die taten, als hätten sie schon immer hier gelebt, und ihr Vorschriften machten.

Sollte ich Olga warnen?

Mein Knöchel pochte und pulsierte, es war, als wühlte ein Messer in meinem Fleisch. Ich wälzte mich auf die Seite und schenkte mir ein Glas Mineralwasser ein. Dann drückte ich noch eine Tablette aus der Packung und spülte sie hinunter. Zu spät fiel mir ein, dass ich davon nicht mehr als drei am Tag nehmen sollte, wenn ich keine Halluzinationen bekommen wollte. Ich ließ mich wieder in die Kissen zurücksinken.

Nach einer Weile senkte sich Nebel über meine Gedanken. Der Schmerz im Knöchel hörte auf, und ich hatte das Gefühl, als triebe ich in einem kleinen Boot auf der Nordsee dem Horizont entgegen. Natürlich wusste ich, dass das gefährlich war, aber ich hatte keine Angst.

Irgendwann neigte sich das Boot nach Steuerbord, und eine Frau glitt über den hölzernen Rand zu mir herein. Es war Melusine, die Wasserfee. Sie trug ein meergrünes Gewand, eine Granatkette schlängelte sich um ihren Hals, und in ihren Wangen saßen Grübchen. Mit ihrem Fischschwanz peitschte sie auf meinen Arm.

»Mark«, sagte sie so freundlich, als hätten wir uns lange nicht gesehen. »Ich bin wieder zurück.«

Ich gab keine Antwort, schließlich hat man es nicht jeden Tag mit einem Seeungeheuer zu tun.

»Mark, erkennst du mich nicht?«, fragte sie. In ihren Haaren ringelten sich blauschwarze Aale. Die sind schwer zu schlachten, sie haben sieben Leben. So wie Katzen. So wie ich.

Ich spürte, wie ein albernes Lächeln sich auf meinem Gesicht ausbreitete. »Mögen Sie Aal grün?«

»Weißt du, wo du bist?«

»Frauen an Bord bringen Unglück.«

»*Hallo?* Wie heißt du?«

Die Wasserfee beliebte zu scherzen? »Ich bin der Klabautermann.« Ich musste über meinen eigenen Witz lachen. Ich lachte und lachte, bis mein Gelächter in einen Hustenkrampf überging, der mich schüttelte.

»*Mark!* Um Gottes willen, Mark!«

Ich fuhr hoch und riss die Augen auf. Neben meinem Bett stand Olga. Ihr blasses Gesicht schwebte dicht vor meinem eigenen. Mit einer Hand rüttelte sie an meinem Unterarm.

»Was ist denn?«, keuchte ich.

»Du hast phantasiert«, sagte sie, und ich konnte die Sorge in ihrer Stimme hören. »Hier.« Sie hielt mir das halb volle Wasserglas an den Mund. »Schnell, trink das.«

Ich tat wie mir befohlen und spürte, wie sich mein Körper allmählich entspannte. Erschöpft ließ ich mich auf mein Kissen zurückfallen. Ich war todmüde.

»Wie spät ist es denn?«, wollte ich wissen.

»Gleich halb sieben«, sagte sie. »Ich habe vorhin schon einmal nach dir gesehen, aber da hast du so tief geschlafen, dass ich dich nicht stören wollte.«

Halb sieben, bald Abend. Ich fuhr mir mit der Hand über das schweißverklebte Gesicht. Meine Expedition in Melusines Zimmer und mein beunruhigender Fund fielen mir wieder ein. »Rede ich etwa im Schlaf?«

Sie lachte, erleichtert, wie mir schien. »Du hast behauptet, du wärst der Klabautermann.«

»Und sonst? Habe ich sonst noch was gesagt?«

Sie setzte sich auf das Fußende des Bettes, so wie es auch ihr Sohn getan hatte, und verschränkte die Arme vor der Brust.

»Was hättest du denn noch – *sagen* wollen?« In meinen Ohren klang es, als hätte sie »ausplaudern« gemeint.

Mein Knöchel fing wieder an zu pochen. Aber ich verbot mir jeden Gedanken an eine weitere Tablette. Ich musste aufpassen, dass ich nicht die Kontrolle über mich verlor.

»Manchmal singe ich falsch«, sagte ich. »Ich habe da schon Beschwerden von nächtlichen Besuchern bekommen.«

»Männer, die im Schlaf singen, stören mich nicht.«

Das glaubte ich ihr aufs Wort. »Ich jodle auch.«

Jetzt konnte sie ihr Lachen nicht mehr unterdrücken, ich hatte sie erfolgreich abgelenkt. »Na Servas«, sagte sie. »Hast du Hunger? Melusine kann dir eine Jause bringen.«

»Kein Hunger«, sagte ich, was nicht stimmte. Ich hätte ein halbes Wildschwein verdrücken können. Aber nach den Entdeckungen in ihrem Zimmer konnte ich Melusine noch nicht wieder in die Augen sehen. Ich durfte die Gelegenheit nicht verstreichen lassen, Olga zumindest eine kleine Warnung zukommen zu lassen. »Wie geht's Melusine denn?«

Olga musterte mich aufmerksam. »Wieso?«

»Ich dachte, ich hätte sie vorhin rufen hören«, sagte ich, eine elegante Umschreibung für Melusines Wutanfall. Aber ich musste wissen, worum es bei der Auseinandersetzung gegangen war. »Sie klang irgendwie – ärgerlich.«

Eine Abendbrise wehte vom Balkon herein und brachte den Geruch nach frisch geschnittenem Gras und See mit. Der Schweiß auf meinem Körper trocknete, was unangenehm kitzelte. Ich brauchte eine Dusche. Aber wie ich jemals wieder aufstehen, geschweige denn den Weg ins Badezimmer zurücklegen sollte, war mir schleierhaft.

Olga gab einen verächtlichen Laut von sich. »Melusine kann Tatsachen nicht ins Auge sehen«, sagte sie. »Anders als ihre Vorfahren wird das gnädige Fräulein später ihr Geld selbst verdienen müssen, und dafür braucht sie zuerst einmal einen Schulabschluss. Die herrschaftlichen Zeiten sind vorbei.«

»Was möchte sie denn beruflich machen?« Wenn Olga jetzt Tierpflegerin oder Krankenschwester sagte, würde ich ihr meinen Einbruch in Melusines Zimmer gestehen. Draußen fing eine Amsel an zu singen.

Olga zuckte die Schultern. »Sie will eine Weile ins Ausland gehen. Das ist in Familien wie den Brezinas so üblich.«

Und als Au-pair auf kleine Jungen aufpassen? »Ach.«

»Ich tue mein Bestes, um Melusine die Mutter zu ersetzen«, sagte Olga. »Aber sie macht es einem, weiß Gott, nicht leicht.«

»Was ist denn mit ihrer leiblichen Mutter? Kümmert die sich gar nicht?« Ich schaute zu den Balkontüren hinüber, um mein Interesse nicht allzu deutlich werden zu lassen. Auf dem Tisch lag immer noch die bestickte Decke. Eine Amsel hüpfte darauf herum und pickte die Brotkrümel vom Frühstück auf. Die Vorhänge blähten sich im Abendwind und verwischten die Konturen des schwarzen Vogels.

Olga zögerte. »Sie ist tot, sie hat … Selbstmord begangen.«

»Was?« Ich drehte ihr wieder das Gesicht zu. Die pausbäckige Frau auf dem Gemälde tauchte vor mir auf. Sie schien mich auszulachen. Aber in ihren schwarzen Augen, die denen ihrer Tochter so glichen, lag eine Warnung. Ich setzte mich auf und stopfte mir das Kissen in den Rücken. »War sie denn krank?«

»Unheilbar«, sagte Olga. »Sie litt unter schweren Depressionen. Georg, also mein erster Mann, hat alles für sie getan. Aber am Ende hat es nicht gereicht.« Sie klang so bekümmert, dass ich mich fragte, ob ich mich bei dem Hochzeitsdatum nicht doch geirrt hatte. »Es gibt Medikamente gegen Depression, aber wenn sich jemand umbringen will, dann tut er das auch.« Sie schaute auf ihre blassen Finger hinab. »Sag Melusine nicht, dass du von dem Selbstmord weißt – *bitte.*«

Von draußen erklang ein Schrei.

Olga riss den Kopf herum und starrte zu den Balkontüren hinüber. »Das ist doch Jojo«, sagte sie überrascht.

»Verdammtes Mistvieh, elendes, immer umeinander …« Der Rest ging in einem Gebrüll unter.

Olga sprang auf und stürzte auf den Balkon. »Was ist denn passiert?«, rief sie. Dann schrie auch sie auf.

Ich rollte mich aus dem Bett und trat auf meinen gesunden Fuß. Mit einer Hand stützte ich mich erst aufs Bett, dann suchte ich mir auf meinem Weg durch das Zimmer überall Halt. So hüpfte ich auf einem Bein auf den Balkon hinaus.

Olga hing über der hölzernen Brüstung, als wäre sie dabei, sich zu übergeben. Ich hangelte mich neben sie und starrte hinunter in den Garten. Auf dem Rasen stand Johannes. Er streckte den rechten Arm in die Luft, und von seiner Hand hing ein pelziges Bündel herab. In der linken Hand hielt er einen Spaten. Ich musste zweimal hinschauen, ehe ich das Bündel erkannte. Es war der rote Kater. Erst vor wenigen Stunden war er vor mir über den Gang gehuscht. Sein Schwanz pendelte ein wenig hin und her, er gab aber kein Lebenszeichen von sich. Das Tier war tot. Mir wurde übel.

Olga schlug die Hände vors Gesicht. Ihre Schultern zuckten.

»Was ist denn passiert?«, rief ich Johannes zu.

Er ließ die Katzenleiche sinken. »Jemand hat Mephisto überfahren. Er lag direkt vor dem Eingangstor, hab ihn gerade gefunden.«

»Ich kann nicht mehr«, schluchzte Olga.

Neiiin, kreischte Melusine in meinem Kopf, *ihr werdet schon sehen, was ihr davon habt!* Ich zwang die Stimme zur Ruhe, legte meinen freien Arm um Olgas Schultern und zog sie an mich.

»Psst«, flüsterte ich. »Ist schon gut.« Gar nichts war gut, und das wusste ich selber.

»Hilf mir«, schluchzte Olga an meiner Brust.

»Mache ich.«

»Ehrenwort?«, nuschelte sie. »Du musst es versprechen.«

»Ehrenwort«, sagte ich und beugte mich über das Geländer. Johannes starrte zu uns herauf. »Bringen Sie den Kadaver doch endlich weg.« Wo war Melusine? Trotz des ganzen Geschreis war sie nicht aufgetaucht.

»Soll ich ihn jetzt vergraben?«, fragte Johannes und ließ den Arm mit der Katze sinken. Offenbar hatte er meine Autorität in dieser Krisensituation akzeptiert. Olga rührte sich nicht. Vielleicht war er ja von klein auf daran gewöhnt, dass immer

144

neue fremde Männer über sein Leben bestimmten. »Oder zur Tierkörperverwertung?«

Olga riss sich von mir los und beugte sich über das Geländer. »Bring ihn bloß weg«, brüllte sie. »Hörst du? Ich halte das alles nicht mehr aus. Euch alle halte ich nicht mehr aus.« Sie drehte sich um und stürzte vom Balkon in mein Zimmer. Sekunden später krachte die Tür ins Schloss.

Ich lehnte mich mit dem Rücken gegen die Brüstung, stützte die Hände aufs Geländer und versuchte, mich auf das Rosenspalier an der Hauswand zu konzentrieren. Aber das satte Rot der Blütenköpfe erinnerte mich an gestocktes Blut. Angewidert wandte ich den Blick ab, und dabei bemerkte ich, dass die Fensterflügel des Nachbarzimmers offen standen.

Von den zarten Stores wie von einem Theatervorhang umgeben, stand dort reglos Melusine. Ihr Sommerkleid war zerdrückt und ihr Gesicht rot und verschwollen. Als sich unsere Blicke trafen, sah ich, dass sie weinte.

Marillenknödel

Zutaten
100 g Mehl · 250 g Topfen / Quark · 30 g flüssige Butter · etwas abgeriebene Zitronenschale · 1 Ei · 1 Prise Salz · 8 Marillen / Aprikosen · evtl. 8 Stück Würfelzucker oder Marzipan · etwas Butter zum Anrösten · 2 Handvoll Brösel · Kristallzucker

Zubereitung
Topfen und Mehl mit den Fingern abbröseln, Butter, Zitronenschale und Salz zugeben. Das versprudelte Ei unterrühren und zu einem weichen Teig verkneten. Eine Rolle formen und in Scheiben schneiden. Marillen waschen, entkernen und nach Geschmack den Kern durch ein Stück Würfelzucker oder Marzipan ersetzen. Den Teig damit füllen und zu Knödeln drehen. In einem großen Topf Salzwasser aufkochen, Knödel einlegen und mehr ziehen als kochen lassen. Fertig sind die Knödel, wenn sie an der Oberfläche zu tanzen

beginnen. In einer Pfanne etwas Butter heiß werden lassen, Semmel-
brösel mit Zucker kurz goldgelb durchrösten. Die abgetropften Knödel
darin wälzen und nach Belieben mit Staubzucker bestreuen. Nach
Geschmack kann dazu noch extra zerlassene Butter serviert werden.
Tipp: Einen Probeknödel vorkochen. Ist der Teig zu fest, etwas Butter
einarbeiten. Ist er zu weich, muss man noch etwas Mehl einmischen.

ACHT

Die nächsten Tage vergingen in angespannter Ruhe. Bis zum Ende dieser seltsamen Woche verließ ich mein Zimmer nicht. Meine Weiterreise nach Wien war kein Thema mehr. Im Gegenteil – ich hatte das Gefühl, als wäre Olga über meine Anwesenheit froh. Jeden Tag erschien sie mit meinem Frühstückstablett, bandagierte meinen Knöchel neu und unterhielt mich mit guten Nachrichten. Das Wetter würde schön bleiben, und der Seefischer hatte Saiblinge zum Mittagessen geliefert. Die störende Fledermaus hatte am Morgen im Garten gelegen, und Olga hatte sie entsorgt. Sie erwähnte weder den Tod des Versicherungsvertreters noch das noch ausstehende Ergebnis von Antons Obduktion. Ich nahm an, dass sie meinen Heilungserfolg nicht gefährden wollte. Mir war noch immer übel, aber ich wollte mich nicht ständig beklagen. Die Tageszeitung bekam ich nicht mehr, sondern nur einen Stapel abgegriffener Bücher, die offenbar dem Fundus der Villa entstammten: Ludwig Ganghofer, Hedwig Courths-Mahler und Karl May. Die Seiten waren vergilbt, und in einem Band mit dem Titel »Griseldis« fand ich gepresste Wiesenblumen, deren Farben genauso verblichen waren wie die Erinnerung an jenen Sommer, als man sie gepflückt hatte.

Die Zeit in der Villa Zott schien stillzustehen.

Ein- oder zweimal überlegte ich, ob ich Olga von dem grauen Aktenordner in Melusines Zimmer erzählen sollte, entschied mich aber dagegen. Angesichts ihrer bemühten Gastfreundschaft war es mir unmöglich, mein Spionieren zuzugeben. Ich beruhigte mich mit dem Gedanken, dass ihr die krankhaften Neigungen ihrer Stieftochter ohnehin bekannt und wohl der Hauptgrund ihrer Sorge um das Mädchen waren. Vielleicht hätte ich die Fotos und Zeitungsausschnitte überhaupt vergessen. Aber an einem heißen Mittag, als ich, den Magen gefüllt mit Marillenknödeln, wohlig satt vor mich hin döste und dem Zirpen der Zikaden lauschte, tauchte ein neuer Gedanke in meinem Kopf auf. Und der fraß sich fest. Was, wenn Melusine an den unglücklichen Tieren nur geübt hatte? Und schon längst zu größeren Opfern übergegangen war?

Ich setzte mich im Bett auf und versuchte, meine Gedanken zu ordnen. Die Villa hatte Georg Brezina seiner Tochter und seiner zweiten Frau vererbt, genau wie wahrscheinlich auch sein noch vorhandenes Vermögen. Aber dann hatte Olga wieder geheiratet. Im Fall ihres Todes wäre ihr Anteil an Anton und Johannes gegangen. Womit es auf einmal eine Erbengemeinschaft für die Villa, den Seegrund und die Eigenjagd gegeben hätte.

Melusine, ohne Ausbildung und Aussicht auf geregeltes Einkommen, hätte die Miterben niemals auszahlen können und ihr Elternhaus verloren. Johannes dagegen war teuer gekleidet und hatte die Aura eines überheblichen Privatschülers. Wer zahlte das? Vielleicht ein reicher Vater, der nicht öffentlich zu seinem unehelichen Spross stand, ihn aber finanziell großzügig unterstützte. Damit kam auch Johannes als Mitbewerber für die Villa in Frage. Und noch etwas musste Melusine gestört haben. Anton war dabei, den Rest des Familienvermögens für eine fragwürdige Geschäftsidee zu verschleudern.

Da fiel mir die Lebensversicherung ein. Ich ließ mich auf die Kissen zurücksinken und konzentrierte mich auf diesen neuen Aspekt. Der Bauunternehmer hatte von einer großen Summe gesprochen, so groß, dass er geduldig auf den Renovierungsauftrag für die Villa warten wollte. Aber wer war der Begünstigte? Am ehesten Olga als Antons Ehefrau. Von der Versicherung würden also sie und ihr Sohn profitieren – nicht aber Melusine. Was wiederum Johannes ein Motiv lieferte, wenn die Versicherungssumme hoch genug war, um Melusine auszuzahlen und die Villa ganz zu übernehmen. Gegen den nächsten Gedanken sträubte ich mich, dachte ihn aber pflichtgemäß zu Ende. Was für Johannes galt, galt erst recht für Olga. Sie bekam nicht nur eine große Geldsumme, sondern musste auch nicht mehr zusehen, wie ihr Traumtänzer von Ehemann die Familie in den Ruin trieb. Und ihre unheimliche Stieftochter wurde sie auch los. Jeder hatte ein starkes Motiv, Anton zu beseitigen. Die Kernfrage lautete – wem traute ich einen Mord zu? *Der Moritz ist nicht weggelaufen,* tönte Melusines Stimme in meinem Kopf, *Olga hat ihn überfahren. Ich hab's von meinem Zimmerfenster aus gesehen. Sie hat sogar zurückgesetzt und ist noch mal drübergerollt.* In Anbetracht der gräulichen Polaroids hatte ich so meine Zweifel an dieser Geschichte. Nun war Olgas Kater Mephisto tot. Überfahren wie dieser Hund. Hatte Melusine die Katze überfahren? *Auge um Auge, Zahn um Zahn?* Rache oder Warnung?

Ein energisches Klopfen riss mich aus meinen Gedanken. Gleich darauf wurde die Tür aufgestoßen, und es erschienen nacheinander ein Staubsauger, ein Putzeimer mit Mopp und zum Schluss eine grauhaarige Frau in weißer Kittelschürze in meinem Zimmer. Mit einem festen Tritt ihrer Birkenstocksandale schmetterte sie die Tür hinter sich zu.

»S' Gott«, sagte sie, ohne mich eines Blickes zu würdigen, und stellte den Staubsauger auf dem Teppich ab. Kommentarlos fing sie an, mit dem Mopp über Bilderrahmen und Möbel zu wedeln.

»Guten Tag«, sagte ich. Das musste die Putzfrau aus dem Ort sein, die laut Olga zweimal in der Woche in die Villa kam. »Störe ich? Soll ich auf den Balkon hinausgehen?« Draußen herrschten bestimmt über dreißig Grad.

»Geht schon.« Sie klappte mein Notebook zu, schob meine Papiere zusammen und stapelte alles ordentlich auf dem Ohrensessel.

»Vanlanthen«, sagte ich.

»Magdalena.« Sie ging zu ihrem Putzeimer, nahm eine Sprühflasche heraus und spritzte Politur über den Schreibtisch. Ein angenehmer Duft nach Zitronenöl verbreitete sich im Raum. Während sie die Holzoberflächen mit einem Tuch bearbeitete, warf sie mir einen Blick über die Schulter zu. »Magenverstimmung?«

»Knöchel verstaucht.«

»Ah«, sagte sie und klang irgendwie erleichtert. Wahrscheinlich dachte sie an den Zustand des Badezimmers. »Sind Sie der neue Freund von der Frau Olga?«

»Wie bitte?«

»Im Ort heißt's, hier wohnt schon wieder wer.« Magdalena nahm ein anderes Tuch aus ihrem Eimer und polierte den Schreibtisch nach. Dann legte sie meine Arbeitsutensilien genau wieder so hin, wie sie sie vorgefunden hatte. Was für eine Perle.

»Arbeiten Sie schon lange hier?«, fragte ich.

»Kann man wohl sagen.« Sie unterbrach ihre Arbeit und richtete sich auf. Sie runzelte kurz die Stirn, dann sagte sie: »Zweiundvierzig Jahre und sieben Monate.«

Das nannte man Treue. »Dann haben Sie schon für die Brezinas gearbeitet?« Ich hatte meine neue Auskunftsquelle erkannt und wollte sie nicht ungenutzt lassen.

»Ich hab schon für die Mayerhofers gearbeitet«, sagte sie stolz. »Da hab ich in der Küche angefangen, wie ich achtzehn war.« Sie nahm den Staubmopp und fuhr damit über die Schnitzereien auf der Vorderfront des Schreibtischs. Es waren dickfleischige Blätter, ein ganzer hölzerner Dschungel.

»Sind Sie Köchin?«, fragte ich.

»So gut wie.«

»Dann sind wir Kollegen«, sagte ich. »Ich bin nämlich auch Koch.«

Magdalena drehte sich um. »Wirklich? Und was machen S' dann hier im Gästebett?« Ihr Blick wanderte zu meinen Church-Schuhen, die vor dem Kleiderschrank standen.

»Ich war ein Freund von Herrn Zott«, sagte ich. »Ich schreibe Kochbücher und bin auf der Suche nach Rezepten.«

»In echt?«, sagte sie und betrachtete mich mit neu erwachtem Interesse. Sie lehnte sich mit dem Rücken gegen den Schreibtisch und verschränkte die Arme vor der Brust. Der Mopp ragte wie ein Degen in die Luft. »Ich brauch zwar kein Kochbuch, aber wenn Sie wollen, kann ich Sie da unterstützen.«

Offenbar wurde ihre Anwesenheit in diesem Haus nur zum Putzen geschätzt, was sie in ihrem Stolz verletzte.

»Das wäre nett, ich kann Hilfe gebrauchen«, sagte ich. »Anton wollte mich nämlich auch mit ein paar Rezepten versorgen, aber dann …« Ich zuckte vielsagend die Schultern. Wir kannten ja beide die Tragödie.

»Ja, ja, der Herr Anton.« Sie wiegte den Kopf hin und her. »Der hat ja gar nicht gewusst, worauf er sich hier einlässt. Dabei war er so ein netter Mann.« Sie seufzte. »Und immer so krank.«

Bestimmt gab es Menschen, die Anton als netten Zeitgenossen betrachtet hatten – zumindest wenn sie nicht beruflich am Herd eines Hauben-Restaurants standen. Aber dass Antons Gesundheit angegriffen war, hörte ich zum ersten Mal. »Krank?«, fragte ich. »Was hatte er denn?«

Sie zuckte die Schultern. »Na, allein schon dieser empfindliche Magen – der Mann wurde ja immer weniger. Und dann der Husten! Früher, da sind die Lungenkranken aus der Stadt zur Kur hergekommen, wegen dem Klima. Und ich sag Ihnen was – der Herr Anton hat genauso geklungen.«

»*Lungenkrank?*«

Sie beugte sich vor und senkte die Stimme. »Sie, ich sag Ihnen was, ich habe extra mit dem Dr. Hallhuber gesprochen. Weil, mit der Tuberkulose ist nicht zu scherzen. Das weiß ich noch von früher. Und in so einem Haus hätt ich nicht gearbeitet – Mayerhofer oder nicht.« Sie richtete sich wieder auf. »Aber der Doktor hat nur gelacht und gesagt, das wäre ein Ärztegeheimnis oder so.« Ihre Stimme klang vorwurfsvoll, aber auch ein wenig misstrauisch.

Also doch keine Schwindsucht. Ich verkniff mir ein Lächeln.

»Und wer ist dieser Mayerhofer?«

Ihre Augen weiteten sich. »Die Familie Mayerhofer.«

»Ja, schon, aber …«

»Denen hat doch das Haus gehört«, sagte sie. »Das hier ist die Villa Mayerhofer.« Sie beschrieb mit dem Mopp einen weiten Kreis. Staubkörnchen tanzten in der Luft.

»Wirklich?« Villa Brezina, Zott und jetzt Mayerhofer? »Und wann war das?«

Sie stieß sich vom Schreibtisch ab und fing wieder an, mit dem Mopp über die Möbel zu wedeln. »Die Mayerhofers haben die Villa hier gebaut, das ist aber schon über hundert Jahre her. Ganz feine Leute.« Ihre Stimme war voller Hochachtung. »Und bei der alten Frau Elisabeth Mayerhofer hab ich angefangen zu lernen.« Sie war bei den Balkontüren angelangt und schüttelte die Vorhänge, bis die Falten wie Säulen nebeneinanderstanden. »Ja, und dann hat die Tochter, die Toni – also die Antoinette –, den Georg Brezina geheiratet.« Sie warf mir einen vielsagenden Blick über die Schulter zu. »Wir waren natürlich alle dagegen.«

»Ach, ja?«

»Allerdings. Brezina – so eine Wiener Familie, Habenichtse, die nur großtun konnten. Und der Georg, der war ein richtiger Hallodri. Der hat die Stubenmädel reihenweise ins Unglück gestürzt, und nachher hat er alles abgestritten.« Sie kratzte einen unsichtbaren Fleck von der Fensterscheibe und schüttelte den Kopf. »Immer diese Fledermäuse.«

»Dann ist Antoinette nicht glücklich geworden?«

Sie zögerte. »Am Anfang schon – die Toni war immer so fröhlich und dabei so ein lieber Mensch. Die hat das Böse auf der Welt gar nicht gesehen. Alle waren überrascht, wieso sie das am Ende getan hat.« Sie klopfte sich mit dem Mopp in die Hand. »Also, ich hätt ja das Kindermädchen rausgeschmissen, das können S' mir glauben. Und zwar ohne Zeugnis.« Das Klopfen wurde energischer, ihre Wangen waren gerötet. »Und den feinen Herrn Georg gleich hinterher. Der Habenichts hat sowieso nur von den Mayerhofers gelebt.«

Die Brezinas hatten Fabriken irgendwo im Osten, hatte Tim gesagt, *und nach dem Krieg war alles weg. Aber für ein wenig landadeliges Getue hat es noch gereicht.* Und Antoinettes Vermögen hatte bestimmt auch nicht geschadet.

»Wollen Sie damit andeuten«, fragte ich, »dass Herr Brezina ein Verhältnis mit diesem Kindermädchen hatte?«

Magdalena legte den Mopp quer über den Ohrensessel, zog ein Tuch aus der Schürzentasche und kam zu meinem Bett herüber. Sorgfältig räumte sie den Nachttisch ab, ehe sie anfing, die Platte heftig zu polieren. »Allerdings«, sagte sie.

Ich räusperte mich. »Und deswegen der Selbstmord?« Warum hatte sich Antoinette Brezina nicht einfach scheiden lassen? Noch dazu, wo anscheinend sie die Vermögende in der Ehe gewesen war? Und sie eine kleine Tochter zurücklassen musste? Aber Depressionen waren natürlich eine ernste Erkrankung. Ich hatte so manchen Berufskollegen in einer ausweglosen Situation darin versinken sehen. »Sie war psychisch krank, stimmt's?«

Magdalena fasste mich an der Schulter und schob mich nach vorn. Dann nahm sie mein Kissen und schüttelte es so heftig, als wäre sie Frau Holle und wollte es ordentlich schneien lassen. Ihre Empörung war deutlich zu spüren.

»Die Toni war so gesund wie Sie und ich«, sagte sie und stopfte das Kissen wieder in meinen Rücken.

»Danke«, sagte ich. Mein Mund fühlte sich trocken an. »Wer war denn dieses – Kindermädchen?« Olga war kein Kindermädchen, sie war eine ausgebildete Krankenschwester. Warum hätte sie ihr gutes Gehalt im Krankenhaus gegen den Lohn einer Babysitterin tauschen sollen?

Ihr Blick wurde mitleidig. »Na, wer schon?«

Ich schluckte. »Sie meinen – Frau Zott?«

Magdalena legte alle Gegenstände ordentlich wieder auf den Nachttisch, dann ging sie zum Kleiderschrank und öffnete die Türen. Sie zog einen Blazer hervor, den ich aus dem Koffer heraus einfach aufgehängt hatte. Sogar von meinem Bett aus konnte ich die Knitterfalten sehen.

»Selbst gepackt, was?« Ihre Stimme bebte vor Missbilligung. »Dafür muss man doch Seidenpapier nehmen.« Sie schob den Blazer zurück. »Na ja, ich werde Ihre Sachen ausbürsten und unter Dampf bügeln und, wenn's nötig ist, waschen. Haben Sie spezielle Wünsche wegen Ihrer Schuhe?« Keine Frage, sie war die Arbeit in einem anspruchsvollen Haushalt gewöhnt.

»Meine Schuhe putze ich selbst«, sagte ich.

»Das haben alle meine Herren gemacht«, sagte sie, und ich konnte hören, dass ich in ihrer Achtung noch einmal gestiegen war. »Der Georg natürlich nicht.«

»Wie hat Antoinette Brezina Selbstmord begangen?«, wollte ich wissen.

Sie straffte ihren Rücken. »Mit Schlaftabletten«, sagte sie in den Kleiderschrank hinein. »Und einer Flasche Cognac.«

»War sie denn Alkoholikerin?« Melusine musste es schon als Kind schwer gehabt haben. Vielleicht erklärte das auch ihre krankhaften Neigungen. Oder ihr Gehirn war von Geburt an geschädigt.

Magdalena drehte sich mit einer schlammverkrusteten Jeans in der Hand zu mir um. Er war die Hose, die ich auf meinem unglückseligen Ausflug zur Jagdhütte getragen hatte. »Die Toni hat nicht getrunken, und depressiv war sie schon gar nicht«, sagte sie und wedelte mit der Jeans herum, dass die Hosenbeine tanzten.

»Warum hat sie sich dann umgebracht?«

»*Sie* sich?« Ihr Lachen klang bitter. »Sie sich doch nicht.«

»Sondern?« Ich musste das fragen, obwohl ich die Antwort längst ahnte. Olga war Krankenschwester, sie wusste, wie ein Medikament zu dosieren war.

»Na, der Georg. Wer sonst?«

»*Ihr Mann?*« Gegen meinen Willen verspürte ich so etwas wie Erleichterung.

Sie nickte. »In der Nacht, wo die Toni gestorben ist, hab ich Dienst gehabt. Die Melusine war krank, und ich hab in der Küche ausgeholfen. Und wie ich dem Mädel heiße Milch mit Honig gebracht hab, da ist der Georg aus dem Zimmer hier gekommen. Und am nächsten Tag war die Toni tot. Aber dem Georg hat das nichts genützt. Der ist später ersoffen.«

Ich musste mich vergewissern. »Und Olga, wo war die?«

»Na, bei der Melusine, war ja ihre Arbeit. Nebenan, im Kinderzimmer.«

»Und Frau Brezina … lag hier?«

»In dem Bett da.« Magdalena deutete mit dem Kinn in meine Richtung. »Da ist sie auch gestorben.«

Melusine hatte mich im Totenzimmer ihrer Mutter einquartiert. Ein Gedanke schoss mir durch den Kopf. Auch wenn Melusine in jener verhängnisvollen Nacht krank im Bett gelegen hatte – sie musste etwa dreizehn gewesen sein. Man hatte sie also ohne Weiteres für ein paar Minuten allein lassen können. Und war sie nicht überhaupt zu alt für ein Kindermädchen gewesen? Warum war Olga dann noch im Haushalt beschäftigt gewesen? Ich gab mir selbst die Antwort: Sie hatte schon seit Jahren ein Verhältnis mit dem Hausherrn gehabt.

Ich drückte den Kopf tiefer ins Kissen. Mein Magen war flau, und ich fühlte mich schwindelig. »Danke für Ihre Offenheit«, sagte ich und hörte selbst, wie müde meine Stimme klang.

»Sie waren ein Freund vom Herrn Anton, und ich denke, Sie sollten das alles wissen«, sagte sie. »Außerdem sind Sie ein normaler Mensch und nicht so ... *überkandidelt* wie die neuen Leute hier im Haus.« »Neureich« hatte sie wohl sagen wollen und damit zweifellos Olga und Johannes gemeint. »Die glauben, ich weiß nichts, und deswegen schmeißen die mich auch nicht raus. Aber da täuschen die sich. Ich weiß alles.« Sie hob die schmutzige Jeans hoch. »So – und die werd ich gleich mal in die Maschine werfen.«

»Ja, danke, Magdalena.«

Sie rollte die Hose zusammen und steckte sie unter den Arm. Dabei fiel ein Gegenstand auf den Boden.

»Hoppla«, sagte Magdalena. Sie bückte sich danach, hob den Gegenstand auf und legte ihn auf meine Bettdecke. Es war das kleine Handy, das ich in der Jagdhütte gefunden hatte. Das mit der einzigen Nummer im Speicher.

»Fast hätte ich Ihr Telefon mitgewaschen.« Sie schaute mich an. »Staubsaugen tu ich ein andermal, oder? Dann können Sie jetzt schlafen. Sie sehen müde aus.«

»Das wäre schön.«

Sie nickte, packte ihre Putzsachen zusammen und ging zur

Tür. Dort drehte sie sich noch einmal um. »Ich hab für heut Marillenknödel gemacht. Möchten S' noch welche?«

Die Knödel vom Mittagessen lagen wie Steine in meinem Magen. »Sagen Sie bloß, diese flaumigen Knödel waren von Ihnen? Ich habe so viele davon gegessen – in meinen Magen passt kein einziger mehr rein.«

Magdalena strahlte mich an. Dann wurde sie ernst. »Sie erzählen aber niemandem von unserem Gespräch.«

Ich schüttelte den Kopf.

»Weil, wenn ich das alles hätt beweisen können, dann wäre ich ja zur Polizei gegangen«, sagte sie.

Inzwischen wünschte ich, sie hätte ihre Verdächtigungen überhaupt für sich behalten. »Da bin ich sicher.«

Magdalena steckte den Kopf auf den Gang hinaus und schaute nach links und rechts, ehe sie sich wieder mir zuwandte. »Passen Sie gut auf sich auf«, flüsterte sie. »Der Herr Anton hat nicht auf mich hören wollen, und Sie sehen ja, was mit ihm passiert ist.«

Was sollte das jetzt heißen? Anton war von einer hohen Leiter gestürzt. Tim hatte ihn am Boden gefunden. Und auch wenn es eine Obduktion geben sollte, konnte es genauso gut ein Unfall gewesen sein. Was Magdalenas Behauptungen der letzten halben Stunde in ein neues Licht rücken. Vielleicht war es nur böses Geschwätz einer Hausangestellten, die sich von der Herrschaft nicht genug geschätzt fühlte.

»Haben Sie das alles etwa auch Herrn Zott erzählt?«

Im Erdgeschoss schlug eine Tür zu, die Holztreppe knarrte. Jemand stieg in den ersten Stock herauf.

»*Magdalena?*« Olgas Stimme klang ungehalten. »Wo stecken Sie eigentlich den ganzen Tag? Sind Sie oben immer noch nicht fertig?«

Magdalena rief laut und vernehmlich in mein Zimmer: »Ich bringe Ihnen die Hose dann morgen zurück. Für heute kann ich nichts mehr versprechen.« Sie trat auf den Gang hinaus und zog die Tür hinter sich zu. Ich konnte einen kurzen Wortwechsel hören, dann entfernten sich Schritte, und der Staubsauger polterte die Treppe hinunter.

Ich blieb ganz still im Bett liegen. Die Sonne war weitergewandert, und in meinem Zimmer war es schummerig geworden. Eine sanfte Nachmittagsbrise raschelte durch die Parkbäume. Die Umrisse ihrer Blätter tanzten auf der Zimmerdecke, ein Geflimmer aus Licht und Schatten. In der Ferne konnte ich das Brummen eines Rasenmähers hören. Geräusche eines langen, trägen Sommertages.

Schläfrig zog ich die Bettdecke hoch. Dabei stieß ich gegen das Handy, das mir Magdalena griffbereit hingelegt hatte. Ich beschloss, das Telefon noch einmal ungestört und in Ruhe zu durchsuchen.

Eine Weile tippte ich herum, fand aber immer nur die eine Nummer, die ich schon vor zwei Tagen angerufen hatte. Es war unwahrscheinlich, dass diesmal jemand abnahm. Vielleicht hatte Anton Fotos gemacht? Nein, das auch nicht. Aber Videos! Es gab fünf Videos. Zu meiner Ehrenrettung muss ich sagen, dass ich zunächst zögerte, sie mir anzusehen. Ich bin kein Voyeur, und wenn die Filme pikante Aufnahmen von Antons Freundin zeigten, gingen sie mich auch nichts an. Aber eine Stimme in meinem Kopf stichelte: Und wenn es keine spießigen Fotos waren? Was, wenn Anton Vorgänge im Umkreis der Jagdhütte festgehalten hatte? Vorgänge, die ihm Sorgen oder sogar Angst gemacht hatten und die mit seinem Tod im Zusammenhang standen? Kurz entschlossen drückte ich auf die Taste und ließ das erste Video laufen.

Es war ein billiges Handy, deswegen war die Bildqualität schlecht, und der Film blieb ständig hängen. Auch war das Display zu klein, um genaue Einzelheiten zu erkennen, und die Aufnahme schien aus der Ferne gemacht worden zu sein. Immerhin stellte ich fest, dass das Video eine Versammlung zeigte, und zwar eine reine Männerrunde.

Alle Teilnehmer trugen dunkle Anzüge, als hätten sie sich für einen Theaterbesuch fein gemacht. Sie saßen um einen leeren Tisch herum und schienen auf etwas zu warten.

Eine Weile geschah nichts.

Dann, plötzlich, tauchte ein weiterer Mann in weißer Jacke im Bildausschnitt auf. Er trug einen Sack, der sich heftig bewegte. Der Sack wurde auf den Tisch gelegt und geöffnet. Der Mann mit der weißen Jacke griff hinein und holte etwas Langes, Bewegliches heraus.

Ich hielt mir das Handy näher vor die Augen.

Es war eine Schlange, etwas über einen Meter lang. Sie wand sich auf dem Tisch, hob den Kopf, richtete sich auf und spreizte die Haube. Schwarze Knopfaugen fixierten die Runde. Es war eine Kobra.

In die Männer kam Bewegung. Einige wichen zurück, andere steckten die Köpfe zusammen. Nun hatte der Mann in Weiß einen Hakenstock in der Hand, mit dem er die Schlange antippte. Das Tier fuhr auf seinen Quälgeist los und versuchte zuzustoßen. Eine Hand mit einem Tablett, auf dem ein Karaffe mit einer dunklen Flüssigkeit und leere Gläser standen, schob sich ins Bild. Das Tablett wurde am Tischrand platziert. Das Bild verschwamm, Schatten huschten über das Display. Offenbar änderte der Filmer seine Position.

Das Handy piepte, der Akku war fast am Ende.

Ein neuer, nun wieder scharfer Bildausschnitt tauchte auf. Jetzt war nur noch die Schlange zu sehen. Sie lag ausgestreckt auf dem Tisch, Hände hielten ihren Kopf direkt hinter dem Kiefer und ihren Schwanz. Aber sie lebte, ihre Muskeln zuckten unter der Haut. Ein heller Ärmel kam ins Bild, die Hand, die aus seinem Saum ragte, hielt eine Gartenschere. Die Spitze zielte auf die Brust des Tieres. Es musste der Mann in der weißen Jacke sein. Mit einem Ruck stieß er der Schlange eine Klinge in die Brust. Dann schnitt er ihr das Herz heraus.

Das Handy piepte wieder, das Bild flackerte.

Das Tablett mit den Gläsern und der Karaffe wurde ins Bild geschoben. Der Mann in Weiß hielt das winzige Herz in der Hand. Er ließ es in ein Glas gleiten. Einer der Anzugträger streckte den Arm aus und nahm es entgegen. Nur sein Hinterkopf war zu sehen und die Hand, die das Glas zum Gesicht führte. Er wartete, schien den kostbaren Moment hinauszögern zu wollen. Dann kippte von einem Moment auf den nächsten sein Kopf nach hinten. Er warf das Glas auf den Tisch, er hatte das Schlangenherz geschluckt. Die anderen Männer nickten und applaudierten. Die Kamera richtete sich wieder auf die Schlange. Schlaff hing ihr herzloser Kadaver über dem Tablett. Aus dem Loch in ihrer Brust ergoss sich ein Blutstrom in die leeren Gläser und wurde mit der dunklen Flüssigkeit aus der Karaffe, vielleicht Rotwein, gemischt. Die Stimmung der Tafelrunde schien jetzt gelöst. Ein Mann zog seine Smokingfliege auf, ihre langen Enden baumelten schlaff von seinem Hals. Alle sprachen miteinander, einer streckte die Arme über den Kopf und dehnte sich. Die Gläser mit dem Schlangenblut wurden verteilt. Noch einmal ein Zoom auf den Tisch, wo jetzt die Eingeweide der Schlange in einem hellen Haufen neben der leeren Haut lagen. Das Bild verschwamm kurz und zeigte dann eine Totale der Gästerunde. Aber die Qualität des Videos war zu schwach, als dass ich einzelne Gesichter hätte erkennen können.

Das Handy piepte, und das Display flackerte. Ich schüttelte das Gerät. Der Film brach ab. Auf dem Bildschirm waren nur noch Graupelschauer zu sehen.

Ich ließ das Handy sinken und fragte mich, was ich da gesehen hatte. Es sah aus, als wäre ich Zeuge der Sitzung eines Geheimbundes geworden. Auch diese verdammte Jagdhütte musste eine Rolle spielen. Die Schlangenknochen in der Tiefkühlbox könnten die Überreste dieser Kobra gewesen sein. Vielleicht war das Antons wirkliches Leben gewesen. Ich hatte das Gefühl, als hätte ich ihn nie gekannt.

Die Tatsache, dass ein paar Männer eine Schlange geschlachtet hatten, irritierte mich nicht, auch nicht, dass einem lebenden Tier das schlagende Herz herausgeschnitten worden war. Auf meinen Reisen habe ich Insekten, Würmer und Schafshoden gegessen. *Andere Länder, andere Sitten.* Das in Plastik verpackte Filet aus dem Kühlregal des Supermarkts stammt auch von einem Tier, das eine Mutter hatte. Und die Vorgänge in unseren Schlachthöfen sind hinreichend dokumentiert. Trotzdem koche und esse ich Fleisch. Die Hälfte der Menschheit hungert, und ein Huhn kann den Unterschied zwischen Leben und Tod bedeuten. Organisch angebautes Gemüse oder teure Sojaersatzprodukte sind im Großteil der Welt kein Thema. Zugegeben – auch ich habe der fleischlosen Küche gehuldigt, wenn auch nur für meine zahlenden Gäste. Jeder Koch freut sich schließlich, wenn er ein paar Gemüse auf den Grill werfen und das Ganze dann als vegetarische Platte für denselben Preis wie ein Filet Mignon verkaufen kann.

Was mich an Antons Video so erschreckte, war etwas anderes. Es war die festliche Kleidung der Männer im Film. Als zelebrierten sie eine feierliche Handlung, ja, eine Art Messe. Ich konnte mich des Verdachts nicht erwehren, dass der Tod der unglücklichen Kobra nur die Spitze eines Eisbergs war. Es waren noch vier Videos auf dem Handy. Der Akku hatte keine Kraft mehr, ich konnte sie mir also nicht mehr ansehen. Doch ich schauderte bei dem Gedanken, was sie zeigen mochten.

Ein Klopfen an der Tür erschreckte mich. Schnell ließ ich das Handy unter der Decke verschwinden.

»Ja, bitte? Herein?«

Die Tür öffnete sich einen Spalt. Es war Olga. Sie streckte den Kopf ins Zimmer, betrat es aber nicht. »Wie geht's dem Kranken?«, fragte sie.

»Ein wenig müde«, antwortete ich.

»Brauchst du was?«

»Nein.«

»Melusine spinnt mal wieder.«

»Oh.«

»Sie ist verschwunden, das dumme Gänschen.« Ein genervtes Lächeln huschte über ihr Gesicht. »Jojo und ich fahren sie jetzt suchen, weit kann sie ja nicht sein.«

»Gut.«

»Ist was?« Sie richtete den Blick ihrer glasgrünen Augen forschend auf mich. Ich bildete mir ein, dass sie etwas Reptilienhaftes an sich hatte. In jedem Fall hatte Olga meine Stimmung erkannt, wie sie auch meine Gedanken immer zu lesen schien. »Machst du dir Sorgen?«

Ich bemühte mich um ein entspanntes Lächeln. »Ich bin nur müde, das ist alles.«

Sie zögerte, glaubte mir offensichtlich nicht. »Na gut«, sagte sie schließlich, »dann fahren wir jetzt los. Ich nehme an, Melusine sitzt im Kaffeehaus bei einem doppelten Eisbecher. Damit bekämpft sie immer ihre Depressionen. Aber ruf mich an, wenn sie in der Zwischenzeit auftaucht.«

Melusine hatte *Depressionen*? Wie ihre Mutter? »Klar.«

Ich wartete, bis ich aus dem Erdgeschoss das Schlagen der Eingangstür hörte. Dann setzte ich mich auf und griff nach der Schachtel mit den Schmerztabletten. Dies war meine Chance. Ich musste sie nutzen. Irgendwo waren die Unterlagen zu Antons Lebensversicherung. Vielleicht würde sich auch ein Hinweis zu dem verstörenden Video finden. Viel zu lange hatte ich mich von den warmen Sommertagen und vom trägen Verrinnen der Zeit in der Villa Zott einlullen lassen.

Diesmal würde ich das ganze Haus durchsuchen.

Ich drückte zwei Tabletten aus der Folie und spülte sie mit einem Schluck lauwarmem Mineralwasser hinunter. Dann wartete ich darauf, dass das Stechen in meinem Knöchel verging. Drei Tabletten waren laut Olga die Überdosis. Aber zwei waren schon gefährlich nahe dran. Inzwischen wusste ich jedoch aus Erfahrung, dass die Halluzinationen erst in einer guten Stunde einsetzen würden. Bis dahin musste ich wieder in meinem Zimmer sein. Was passieren würde, wenn mich Olga oder ihr Sohn beim Herumspionieren erwischten, war mir klar.

Wenn die beiden irgendwie am Tod von Georg Brezina, Anton oder diesem Versicherungsvertreter beteiligt gewesen waren, dann würden sie kein Risiko mehr eingehen. Zu hoch war der Gewinn, um den es hier ging. Wenn sie mich erwischten, würde es einfach einen weiteren Unfall geben. Ein Sturz auf der Treppe – der leidige Knöchel. Oder ein paar Schmerztabletten zu viel – auch der Knöchel. Olga war Krankenschwester. Ich hatte volles Vertrauen in ihre Lösungskompetenz. Und weil es keinerlei verwandtschaftliches Verhältnis zwischen den

Bewohnern der Villa Zott und mir gab, würde zumindest bei diesem Unfall niemand Verdacht schöpfen.

Du bist paranoid, mahnte eine Stimme in meinem Kopf. *Du steigerst dich in eine Horrorgeschichte hinein. Es ist das Haus mit seiner unglücklichen Geschichte. Das drückt dir aufs Gemüt.* Für einen Moment wurde ich schwankend. Vielleicht war ich ja wirklich paranoid. Es gab nur eine Möglichkeit, das festzustellen. Vorsichtig drehte ich meinen Fuß hin und her. Der Knöchel fühlte sich angenehm taub an.

»Also los«, sagte ich zu mir selbst. »Du hast nur eine Stunde.« Als Erstes hinkte ich noch einmal in Melusines Zimmer. Bei meiner letzten Suche hatte ich die Artikel über die Todesfälle in diesem Altersheim nicht mehr lesen können. Nicht dass ich Olga damit in Zusammenhang bringen mochte. Ich wollte sie nur als Beteiligte ausschließen.

Der Raum sah noch genauso aus wie bei meinem ersten Besuch. Er war aufgeräumt, der Schrank ordentlich geschlossen, und auch das Strickzeug lag noch unverändert auf dem Tisch. Schnell humpelte ich durchs Zimmer. Mit einer Hand riss ich den Berg Wolle hoch, mit der anderen wollte ich den Aktenordner hervorziehen. Doch meine Hand fasste ins Leere. Der Ordner war weg. Damit hatte ich nicht gerechnet.

Mein Magen verkrampfte sich. Melusine hatte offenbar bemerkt, dass jemand ihre Sammlung durchsucht hatte. Bestimmt waren die Fotos und Zeitungsausschnitte in einer genauen Reihenfolge geordnet gewesen. Darauf hatte ich nicht genügend geachtet. Es musste mir ein Fehler unterlaufen sein. Ich sah Melusines rundes Gesicht vor mir, die schwarzen Augen, in denen nicht zu lesen war, und hörte ihr Kreischen auf der Treppe. *Neiiiin!* Später hatte sie am Fenster gestanden und geweint. Warum? Weil sie meinen Vertrauensbruch bemerkt hatte? Weil sie nun gezwungen war, etwas gegen mich zu unternehmen? Möglicherweise hatte sie ja auch etwas mit dem Tod der Katze zu tun.

Von der Wand schaute das Porträt ihrer Mutter auf mich herab. Antoinette Brezina, geborene Mayerhofer. Sie lachte, aber jetzt fiel mir auf, dass das Lachen ihre Augen nicht erreichte. Es war nur für den Maler aufgesetzt. Das verlieh dem Bild seinen eigentümlichen Reiz, beunruhigte mich aber auch. Was hatte Magdalena gesagt? Sie hatte keine Depressionen gehabt. Olga war die Kinderfrau gewesen. Ein Au-pair kümmert sich auch um Kinder. Wie das deutsche Mädchen in London, dessen Schützling in der Waschmaschine gestorben war. Vielleicht hatte die englische Zeitung nur gewusst, dass das Au-pair Deutsch sprach, aber nicht, dass das Mädchen aus Österreich kam. Die Granatsteine des Colliers glitzerten wie Blutstropfen auf Antoinettes weißer Haut.

Ich trat auf den Gang hinaus. Wie viel Zeit war inzwischen vergangen? Mein Handy und meine Uhr lagen auf dem Nachttisch. In meinem Knöchel pochte es dumpf. Ich wollte keine Minute verschwenden, sondern wandte mich sofort der nächsten Tür zu. In diesem Raum hatte an jenem Abend, als mich Olga zum See geführt hatte, das Fenster offen gestanden. *Das ist Antons Zimmer*, hatte Melusine auf meine Frage erklärt. Jemand war dort gewesen und hatte mich von oben beobachtet. Es konnte nur Johannes gewesen sein.

Die Tür war nicht verschlossen, und ich trat ein.

Der dunkel getäfelte Raum erinnerte eher an ein altmodisches Wohnzimmer als an ein Schlafzimmer. Auch hier gab es einen offenen Kamin, über dem verschiedene Hieb- und Stichwaffen hingen. Vor dem gähnenden Feuerloch gruppierten sich drei Chesterfield-Sofas. Das dunkelgrüne Leder war rissig und an mehreren Stellen ausgebleicht. Auf dem Kaminsims schwieg eine Pendeluhr unter einem blinden Glassturz, vergilbte Stiche in Goldrahmen hingen an den Wänden, und auf dem Boden lag ein abgetretener Orientteppich. Aus einem angelaufenen Messingeimer ragte wie ein Blumenstrauß eine Sammlung von Spazierstöcken mit silbernen Knäufen.

Eine dicke Staubschicht, die sich schon lange vor Antons Tod gebildet haben musste, lag auf den Möbeln. Das einzige Zugeständnis an die neue Zeit war ein kürbisrotes Klappsofa, das an einer Wand stand. Auf einer Ecke lag, ordentlich zusammengelegt, benutztes Bettzeug. Hier hatte Anton also geschlafen.

Ich schaute mich nach einem Anhaltspunkt um, an dem ich mit meiner Suche beginnen konnte. Aber in diesem Raum gab es weder einen Schrank noch einen Schreibtisch. Nur ein paar kleine Tischchen mit Schwarz-Weiß-Fotos in geschwärzten Silberrahmen und neben dem Kamin eine kleine Biedermeierkommode mit drei Laden.

Um nichts unversucht zu lassen, hinkte ich zu der Kommode hinüber. Auf ihrer Abdeckung lagen graue Staubflusen, aber die Vorderseite glänzte wie frisch poliert. Sie war sorgfältig abgewischt worden. Enttäuschung erfasste mich. Ich war zu spät gekommen. Natürlich hatte nach seinem Tod jemand die persönlichen Unterlagen Antons eingesehen. Es gab einzig zu bemängeln, dass Magdalena ruhig im ganzen Raum hätte Staub wischen können. Mir wurde schwindelig. Die Wirkung der Tabletten setzte ein.

Schnell zog ich die Schubladen der Kommode eine nach der anderen auf. Sie enthielten Wäsche, Socken, Manschettenknöpfe, einen kleinen Porzellanteller – grüner Rand, »Villa Zott«. Dazu ein paar Restaurantquittungen, bestimmt für die Steuererklärung, und zwei abgestempelte Rezepte. Anton hatte sie wohl bei der Versicherung einreichen wollen. Sonst entdeckte ich nichts Interessantes. Keine Briefe, keine Fotos und keine Unterlagen zu einer Lebensversicherung. Enttäuscht schaute ich mir die Quittungen an, die nach Datum sortiert waren. Sie stammten alle aus dem Silbernen Hecht. Anton hatte immer öfter dort gegessen. Und von Mal zu Mal hatte er größere Menüs gegessen und teurere Weine getrunken. Am Ende waren die Rechnungssummen geradezu astronomisch. Ich konnte mir nicht erklären, woher Anton das Geld für solch extravagante Gelage gehabt hatte.

Die Rezepte stammten aus der Ordination Dr. Franz Hallhuber, offenbar der Hausarzt, und waren eingelöst worden. Das eine hieß »BronchoCort« und enthielt Cortison. Das andere war für ein Medikament namens »Respirex 0,5 mg«. Darreichungsform war ein Inhalator.

Ich schaute auf die Rezepte in meiner Hand hinunter. Nebelfäden trieben vor meinem Gesicht. Ich konnte die Schrift nicht mehr scharf sehen. *Die Tabletten.* Ich versuchte, mich zu konzentrieren. Hatte Anton so schweren Husten gehabt? Vielleicht war er deshalb in dieses Zimmer gezogen. Um niemanden nachts zu stören. Aber die Anschaffung eines neuen Bettsofas war dafür sicher nicht nötig gewesen.

Der Boden unter meinen Füßen schwankte wie ein Bootsdeck bei leichtem Seegang. Ich humpelte zu einem der Chesterfield-Sofas und ließ mich auf das straffe Leder fallen.

Unten in der Halle krachte die Eingangstür zu.

Mein Herzschlag beschleunigte sich. *Olga und Johannes.* Statt die kurze Zeit, die mir zu Verfügung gestanden hatte, zu nutzen, hatte ich sie vertrödelt. Ich hatte schon zu viele Fragen gestellt. Olga war bereits misstrauisch. Wenn sie mich jetzt hier ertappte, würde sie wissen, dass ich herumspioniert hatte. Der Gedanke an Flucht zuckte in mir auf. Aber wie sollte ich aus der Villa Zott entkommen? Mein Auto war nutzlos, und außerdem konnte ich kaum laufen. Noch war ich sicher, beruhigte ich mich. Keiner wusste, dass ich Verdacht geschöpft hatte. Und so schnell nach zwei ungeklärten Unfällen konnte niemand einen dritten Todesfall – so plausibel er auch wirken mochte – riskieren. Es blieb mir noch eine Galgenfrist. Während der ich einen Ausweg finden musste.

Schnell stopfte ich die Rezepte in die Hosentasche. Dann hievte ich mich aus dem Sofa. Mein Kopf fühlte sich schwammig an, das Denken fiel mir immer schwerer. Ich tappte zur Tür. Vielleicht blieben die beiden ja erst einmal im Erdgeschoss. Dann würde ich es noch ins Bett schaffen.

Die Stufen der Holztreppe ächzten.

Jemand kam in den ersten Stock hinauf. Olga wollte nach mir sehen, und sie würde mich nicht, wie erwartet, in meinem Zimmer finden. Was sollte ich bloß zu meiner Rechtfertigung sagen? Ich humpelte zu dem Messingständer und zog einen Spazierstock heraus. Ein zweiter hatte sich mit seinem Knauf daran verfangen, glitt nun heraus und fiel polternd zu Boden.

Das Knarren der Holzstufen hörte auf.

Ich verfluchte meine Unachtsamkeit und die beiden Tabletten. Eine hätte sicher auch genügt. Hektisch sah ich mich um. Konnte ich noch etwas gebrauchen? Die Gelegenheit kam vielleicht nie wieder.

Jetzt waren wieder Schritte auf der Treppe zu hören, schneller als zuvor, wie ich mir einbildete.

Ich riss eine lange Messerscheide von der Wand über dem Kamin. Aus ihr ragte ein mit Golddraht umwickelter Griff heraus. Ich steckte alles unter meinem Hemd in den Hosenbund. Das Bootsdeck unter meinen Füßen schwankte heftiger. Der Seegang hatte deutlich zugelegt. Ich umklammerte den länglichen Silberknauf des Spazierstocks. Dann hinkte ich zur Tür. Ich machte sie auf und prallte zurück.

Vor mir stand Melusine. Ihr rundes Gesicht erinnerte in dem halbdunklen Gang an den Vollmond. Sie musste die Geräusche aus Antons Zimmer gehört haben, denn sie wirkte nicht überrascht.

»Hallo«, krächzte ich und hob den Spazierstock. In meinen Schläfen pochte es. »Ich habe etwas zum Aufstützen gesucht.«

»Ja, klar.«

Der Vollmond vor meinen Augen verschwamm hinter Wolken. Ich brauchte den Kranken gar nicht zu simulieren. Mir war hundeelend. »Mir geht's nicht gut«, sagte ich.

»Ist Ihnen schlecht?«

Mein Magen krampfte sich zusammen. Die Tabletten waren ihm eindeutig zu viel gewesen. »Und wie.«

»Scheiße.« In ihrer Stimme lag ein Anflug von Panik. »Los, kommen Sie.«

Schneller, als ich es ihr zugetraut hätte, war sie neben mir und hatte meinen Arm gepackt. Sie warf einen Blick über meine Schulter in Antons Zimmer, als wollte sie sich überzeugen, dass alles noch dort war, wo es hingehörte. Die Messerscheide unter meinem Hemd fühlte sich kalt an. Aber Melusine bemerkte ihr Fehlen an der Wand über dem Kamin zum Glück nicht. Sie zog mich auf den Gang hinaus und schloss die Tür hinter mir.

»Ich helfe Ihnen ins Bett zurück«, sagte sie grimmig. »Und dann hole ich ein Brechmittel.«

Wusste sie etwa von den Tabletten? »Wozu?«

Sie gab keine Antwort, sondern zerrte mich zu meinem Zimmer. Ich hatte die Tür offen gelassen, um mich schnell wieder zurückziehen zu können. Wie naiv von mir. Der Gedanke an meine Hilflosigkeit peinigte mich wie ein körperlicher Schmerz.

»Hier ist es«, erklärte ich benommen.

»Schaffen Sie es bis zum Bett?«, fragte Melusine.

Das Bettzeug hob und senkte sich vor meinen Augen wie die weißen Wellenkämme auf der Nordsee vor Sylt. Ein Gefühl von Heimat erfasste mich. »Oh ja«, sagte ich selig.

Gestützt auf meine neue Krücke, tappte ich durch das Zimmer und ließ mich in die weichen Kissen fallen. Die Matratze wiegte mich wie ein vertäutes Segelschiff im Hafen.

»Bin gleich zurück«, sagte Melusine.

Ich schloss die Augen und wäre wohl eingeschlafen, wenn mein Magen sich nicht in Abständen zusammengekrampft hätte. Jeder Krampf wurde von einem stechenden Schmerz begleitet. Mühevoll drehte ich mich auf die Seite, in der Hoffnung, mir etwas Linderung zu verschaffen – vergebens.

Dann stand plötzlich Melusine neben meinem Bett. Sie rührte mit einem Teelöffel in einem Wasserglas herum. Dann hielt sie es mir hin. »Hier«, sagte sie. »Sie müssen alles auf einmal trinken.«

»Was ist das?« *Die toten Tiere, die toten Tiere.*

»Kupfervitriol – Kupfersulfat.«

Wollte sie mich umbringen? Hier und jetzt? »Ich glaube nicht, dass ich das …«

»Keine Widerrede, das ist nur ein Brechmittel.«

Mir blieb keine andere Wahl. Ich nahm das Glas und leerte es auf einen Zug. »Hier.« Ich wischte mir mit der Hand über den Mund und reichte ihr das Glas zurück.

Melusine stellte es auf den Nachttisch und hielt auf einmal eine gelbe Plastikschüssel vor mein Gesicht. »Genieren Sie sich nicht«, sagte sie. »Ich bin's gewöhnt.«

»Quatsch, ich ...« Mein Magen hob sich, als wollte er mir zum Hals herauskommen. »Oh mein Gott!«
Ich kotzte alles aus, was ich an diesem Tag und die ganzen Wochen zuvor gegessen hatte. Als ich fertig war, fühlte ich mich so schwach wie nach einem Tausend-Meter-Lauf. Aber es ging mir besser.
»Danke«, flüsterte ich.
Sie musterte mich mit zusammengezogenen Brauen. In ihrer Miene war nicht zu lesen. »Hatten Sie das schon mal?«
»Übelkeit? Klar.«
»Nein, ich meine hier – bei uns.«
Ich suchte nach der richtigen Antwort, aber über meiner Erinnerung lagen dichte Schleier. »Ich glaube nicht.«
Sie ließ die Schultern sinken. »Gut.«
»Warum haben Sie gesagt, Sie wären ... das ... gewöhnt?«
»Erbrechen?«
Ich nickte.
»Anton war oft krank«, sagte sie. Es klang abschließend, so als wollte sie nicht darüber reden. »Na gut, dann lasse ich Sie hier in Ruhe.« Sie wandte sich zum Gehen.
»Melusine?«
Sie drehte sich noch einmal um. »Ja?«
»Ich will zum Arzt.«
Sie sah mich prüfend an. »Geht es Ihnen nicht besser?«
»Es ist wegen meinem Knöchel«, log ich.
»Sie brauchen keinen Arzt«, sagte sie und ging zur Tür.
»Melusine?«
Eine Hand auf der Klinke drehte sie noch einmal um. »Glauben Sie mir, ein Arzt kann Ihnen da auch nicht helfen.«
»Ich habe Ihren Streit mit Olga gehört.«
Sie sagte nichts, starrte mich nur an.
»Worum ging es dabei?«, wollte ich wissen. *Neiiin.* »Kann ich Ihnen irgendwie helfen?«
Ein kleines Lächeln erschien auf ihrem Mondgesicht, und auf einmal sah sie ihrer Mutter auf dem Porträt ähnlich. »Es ging um die Schule«, sagte sie.

Olga hatte mich also nicht belogen. Zumindest nicht in diesem Punkt. »Leidiges Thema.«

»Sie wollen mich ins Internat stecken«, sagte Melusine.

Melusine hat Schulprobleme. »Vielleicht ist das nicht die schlechteste Lösung?«

Melusines Augen verengten sich zu schwarzen Schlitzen. »Olga will mich aus dem Weg haben«, sagte sie. »Das wollte sie schon immer. Aber mich wird sie nicht los. Nie – nur über meine Leiche.« Damit verließ sie das Zimmer.

Ich legte meine Wange auf das kühle Kissen und starrte vor mich hin. Der Teil der Tabletten, der schon den Weg in meinen Blutkreislauf gefunden hatte, machte mich angenehm schläfrig. Direkt vor meinem Gesicht lehnte der Spazierstock, den ich als Krücke aus Antons Zimmer mitgenommen hatte, an meinem Nachttisch. Jetzt erst erkannte ich, dass der lange Griff ein aus Silber getriebener Fischkopf war. Er war knochig und eindrucksvoll, mit einem gefräßigen Maul, dessen Unterkiefer den Oberkiefer überragte – der Kopf eines Raubfisches. Es war ein Zander, nein, ein Hecht. Ein Hecht aus Silber. Ein silberner Hecht.

Pannonische Fischsuppe

Zutaten
400 g Fischfilets (Karpfen, Zander, Waller) · Salz, Pfeffer · 3 kleine Zwiebeln · 1 Knoblauchzehe · je ½ roter, gelber und grüner Paprika · 3 Paradeiser/Tomaten · 1 kleiner Pfefferoni · 4 EL Pflanzenöl · 3 TL edelsüßes Paprikapulver · ⅛ l Weißwein · ½ l Gemüsefond · 1 EL Kartoffelstärke · 1 EL Schnittlauch

Zubereitung
Fischfilets in größere Würfel schneiden und mit Salz und Pfeffer würzen. Zwiebel und Knoblauch schälen und fein schneiden. Paprika waschen und kleinwürfelig schneiden. Paradeiser kreuzweise einritzen, 3 Sekunden in heißes Wasser tauchen, eiskalt abschrecken und die

Haut abziehen. Vierteln, entkernen und in kleine Würfel schneiden. In einem Topf Öl erhitzen, Zwiebeln darin goldbraun anrösten. Paprikapulver einrühren und mit Weißwein ablöschen. Gemüsefond zugießen und 10 Minuten lang köcheln lassen. Kartoffelstärke in etwas Wasser auflösen und die Suppe damit binden. Dann Fischwürfel, Paradeiser und Pfefferoni hineingeben und kurz ziehen lassen. Fischsuppe in Tellern oder Schalen anrichten und mit Schnittlauch bestreuen.

Tipp: Beim Zander gilt – je schwerer, also ca. 2 Kilo, umso saftiger sein Fleisch.

NEUN

Etwas raschelte vor meinem Gesicht. Im Halbschlaf schob ich
meine Hand über das Kissen und tappte über den Nachttisch.
Handy, Tablettenschachtel, Wasserglas, etwas Weiches. Ich
machte die Augen auf. Im Zimmer war es schummerig, Regen
rauschte hinter der offenen Balkontür, die Vorhänge bewegten
sich im Wind. Von der Regenrinne tropfte es stetig auf das
hölzerne Balkongeländer, ein rhythmisches, einschläferndes
Klopfen.

Ich fokussierte meinen Blick auf den Nachttisch. Einen
halben Meter vor meiner Nase lag eine faustgroße Kugel. Am
Vortag hatte sie noch nicht dort gelegen. Die Kugel verbreitete
einen eigentümlichen Geruch, muffig und scharf zugleich.
Vorsichtig zog ich meine Hand zurück.

Ich setzte mich im Bett auf, fuhr mir über die Augen und
unterdrückte ein Gähnen. Dann knipste ich die Tischlampe
an und nahm meinen Fund in Augenschein. Fast hätte ich
aufgeschrien. Auf dem Nachttisch hockte eine Fledermaus.
Sie hatte die Flügel eng um den kleinen Körper gefaltet, sodass
nur die Schnauze und die kleinen Ohren aus dem Hautpaket
hervorschauten. Das Tier war in der Nacht in mein Zimmer
geraten und hatte wohl durch die wehenden Vorhänge nicht
mehr davonfliegen können. Wie lange hatte es dicht vor meiner Nase gesessen? Horrorgeschichten von Vampirbissen und
Tollwut, wie man sie in regelmäßigen Abständen in der Zeitung
liest, schossen durch meinen Kopf.

Ich zog die Beine an und legte die Arme um die Knie.
Dabei bemerkte ich, dass mein Knöchel kaum noch schmerzte.
Das Rascheln der Bettdecke weckte die Fledermaus aus ihrer
Erstarrung. Die angelegten Flügel öffneten sich ein paar Zen-
timeter und gaben den Blick auf den pelzigen Körper frei. Aus
schwarzen Knopfaugen starrte das bizarre Geschöpf mich an.
Mit der runden Schnauze und den großen Ohren erinnerte es

eher an ein Schoßhündchen als an einen Vampir. Eigentlich ein niedliches Tier.

»Na, auf der Jagd verflogen?«, fragte ich. Mein Kopf funktionierte einwandfrei. Die Gehirnerschütterung schien wirklich nicht schwer gewesen zu sein. Vor Erleichterung machte ich einen Scherz. »Das hier ist eigentlich meine Schlafhöhle, weißt du?«

Die Fledermaus rührte sich nicht. Irgendwie musste ich sie wieder in Freiheit setzen. Sie sah so filigran aus, und ich hatte noch nie ein derartiges Tier angefasst. Ich wollte ihm weder wehtun noch selber gebissen werden. Gerade überlegte ich, wie ich die Aktion Fledermaus-Rettung angehen sollte, als leise an meine Tür geklopft wurde.

»Mark?« Olgas Stimme klang lockend. »Bist du wach?«

Ich riss mir mein T-Shirt vom Leib und warf es über den Nachttisch. Wenn Olga das Objekt ihres Abscheus entdeckte, würde sie ihm den Garaus machen. Oder dieser Mephisto würde sie fressen. Nein, die Katze war ja tot. Ein seltsamer Gedanke schoss mir durch den Kopf: Wenn ich es schaffte, das Leben der Fledermaus zu retten, dann konnte ich auch den Tod besiegen, der in dieser alten Villa hauste.

»Mhmmm?«, machte ich, als hätte Olga mich eben geweckt.

»Es ist schon Mittag.«

»*Mhm?*« In Altaussee entwickelte ich mich wirklich zum Langschläfer. Aber während ich die letzten Tage einfach krank und erschöpft gewesen war, war ich jetzt ausgeschlafen und fühlte mich fit.

Ihr Lachen drang durch die Tür. »Kann ich reinkommen?«

Ich zog die Bettdecke hoch. »*Nein.*«

»Ich möchte deinen Verband wechseln.«

Vorsichtig versuchte ich, mit meinem Fuß zu kreisen. Sein Radius war noch eingeschränkt, und die Bewegung fühlte sich unangenehm an, aber der stechende Schmerz war tatsächlich weg. »Ich muss erst duschen.«

Wieder dieses Lachen. So anziehend ich es einmal gefunden

hatte, so sehr zerrte es jetzt an meinen Nerven, die ohnehin seit Tagen gespannt wie Geigensaiten waren.

»Ich setze mich brav in den Sessel und warte.«

Ja genau, das hatte mir noch gefehlt. Ich spürte, wie Ärger in mir hochstieg. »Ich komme in zwanzig Minuten runter.« Ich sah, wie die Klinke heruntergedrückt wurde. Aber die Tür öffnete sich nicht. Als ich in der Nacht einmal aufgewacht war, hatte ich sie abgeschlossen. Zum ersten Mal, seit ich in der Villa Zott wohnte.

»Mark?« Ich konnte ihre Verwunderung hören.

»Ja, Olga?«

»Kannst du denn schon wieder gehen?« Es klang wie die leutselige Frage einer Krankenschwester, die sich am Morgen nach dem Befinden ihres Patienten erkundigt. Aber auch Misstrauen schwang in ihrer Stimme. Ich beschloss, meinen Genesungsfortschritt vorerst für mich zu behalten.

»Ich habe eine Krücke.«

»Was? Woher denn?«

Melusine hatte ihr also nicht erzählt, dass sie mich in Antons Zimmer ertappt hatte. »Ein Spazierstock, stand in einer Balkonecke, irgend so ein altes Ding. Wird wohl jemand vergessen haben.« Wie lange wollte sie mich noch durch die Tür aushorchen? »Sobald ich fertig bin, komme ich runter.«

»Na gut«, sagte sie zögernd. »Ich bin in der Küche.«

»Zwanzig Minuten, höchstens.«

Ich zählte bis sechs, dann hörte ich ein Rascheln hinter der Tür und ihre Schritte, die sich entfernten. Inzwischen konnte ich die Stufen der Holztreppe schon mitzählen, es waren siebzehn. Erst als ich das Knarren des unteren Absatzes hörte, hob ich vorsichtig mein T-Shirt vom Nachttisch. Die Fledermaus hatte sich nicht bewegt. Ihre schwarzen Knopfaugen glitzerten.

»Und nun zu dir, Mäuschen«, sagte ich. »Die große Rettungsaktion startet – erst du und dann ich.«

Ich faltete das T-Shirt wie eine Kellner-Serviette, legte es um das kleine Tier, als wäre es eine kostbare Champagnerflasche und hob es hoch. Es war federleicht und fühlte sich doch ganz anders an als ein Vogel.

»Wenn du die Tollwut hast und mich jetzt beißt«, warnte ich die Fledermaus, »dann sind wir beide tot, klar?« Das Tier hielt ganz still.

Ich trug das Paket auf den Balkon hinaus. Kalte, feuchte Luft schlug mir entgegen. Die Berggipfel waren mit Nebel verhangen, und über den See liefen raue Wellen. Es war kaum auszumachen, wo Wasser, Berge und Himmel ineinander übergingen.

Ich schlug das T-Shirt auseinander und hielt die Fledermaus hoch, damit sie sich in die Lüfte erheben und am Horizont verschwinden konnte. Aber sie machte keine Anstalten, davonzufliegen. Es war eben keine Friedenstaube. Also setzte ich das Tier vorsichtig in ein Blumenkistchen und legte ein dickes Geranienblatt zum Schutz vor dem Regen darüber. Dabei streifte ich unabsichtlich einen der zarten Flügel. Es war wie ein kleiner Stromschlag. Als wollte mir das Wildtier zum Dank etwas von seiner Kraft schenken. Ich konnte sie in den nächsten Stunden, weiß Gott, gebrauchen.

»Hau lieber ab«, sagte ich.

Ich schloss die Balkontüren und zog die Vorhänge zu. Am Schreibtisch zog ich den Zettel mit Stefans Telefonnummer zwischen den Seiten meines Kalenders hervor. Magdalena hatte ihn in der Tasche meiner lädierten Jeans gefunden, als sie sie waschen wollte, und mit der gebügelten Hose zusammen zurückgebracht. Es war eine österreichische Handynummer. Was hatte Melusine gesagt? Stefan studiert unter der Woche in Wien. Es war Sonntagmittag. Hoffentlich war er noch bei seinen Eltern. Er war der Einzige, der mir jetzt helfen konnte. Ich nahm mein Handy und tippte die Nummer ein. Es läutete einmal, zweimal, dann wurde abgehoben.

»Mooslechner?«

»Stefan, hier ist Mark … Mark Vanlanthen.«

»Ja, hey, wie geht's denn? Hat dich ja ziemlich erwischt, wie man hört.«

»Ich kann schon wieder laufen«, sagte ich. »Aber ich brauche ein Auto.«

»Bist du schon wieder auf?«, fragte er. »Ich dachte, die haben nix gegen diese Wahnsinnsinfektion. Hepatitis – oder was weiß ich.«

»Hepatitis? Ich?«

»Weil du doch dauernd auf Reisen bist.«

»Und wer behauptet so was?«

»Reg dich nicht auf, vielleicht hab ich die Krankheit ja auch falsch verstanden.« Sein Grinsen war durch die Leitung zu hören. »Hab mir schon gedacht, dass dich nur die Scheißerei erwischt hat«, sagte er. »Aber die Frauen tun ja immer gleich so, als ging's ans Sterben.«

Ich hätte gern Näheres über meine lebensbedrohliche Krankheit gehört, aber für Dorfklatsch fehlte mir die Zeit. »Stefan«, fragte ich, »bist du in Altaussee?«

»Ich sitz noch bei Mutters Sonntagsbraten«, sagte er. »Am späteren Nachmittag fahr ich nach Wien, und dann kümmere ich mich auch um dein Auto, ja? Ich hab schon einen Spezi angerufen, der uns weiterhelfen kann.«

»Schön, gut, danke.«

»Hey, was ist denn los? Stimmt was nicht?«

»Ich muss zum Arzt, und du sollst mich fahren«, sagte ich.

»Geht das?«

»Was? Heute? Es ist Sonntag.«

»Ich weiß, aber es ist dringend.«

Eine kurze Pause entstand. »Wenn du willst, bring ich dich nach Ischl ins Krankenhaus«, sagte er. Seine Stimme klang beunruhigt. »Das ist sicher gescheiter. Was sagt denn Frau Zott dazu? Die ist doch eine halbe Medizinerin.«

»Olga weiß nichts von meinen Plänen, die macht sich sonst nur unnötig Sorgen«, sagte ich schnell. »Und ich muss zum Arzt in Altaussee. Ist das ein Problem?« Vielleicht hatte der Doktor ja Wochenenddienst. Ich sandte ein Gebet zum Himmel.

»Zum Hallhuber Franzi?«

Hallhuber stand auf Antons Rezepten. »Genau.«

175

Im Hintergrund war eine ungehaltene Frauenstimme zu hören. Es raschelte im Hörer, dann sagte Stefan gedämpft: »Gleich, Mama, das ist jetzt wichtig.« Und wieder in normaler Lautstärke: »Also den Franzi, den brauchst nur anzurufen. Der kennt kein Wochenende.«

Ich holte tief Luft. »Kannst du das für mich tun?« Bis ich die Nummer herausgefunden und dem Arzt mein Anliegen erklärt hatte, war Olga sicher schon wieder auf der Suche nach mir. Falls mir der Mann überhaupt Glauben schenkte. »Bitte.«

Aus dem Hörer waren Schritte zu hören, Holzdielen knarrten, dann wurde eine Tür geschlossen. »So«, sagte Stefan. »Jetzt können wir reden. Was ist los? Geht's noch immer um Herrn Zott?«

Der Junge war nicht dumm. Ich beschloss, ihm zu vertrauen. »Ja«, sagte ich. »Ich habe Rezepte gefunden und weiß nicht, wofür sie sind. Dr. Hallhuber war Antons Arzt. Es wird Zeit, dass ich mal mit ihm spreche.«

Eine Pause entstand. »Magentabletten?«, fragte Stefan schließlich.

»Keine Ahnung.« Mir kam ein Verdacht. »Hatte Anton etwa auch – *Hepatitis*?«

Stefan gab keine Antwort.

Die Regennacht hatte das Zimmer ausgekühlt. Das T-Shirt, mit dem ich die Fledermaus ins Freie befördert hatte, hielt ich zusammengeknüllt in der Hand. Eine Gänsehaut kroch über meinen nackten Rücken, und die Härchen auf meinen Armen stellten sich auf.

»Anton war krank, stimmt's?«, fragte ich. »Auch Magen–Darm? Schüttelfrost? Fieber?«

Stefan räusperte sich. »In zwanzig Minuten bin ich bei dir«, sagte er. »Dann reißen wir den Franzi aus dem Mittagsschlaf.«

»Ich will nicht, dass Olga davon erfährt«, sagte ich ohne Erklärung. Sollte er sich selbst einen Reim darauf machen.

Eine Pause entstand. Endlich sagte Stefan: »Offiziell fahren wir zum Lucky, das ist mein Kumpel, und holen das Ersatzteil für den Austin ab, klar? Sagen wir, eine neue Ölpumpe.«

Eine Welle der Erleichterung durchlief mich. »Du bekommst auch noch dein Mittagessen«, sagte ich. »Im Silbernen Hecht, versprochen. Degustationsmenü.«

»Das ist ein Wort.« Wieder konnte ich sein Grinsen durch die Leitung hören. »Bis gleich.« Im Hörer knackte es, dann war die Leitung tot.

Zwanzig Minuten später betrat ich die hell erleuchtete Halle. Alles erinnerte an den Tag meiner Ankunft. Hinter den hohen Fensterscheiben bewegten sich schemenhaft Zweige wie ein Schattenspiel. Der Kronleuchter brannte, und seine Kristallprismen klirrten im Luftzug, der durch die Ritzen in den alten Fensterrahmen hereinströmte, aneinander und versprühten kaltes Feuer. Es sah aus, als wären sie aus Eis geschlagen. Darunter stand auf dem runden Tisch ein frischer Blumenstrauß, dunkelrote Rosen in einer türkisfarbenen Jugendstilvase. Ihr seifiger Geruch verursachte mir Übelkeit. Nur Antons Habseligkeiten fehlten. Die Porzellan-Schäferin neben dem Telefon war ebenfalls verschwunden.

Die Küchentür stand halb offen. Ich konnte die Stimmen von Olga und Melusine hören und beschloss, die Gelegenheit zu nutzen und Stefans Geschichte zu erzählen. Vielleicht konnte Olga an diesem Tag einmal nicht meine Gedanken lesen. Trotzdem kam mir der Weg in die Küche sehr kurz vor, während ich mir die Worte zurechtlegte.

»Du spinnst ja«, sagte Olga gerade, als ich eintrat.

Sie stand vor dem riesigen Küchentisch, an dem ich mein erstes Essen in der Villa Zott bekommen hatte. Melusine war in einen riesigen lila Strickschal eingemummelt und lehnte mit vor der Brust verschränkten Armen am Kühlschrank. Sie hatte ihr Kinn so fest nach unten gepresst, dass es aussah, als hätte sie drei davon. Unter zusammengezogenen Brauen starrte sie ihre Stiefmutter an.

»Hallo«, sagte ich und klopfte gegen den Türrahmen. »Ich wollte mich nur abmelden.«

Olga drehte sich zu mir um. Sie hatte die Hände zu einem

Körbchen gefaltet. Darin saß ein winziges Kätzchen. Sein Fell hatte die gleiche rote Farbe wie ihr Haar.

»Hallo.« Sie strahlte mich an. »Sieh nur, das ist Puschkin.« Sie hob die Hände in Augenhöhe. »Puschkin – das ist Mark, ein sehr lieber Freund. Mark wohnt auch hier.«

Nur über meine Leiche, dachte ich. Der Gedanke reizte mich zum Lachen. Stattdessen erkundigte ich mich so unbefangen wie möglich: »Eine neue Katze?«

»Jojo hat sie mir geschenkt.« In ihrer Stimme schwang das Glück, ein neues Kätzchen und einen liebevollen Sohn zu haben. »Er hat im Ort von dem Wurf gehört und ist gleich zu diesem Bauern am Grundlsee gefahren und hat mir ein Katzerl geholt.« Sie schmiegte die Wange an den flauschigen Körper. Das Kätzchen kuschelte sich wohlig in ihre Hände und schnurrte wie ein Brummkreisel. Seine Augen glitzerten hellgrün. »Puschkin ist doch ein schöner Name, oder?«

»Wunderschön«, sagte ich und schaute zu Melusine hinüber. Die verfolgte die Szene mit unergründlicher Miene, aber mit kaltem Blick. *Ich hasse Katzen.* »Finden Sie nicht?«

»Pff«, machte sie und verdrehte die Augen.

Olga fuhr herum. »Du bist so herzlos«, sagte sie. »Dir tut es auch gar nicht leid um den armen Mephisto. Auf Puschkin wird in meinem Haus aufgepasst, verstanden?« Ihre Stimme war leise, aber die Warnung unmissverständlich. »Wenn dem was passiert ...« Sie ließ den letzten Satz unvollendet.

»In deinem Haus, dass ich nicht lache«, spottete Melusine. »Du und dein Jojo, diese fiese Kröte! Mit Anton habt ihr's ja machen können, aber mich kriegt ihr nicht klein.« Sie zog die Mundwinkel nach unten. »Eher bringe ich euch um – beide.«

Melusine stieß sich vom Kühlschrank ab und verließ, hocherhobenen Hauptes und den Blick starr geradeaus gerichtet, die Küche. Hätte sie die Tür hinter sich zugeknallt, wäre ich über ihren Auftritt nicht so erschrocken. Aber sie zog sie leise ins Schloss, was ihre Drohung wie ein gefährliches Versprechen klingen ließ. Und auch der Blick, mit dem sie das Kätzchen bedacht hatte, beunruhigte mich.

»Melusine ist ein bisschen heikel mit Tieren«, sagte Olga. Auf ihrem Gesicht lag das v-förmige Lächeln. »Ich denke, das verwächst sich.«

»Ja, hoffentlich«, gab ich zurück. *Schlaf gut liebe Mizi.* Ich tat, als müsste ich nachdenken. »Hattet ihr nicht mal Hunde? Ich glaube, ich habe irgendwo ein Foto gesehen.«

»Ja, Dackel.« Sie nickte, völlig unbefangen. »Max und Moritz, die zwei waren einfach süß. Aber der Max ist leider an Altersschwäche gestorben, und den Moritz hat der Jäger erschossen.«

»*Erschossen?*« Nicht überfahren?

»Der Hund war ständig am Wildern, und dann hat es ihn halt einmal erwischt.«

»Melusine meint, Moritz wäre weggelaufen.« Immerhin hatte sie mir diese Version an meinem ersten Tag in Altaussee präsentiert.

»Das war Georgs Idee – eine Notlüge.« Sie fuhr mit dem Zeigefinger zärtlich über den Kopf des Kätzchens. Es kniff genussvoll die Augen zusammen. Olga lächelte. »Was hätten wir dem armen Kind denn sagen sollen? Die Wahrheit? Das hat keiner von uns übers Herz gebracht. Wir haben ihr erzählt, dass der Moritz jetzt eben bei einer anderen Familie wohnt.«

Aus der Halle war ein dumpfes Pochen zu hören. Es klang, als donnerte das Schicksal an die Tür.

»Was ist denn das?«, fragte ich.

»Der Türklopfer«, sagte Olga. »Wir haben keine Klingel. Wer kann das sein?«

Ich dachte an den goldenen Karpfenkopf mit den Glupschaugen, der zwischen den Lilienfenstern hing. Stefan musste ihn mit aller Wucht gegen die Messingplatte geschlagen haben. »Das wird Stefan sein.«

Sie zog die Brauen hoch. »Der Mooslechner Stefan?«

»Er holt mich ab«, sagte ich schnell.

Sie starrte mir ins Gesicht. Ich konnte förmlich sehen, wie die Rädchen in ihrem Gehirn arbeiteten. »Davon weiß ich ja gar nichts«, sagte sie ruhig.

»Er hat mich eben erst angerufen«, sagte ich. »Anscheinend ist die neue Ölpumpe für mein Auto endlich da. Wie fahren zum … zum Lucky.«

»Welchem Lucky?« Olga zwinkerte. Sie glaubte mir kein Wort. »Warum kann der Stefan diese – *Ölpumpe* – nicht allein holen? Es geht dir überhaupt nicht gut genug, um das Haus zu verlassen.«

»Puschkin ist der perfekte Name.« Ich trat zu Olga und kraulte das Kätzchen hinter einem seiner winzigen Ohren. »Bis später, ihr zwei.«

Ehe Olga sich von ihrem Schreck erholen und einen Vorwand finden konnte, um mich zurückzuhalten, war ich schon aus der Küchentür hinaus und durch die Halle gelaufen.

Vor der Haustür, durch das Glasdach vor dem Regen geschützt, stand Stefan. Er rieb sich die Hände.

»Servus«, sagte er. »Können wir?«

»Kann's kaum erwarten.«

Am Fuß der Treppe stand der blaue Käfer. Der Regen strömte über sein rundes Dach wie ein Bergbach. Stefan drehte sich um und lief leichtfüßig die Stufen hinunter. Ich folgte ihm vorsichtig, wobei ich versuchte, meinen verletzten Fuß nicht mehr als nötig zu belasten. Dabei bemerkte ich am Rande meines Gesichtsfeldes ein seltsames Ding. Irritiert drehte ich den Kopf. Auf der Hausbank neben der Treppe hockte eine Gestalt – mitten im Regen. Ihr Plastikumhang glänzte schwarz wie eine Walfischhaut. Tropfen spritzten von der Kapuze wie Wasser in heißem Öl.

»Soll ich dir helfen?«, rief mir Stefan zu, der schon neben der Fahrertür stand.

Wer war so verrückt, sich bei diesem Wetter ins Freie zu setzen? »Geht schon«, antwortete ich, wusste aber nicht, ob er mich im Rauschen des Regens gehört hatte.

Stefan hatte mich wohl wirklich nicht verstanden, denn die nächsten Worte brüllte er: »Ich hab den Franzi schon angerufen. Er erwartet uns in seiner Praxis.«

Die Gestalt im Plastikumhang fuhr zu mir herum. Aus dem

180

dunklen Loch der Kapuze starrte mich ein bleiches Mondgesicht an. Es war nass, ob vom Regen oder von Tränen, konnte ich nicht erkennen. Ein paar dunkle Haarsträhnen klebten an der Stirn und hingen bis über die Augen. Es war Melusine, die einsam und allein dort saß. Und nun wusste, wohin ich fuhr. Reflexartig spielte ich mit dem Gedanken, irgendeine Ausrede zu erfinden. Inzwischen log ich wie ein Weltmeister. Aber ich wusste, dass Olga von Melusine nicht einmal die Uhrzeit erfahren würde. Also hob ich nur die Hand zum Gruß, als wäre es das Natürlichste von der Welt, sich nass regnen zu lassen, und beeilte mich, ins Auto zu kommen.

Die Fahrt nach Altaussee hinunter verbrachten Stefan und ich schweigend. Jeder hing seine eigenen Gedanken nach, die wohl ähnlich düster waren wie dieser Novembernachmittag im August. Wir fuhren die menschenleere Hauptstraße entlang, vorbei an den Wiesen vor dem See und bogen nach links ab. In der Ferne konnte ich den Silbernen Hecht sehen. Alle Fenster waren hell erleuchtet, und vor dem Gasthof parkten bereits die ersten Autos. Tim schien eine größere Gesellschaft in seinem Restaurant zu erwarten.

»So.« Stefan bremste und stellte den Motor ab. »Endstation, alles aussteigen.«

Wir standen neben einer schmiedeeisernen Pforte. Links und rechts davon wuchs eine hohe Buchsbaumhecke, an der sich die ersten Blätter bereits im kalten Wind wellten. Dahinter erhob sich eine Villa mit drei Giebeln, einem spitzen Turm und der typischen umlaufenden Holzveranda. Im ersten Stock brannte Licht, und ich konnte einen Bernhardinerhund sehen, der an einer Balkontür stand und unhörbar zu uns hinunterbellte.

Stefans Blick folgte dem meinen. »Das da oben ist die Privatwohnung. Die Praxis ist im Erdgeschoss.« Er beugte sich zur Rückbank, zog einen altmodischen schwarzen Schirm hervor und überreichte ihn mir. »Hier – sonst kriegst eine Lungenentzündung, und der Franzi behält dich gleich da.«

Unter den Regenschirm geduckt, hasteten wir den Weg zur Villa hinauf. Wind und Regen peitschten die großen schwarzen

Lachen, die sich in dem ausgetretenen Kies gesammelt hatten. Ich zitterte in meinem Pullover und versuchte, den Pfützen so gut es ging auszuweichen. Obwohl ich das stürmische Nordsee-Wetter gewöhnt bin, fühlte ich mich diesem Klima hilflos ausgeliefert. Es war eisig kalt, und in der Luft lag eine eigenartige Schärfe.

»Riecht nach Schnee«, rief Stefan in mein Ohr.

»Was? Im August?«, schrie ich zurück.

»Kachelofenwetter«, rief er fröhlich. Es klang, als hätte er »Weihnachten« sagen wollen.

Die Antwort, die mir darauf einfiel, sparte ich mir, denn wir standen vor dem Haus. Durch die kleinen Glasscheiben sah ich, dass im Erdgeschoss Licht brannte. Ich suchte noch nach der Klingel – anscheinend waren die in Altaussee unüblich –, da wurde bereits die Tür geöffnet. Im Rahmen stand der Mann, der meinen Knöchel verarztet hatte.

»Serss, Franzi«, sagte Stefan ungeachtet der Tatsache, dass sein Gegenüber um die sechzig sein musste, und trat ungeniert ins Vorhaus. »Ihr kennt euch ja.«

Schnell folgte ich Stefan ins warme Innere. Der schloss die Tür hinter uns, als wäre er hier zu Hause.

Dr. Hallhuber reichte mir die Hand. »Was macht der Knöchel?«

Irgendwie hatte ich erwartet, dass ein Arzt seinen weißen Kittel rund um die Uhr anhat. Aber Dr. Franz Hallhuber trug einen grob gestrickten Norwegerpullover mit Rollkragen, der von Melusine hätte stammen können, und eine dicke Kordsamthose. Mit seinem weißen Haar und dem Bart erinnerte er an den Nikolaus.

»Recht gut«, sagte ich, obwohl ich die Anstrengung der letzten Stunde deutlich spürte. Ich hätte noch eine Tablette nehmen sollen. »Aber so eine DolorEx könnte jetzt trotzdem nicht schaden.«

Er musterte mich mit unergründlicher Miene. »Haben Sie denn Rheuma?«

Ich wurde unsicher. »Nein?«

»Dachte ich mir. Immer diese Selbstmedikation«, sagte er.
»DolorEx ist ein Rheumamittel, das hilft nicht gegen Verstauchungen. Warum sind Sie nicht zum Kontrolltermin erschienen? Ich hätte Ihnen was Passendes verschrieben.«
Deswegen hatte ich also weiterhin Schmerzen gehabt. Sogar eine Dosis, die Halluzinationen verursachte, hatte mir nicht wesentlich geholfen. »Wann soll denn dieser Kontrolltermin gewesen sein?«, wollte ich wissen.
Er schnaubte ärgerlich. »Woher soll ich das wissen? Meine Assistentin verwaltet den Kalender. Ich habe Frau Zott jedenfalls Ihren Terminzettel mitgegeben.«
Der Dr. Hallhuber ist ein alter Mann, hatte Olga gesagt. *Der ist froh, wenn man ihm die Arbeit abnimmt.* Und dann hatte sie mir ein Rheumamittel gegeben.
»Das muss irgendwie untergegangen sein«, sagte ich.
Hallhuber schüttelte den Kopf, drehte sich um und stapfte in einen Gang voraus, der in die Tiefen des Hauses zu führen schien. Wir folgten ihm, vorbei an Türen mit der Aufschrift »Anmeldung«, »Wartezimmer«, »Labor« und »Röntgen«. Vor »Untersuchungszimmer« blieben wir stehen.
»Hier rein, bitte«, sagte Hallhuber und öffnete die Tür für uns.
Der Raum war weiß und zweckmäßig eingerichtet – ein großer Schreibtisch mit Computer, Untersuchungsliege, Wandschirm, ein paar Regale mit Fachliteratur. Der einzige Farbfleck war eine moderne rote Ledersitzgarnitur. Hallhuber steuerte sofort den Schreibtisch an und setzte sich in den Drehsessel dahinter. Stefan und ich nahmen auf dem kalten roten Leder Platz.
»Also, wenn's nun doch nicht der Knöchel ist, was kann ich dann für Sie tun?« Hallhuber schaute mich direkt und, wie mir schien, etwas vorwurfsvoll an. Immerhin störten wir ihn an seinem Sonntag.
»Ich brauche eine Auskunft«, sagte ich und zog die Rezepte, die ich in Antons Zimmer gefunden hatte, aus der Hosentasche. »Anton Zott war ein guter Freund von mir. Und ich frage mich, warum er folgende Medikamente genommen hat.«

»Das unterliegt der ärztlichen Schweigepflicht«, sagte Hallhuber, ohne überhaupt einen Blick auf die Rezepte zu werfen.

»Antons Krankheit interessiert mich nicht«, sagte ich. »Ich möchte nur wissen, wofür diese Medikamente sind.«

Er betrachtete mich und überlegte offensichtlich. Dann drehte er seinen Sessel zur Seite und startete den Computer.

»Zott, Anton«, sagte er und tippte auf der Tastatur herum. »Ah, ja.«

»BronchoCort«, sagte ich. »Und Respirex. Eins davon ist ein Inhalator.«

»Richtig.« Er nahm die Hände herunter und schaute mich an. »Das sind Asthmamittel, das hätte Ihnen jeder Apotheker sagen können.«

»Anton war also Asthmatiker?«

»Habe ich das behauptet?«

»Nein, natürlich nicht.«

»Für die Schlüsse, die Sie ziehen, kann ich nichts.«

»Verstehe.«

Meine Erinnerung trog mich also nicht. Hallhuber hatte, als er mich verarztet hatte, doch etwas von Asthma gesagt. Ich war der Meinung gewesen, er wollte wissen, ob ich Asthma hätte, um mir ein verträgliches Schmerzmittel zu verschreiben. Aber anscheinend hatte ich mich geirrt. Ein Bild tauchte vor meinem inneren Auge auf. Olga, die in dem Ohrensessel in meinem Zimmer saß und darauf wartete, dass ich wach wurde.

Sag mal, hatte ich sie gefragt, *hat der Arzt gesagt, dass ich Asthma habe? Brauche ich ein Spray oder so? Ich kann mich nicht mehr genau erinnern.*

Asthma?, hatte sie geantwortet. *Ich habe keine Ahnung, wovon du redest. Das bildest du dir ein.*

Doch ich hatte mich nicht getäuscht. Ich hatte halb bewusstlos mit einer Gehirnerschütterung in der Ordination auf der Liege gelegen, während Olga und der Arzt über Antons Asthma gesprochen hatten. Aber mit mir hatte Olga offensichtlich nicht über Antons Krankheit sprechen wollen.

Und dann fiel es mir wie Schuppen von den Augen. *Die*

Lebensversicherung. Wie hatte Anton eine so hohe Versicherung abschließen können, wenn er chronisch krank gewesen war? *Weil er sein Asthma verschwiegen hatte.* Anton und Olga hatten die Versicherung betrogen. Wenn die Krankheit bekannt wurde, würde die Versicherung die Auszahlung verweigern. Aber Moment – galt das auch, wenn der Versicherte gar nicht an dieser Krankheit gestorben war? Sondern sich den Hals gebrochen hatte?

Angenommen – nur mal angenommen – dieser Versicherungsvertreter wäre dem Betrug auf die Schliche gekommen. Was hätte er getan? Sich empört bei Olga gemeldet natürlich. *Das Geld steht mir zu,* hatte Olga am Telefon gesagt. *Nein – die ganze Summe. Dann müssen wir reden.* Und: *Soll das ein Angebot sein? Gut, aber ich sage, wann und wo.* Und zuletzt: *Schwein!*

Je länger ich darüber nachdachte, umso mehr gelangte ich zu der Überzeugung, dass der Versicherungsbetrug aufgeflogen war. Und dass der Vertreter Olga das Angebot gemacht hatte, im Gegenzug zu seinem Schweigen die Summe zu teilen. Nach dem Telefonat war Olga mit mir zum See hinuntergegangen. Ich sah sie wieder vor mir, wie sie geschickt dem losen Brett auf dem Steg ausgewichen war. Vielleicht war ihr ja die Idee zu dem Mord direkt neben mir gekommen.

Hallhuber legte die Hände auf die Armlehnen, als wollte er gleich aufstehen. »War's das?«, fragte er.

»Nur noch eine Frage«, sagte ich schnell. »Hatte Anton auch Magenbeschwerden?«

Hallhuber drehte sich auf seinem Sessel hin und her. Die Gläser seiner Brille blitzten im kalten Neonlicht. »Haben *Sie* welche?« In seiner Stimme schwang zum ersten Mal Interesse an mir.

»In der letzten Zeit – manchmal.«

Der Arzt schwieg, er wollte sich offensichtlich über etwas klar werden. Auf einmal beugte er sich vor, stützte die Arme auf den Schreibtisch und legte die Finger ineinander. »Ja«, sagte er. »Der Herr Zott hatte Magenprobleme. Massive sogar. In der letzten Zeit schien es ihm zwar besser zu gehen, zumindest hat er das behauptet. Trotzdem wollte ich zur Abklärung eine Blutuntersuchung machen.«

»Und? Haben Sie?«

»Nein.« Er zuckte die Schultern und lehnte sich wieder zurück. »Herr Zott ist nicht mehr zum vereinbarten Termin gekommen.«

Aus dem ersten Stock über uns waren Schritte zu hören, Stimmen und Lachen. Es war wohl Kaffeebesuch da. Aber Hallhuber schenkte den Geräuschen keine Beachtung.

»So wie ich«, sagte ich.

»Na, Sie leben ja noch«, sagte er. »Der Zott hatte einen Tag vor der Blutabnahme seinen tödlichen Unfall.«

»Was wollten Sie denn abklären?«

Raues Hundegebell war zu hören, gefolgt von Kindergekreisch. Stefan schaute zur Decke hinauf. Hallhuber reagierte nicht, sondern trommelte mit den Fingern auf dem Schreibtisch herum.

»Hepatitis«, sagte er. »Ich hatte einen Verdacht in Richtung Hepatitis A. Die Symptome waren zwar nicht ganz eindeutig, aber in diesem Fall wollte ich kein Risiko eingehen.«

»In Antons Fall?«

»Nein, im Fall einer Hoteleröffnung«, sagte er. »Die Villa Zott liegt auf einem Hügel und ist nicht an die öffentliche Trinkwasserversorgung angeschlossen, sondern hat eine eigene Quelle. Die liegt oberhalb des Grundstücks, und dort oben gibt es auch zwei große Kuhweiden.«

»Das heißt?«

»In den letzten Monaten hat es hier ziemlich viel geregnet. Da kann es schon mal sein, dass Fäkalkeime ins Grundwasser und damit in die Quelle geraten.« Er kratzte seinen Bart.

»Escherichia Coli konnten wir ausschließen.«

»Esch...?«

»Eine bakterielle Verunreinigung – deswegen habe ich nach Viren gesucht. Auch wegen des schleichenden Krankheitsverlaufs bei Herrn Zott.«

»Er ist also immer – hinfälliger geworden?«

Hallhuber nickte. »Bei Escherichia Coli haben Sie einen akuten Verlauf – schlagartig einsetzender Durchfall …«

»Die Scheißerei«, sagte Stefan neben mir.

»Im Volksmund sagt man so.« Hallhuber räusperte sich.

»Und bei Hepatitis?«, wollte ich wissen.

»Die Symptome von Hepatitis A sind Durchfall, Fieber, Bauchschmerzen, Übelkeit bis hin zur Gelbsucht«, erklärte er. »Es gibt aber auch einen symptomfreien Verlauf. Bei Kindern zum Beispiel. In der Regel vergeht die Krankheit von selbst.«

»Und bei Anton?«

Hallhuber zögerte. »Ungewöhnlich«, sagte er schließlich. »Es war so unspezifisch. Deswegen ja auch die Blutuntersuchung. Wenn die da oben in der Villa belastetes Wasser haben, sollte das Gesundheitsamt informiert werden. Im Ernstfall wird der Betrieb eingestellt, und das Haus muss endlich an die öffentliche Trinkwasserversorgung angeschlossen werden. Diese ganzen Quellen und Hausbrunnen sind eine latente Gefahr.«

»Da wäre aber einiges an Kosten zusammengekommen«, wandte ich ein. Es hätte das Aus für Antons Gastronomiepläne bedeutet.

»Die Gesundheit der Gäste geht vor.« Er sah mich scharf an. »Sind Sie gegen Hepatitis A geimpft?«

»Ja, natürlich.« Bei meinen zahlreichen Asienreisen ist ein guter Impfschutz unerlässlich. Der Moskito, der mich in den Sümpfen von Vietnam sticht, stirbt an einem Chemiecocktail.

»Das ist seltsam«, sagte er nachdenklich. »Mir scheint die Sache da oben in der Villa noch nicht ausgestanden zu sein. Aber wenn Sie geimpft sind, muss es noch eine andere Ursache geben.«

»Und nur deswegen die Obduktion?« Ich konnte es nicht fassen. Während ich über einen Mord phantasiert hatte, ging es in Wirklichkeit nur um ein paar Bakterien im Leitungswasser.

Hallhuber schüttelte den Kopf. »Nein, die Obduktion hat mit dem Auffindungszustand der Leiche zu tun. Ich musste ›ungeklärte Todesursache‹ in den Totenschein schreiben. Dann geht die Leiche in die Gerichtsmedizin.«

Ich fing wieder an zu frösteln. »Es war kein Unfall?«

Hallhuber tippte zweimal auf die Tastatur. Diesmal fuhr er den Computer herunter. Mehr Zeit wollte er uns offensichtlich an seinem freien Sonntag nicht opfern. »Herr Zott soll vom Hochsitz gestürzt sein«, sagte er. »Und sich dabei einen Genickbruch zugezogen haben, nicht wahr?«

»Ich habe gehört, er hätte sich den Hals gebrochen.« Hallhuber verzog das Gesicht angesichts meines laienhaften Ausdrucks. »Tatsache ist, dass Herr Zott ein gebrochenes Genick hat. Daran besteht kein Zweifel. Die Frage ist nur, wie es dazu gekommen ist.«

»Ich war selbst auf dem Hochsitz«, sagte ich. »Wer da runterfällt, ist tot.«

Hallhuber schüttelte den Kopf. »So kann es aber nicht passiert sein«, sagte er. »An der Leiche gibt es überhaupt keine Prellmarken.«

»Keine *was*?«

»Prellmarken«, wiederholte er. »Wenn Herr Zott wirklich abgestürzt wäre, dann hätte er überall Abschürfungen haben müssen, offene Wunden, Unterblutungen oder andere Verletzungen. Er könnte zum Beispiel mit der Schulter aufgekommen sein. So ein Sturz hinterlässt Spuren am Körper.«

Das leuchtete mir ein. »Er war also – unverletzt?«

»Bis auf massive Druckstellen am Kopf.«

»Er ist doch kopfüber gestürzt, oder?«

»Nur wenn Sie jemanden fest am Kopf packen – ihn anfassen –, gibt es dort Druckstellen«, sagte er. »Man braucht Kraft, um die nötige Hebelwirkung auszuüben.«

Ich starrte ihn an. »Hebelwirkung?«

»Jemand hat Herrn Zott das Genick gebrochen«, sagte er. »Den Hals umgedreht, wie man so schön sagt. Und deshalb ist sein Gesicht mit Druckstellen übersät. Oder man hat ziemlich ungeschickt versucht, ihn wiederzubeleben.«

»Dann war es doch Mord?«

»Nein, natürlich nicht.« Er wiegte den Kopf. »Es gibt ja überhaupt keine Abwehrverletzungen. Versuchen Sie mal, einem gesunden Mann den Hals umzudrehen.«

»Er war also schon tot?«

»Oder bewusstlos – es gibt auch ein paar Anzeichen auf Erstickung.« Er musterte mich. »Denken Sie an die Rezepte, die Sie gefunden haben.«

Die Rezepte waren für Asthmamittel. Anton hatte einen Inhalator gehabt. »Gesetzt den Fall«, sagte ich, »gesetzt den Fall, dass Anton Asthmatiker war.« Hallhubers Mundwinkel zuckten. »Hätte er dann nicht seinen Inhalator für den Notfall immer bei sich getragen?« Vielleicht hatte Anton einen Erstickungsanfall gehabt, in Panik versucht, seinen Inhalator herauszuholen, und ihn dabei vom Hochsitz fallen lassen.

»Doch, natürlich«, sagte Hallhuber. »Der muss immer griffbereit sein, sonst nützt er ja nichts.«

Der Abend meiner Ankunft in der Villa Zott tauchte vor meinem inneren Auge auf. Die Halle, in der der Kronleuchter gebrannt und den runden Tisch beleuchtet hatte. Eine Vase mit halb verwelkten Blumen hatte daraufgestanden – zwischen einem ganzen Sammelsurium an kleinen Dingen. Es waren ein Kugelschreiber gewesen und ein Notizbuch, ein schmutziges Stofftaschentuch, ein Klappmesser, ein paar Plastik-Kabelbinder, eine angebrochene Tablettenschachtel und ein abgegriffenes Portemonnaie. Kein Inhalator. Es musste so passiert sein, wie ich vermutete. Anton hatte das lebensrettende Medikament verloren und war bei einem Asthmaanfall vom Hochsitz gestürzt.

Ich wandte mich an Stefan. »Hast du nicht den ganzen Kram unter dem Hochsitz eingesammelt?«

»Klar, hab ich.«

»Könntest du einen Inhalator, der Anton aus der Tasche gefallen ist, übersehen haben?«

»Nie im Leben.« Stefan schüttelte den Kopf. »Ich lass da nichts liegen, schon wegen dem Wild nicht.«

Hallhuber räusperte sich. »Den kann man nicht übersehen«, sagte er. »Dieser Inhalator ist leuchtend orange, damit der Patient ihn im Notfall sofort erkennt.«

»Bestimmt hat er ihn gar nicht dabeigehabt«, sagte Stefan.

189

»Hat ihn zu Hause vergessen.« Der Vorwurf, er könnte etwas übersehen haben, nagte offenbar an ihm.

»Unmöglich.« Hallhuber schüttelte den Kopf. »Zott wusste seit Langem, dass er Asthmatiker ist. Ein chronisch Kranker vergisst nicht seine Medizin, nicht nach so vielen Jahren. Das automatisiert sich.« Er schlug mit den Händen auf den Tisch. »Warten wir das Obduktionsergebnis ab, meine Herren.« Er wollte offensichtlich das Gespräch endlich beenden.

»Und wenn jemand den Inhalator aus Antons Taschen genommen hat?«, beharrte ich. »Ohne sein Wissen?«

»Ihnen ist klar, was Sie da sagen?« Hallhuber sah mich scharf an. »Demjenigen hätte nämlich bewusst sein müssen, dass er Herrn Zott damit in Lebensgefahr bringt.«

»Ich weiß«, sagte ich. »Wahrscheinlich hat er einfach die falsche Jacke angehabt.«

Meine Gedanken drehten sich in einer Endlosschleife. Was ich mir in den letzten Tagen als Mordkomplott zusammenphantasiert hatte – sicher eine Auswirkung der Tabletten –, stellte sich nun als verseuchtes Trinkwasser und Antons Vergesslichkeit heraus.

Dabei hatte alles so schön zusammengepasst. Ohne Inhalator wäre Anton im Wald gestorben, und man hätte keinen Hinweis auf seine Asthmaerkrankung gefunden. Die Lebensversicherung hätte gezahlt. Der Hausarzt unterlag der Verschwiegenheitspflicht, und wenn nicht noch der Genickbruch dazugekommen wäre, hätte man Anton inzwischen begraben. Es wäre nur ein weiterer tragischer Unfall in der Chronik der Villa Zott gewesen – und ein fast perfektes Verbrechen. Doch es war noch jemand dazugekommen und hatte Anton getötet. Anton war gar nicht auf dem Hochsitz gewesen, sondern hatte vorher einen Asthmaanfall gehabt. Deswegen auch keine Prellmarken an der Leiche. Dann war jemand unvorhergesehen aufgetaucht, hatte Anton im Todeskampf gefunden, aber nichts von seiner Krankheit gewusst. Er hätte ihn sonst einfach ersticken lassen können. Aber so hatte er die Gelegenheit genutzt und dem Sterbenden noch das Genick gebrochen. Deswegen die

Druckstellen am Kopf und deswegen auch keine Abwehrbewegungen. Nur – wer war dieser Jemand? Als Tim Anton gefunden hatte, war der schon tot gewesen. In Panik und auf der Suche nach Hilfe war er Stefan in die Arme gerannt – und hatte sich keineswegs versteckt. Stefan hatte doch etwas von einem Mountainbiker erzählt.

»Stefan«, sagte ich. »Wer war Antons Geliebte? Ist die Dame verheiratet?«

»Woher soll ich denn das wissen?«

Hallhuber gab ein ersticktes Lachen von sich, wurde aber gleich wieder ernst. »Unsinn«, sagte er.

»Es könnte ja immerhin der eifersüchtige Ehemann gewesen sein«, sagte ich.

»Nein.« Hallhubers Augen hinter den Brillengläsern glitzerten. »Das ist unmöglich.«

»Warum?«

»Arztgeheimnis.«

Was er in der letzten Zeit getrieben hat, weiß ich nicht. Das hatte Olga gesagt. *Aber er war ziemlich viel unterwegs, und das meiste davon abends.* »*Geschäftsgeheimnis*« *hat er immer gesagt, wenn ich wissen wollte, wohin er geht. Ich dachte schon, er betrügt mich.* Olga hatte genau gewusst, dass sie mir eine Lüge auftischt. Das war der Moment, in dem ich beschloss, Altaussee so schnell wie möglich hinter mir zu lassen, nach Wien zu fahren und endlich die Reportage über die dortige Beislkultur zu schreiben.

Stefan lachte. »Hättest ihm halt was verschrieben, Franzi. Die kleinen blauen ...«

»Hör auf«, sagte ich. »Woher weißt du von Antons angeblicher Freundin?«

»Das ist schon eine Weile her.« Stefan zuckte die Schultern. »Da hat mir eben jemand einen Bären aufgebunden, du weißt doch, wie so was geht.«

»Von wem?«

»Also gut – vom Brodinger Tim«, sagte er, und das war ganz offensichtlich die Wahrheit. »Wirtshausklatsch eben.«

»Von *Tim*?« Einem Wirt kam viel zu Ohren. Wenn ich mich von Tim verabschiedete, würde ich ihn danach fragen. Hallhuber stieß seinen Sessel zurück und stand auf. »Dann haben wir für heute alles geklärt, oder? Ich würde jetzt gern zu meinem Kaffee zurückkehren. So viel Zeit habe ich für die Familie auch nicht.«

Er begleitete uns noch zum Eingang. Kaum waren wir über die Schwelle getreten, schloss sich die Tür hinter uns, und kurz darauf erlosch das Licht im Erdgeschoss. Es hatte aufgehört zu regnen. Dafür wehte ein eisiger Wind. Die Gipfel der Berge waren nebelverhangen. Es sah aus, als läge dort oben Schnee. Das weißgraue Spiegelbild im See erweckte die Illusion, als wäre das Wasser gefroren.

»Und was jetzt?«, fragte Stefan und rieb sich die Hände aneinander. »Zurück zur Villa Zott? Wenn du willst, kannst auch heute Abend mit mir nach Wien fahren.«

Einen Augenblick wurde ich schwankend. Die Verlockung, dieses kalte Dorf sofort hinter mir zu lassen und mich in der Stadt in einem warmen Hotel einzuquartieren, war groß. Aber dieses letzte Gespräch wollte ich noch führen. Und dann mit Altaussee und den Bewohnern der Villa Zott für immer abschließen.

»Ich nehme morgen den Zug«, sagte ich.

»Und dein Auto?«

»Dem passiert schon nichts«, sagte ich und wunderte mich, dass ich mir noch vor wenigen Tagen um einen seelenlosen Gegenstand solche Sorgen gemacht hatte – statt um die Menschen um mich herum. »Wir fahren zum Silbernen Hecht. Ich habe gelesen, dass Tim Wildwochen hat.« Es war der Artikel vor der Überschrift »Noch ein Toter im Umfeld der Villa Zott« gewesen. Auf dem Foto hatten Tim und ein Jäger auf ein frisch geschossenes Reh hinuntergesehen. Darunter war eine Anzeige platziert gewesen. Der Silberne Hecht bewarb Herbstspezialitäten. »Außerdem schulde ich dir ein Essen.«

Kalter Wildschweinbraten

Zutaten

*1 kg Wildschweinrücken vom Frischling · Salz, Pfeffer · 2 Zwiebeln ·
1 Petersilienwurzel · 100 g Knollensellerie · 2 EL Öl · 200 ml
Rotwein · 5 Wacholderbeeren · 1 TL Pfefferkörner*

Zubereitung

*Am Vortag das Fleisch mit kaltem Wasser abspülen und trocken tup-
fen. Mit Salz und gemahlenem Pfeffer einreiben. Geschälte Zwiebeln,
Petersilienwurzel und Sellerie kleinwürfelig schneiden. Den Bräter
erhitzen, Öl zugeben und heiß werden lassen. Fleisch darin auf allen
Seiten kurz und kräftig anbraten. Zwiebeln und Gemüse zugeben,
gut anrösten. Mit Rotwein ablöschen und kurz aufwallen lassen.
Wacholderbeeren und Pfefferkörner leicht andrücken und in den Bräter
geben. Im vorgeheizten Backrohr bei 200 Grad etwa 40 Minuten
braten. Dabei immer wieder mit dem eigenen Saft übergießen. Die
Hälfte des Bratens am Abend mit Erdäpfelknödeln/Kartoffelknödeln
und Rotkraut servieren. Die andere Hälfte in Alufolie wickeln und
über Nacht kühl rasten lassen. Am nächsten Tag in dünne Scheiben
schneiden.*

Tipp: Dazu Erdäpfelkas und Bauernbrot reichen.

ZEHN

Vor dem Silbernen Hecht parkten inzwischen noch mehr Autos. Nahezu alle Stellplätze waren besetzt. Direkt vor dem Eingang stand ein weißer Rolls-Royce, auf dessen Motorhaube sich rosa Rosen türmten. Im Heckfenster lehnte ein Schild mit der Aufschrift »Just Married«, und von der hinteren Stoßstange hingen ehemals weiße Bänder in den Matsch, an denen Dosen befestigt waren. Vier Blasmusiker in grünen Trachtenwesten und Lederhosen verschwanden gerade mit ihren Instrumenten in der Hand im mit Rosengirlanden geschmückten Eingang.

»Das kann man vergessen«, sagte Stefan, als wir auf der Suche nach einer Parklücke mit unserem alten Käfer an den Limousinen, Geländewagen und Cabrios mit Wiener Kennzeichen vorbeirollten. »Eine Hochzeit. Da werden wir keinen Platz kriegen.«

Ein paar Männer standen neben der Eingangstür und rauchten. Sie trugen Cuts und Smokings und gehörten offenbar zur Hochzeitsgesellschaft. Die einzige Frau in der Runde trug ein bodenlanges Dirndl. Sie musterten uns so neugierig, als wären wir eine ungewohnte Spezies – Eingeborene.

»Tim hat immer einen Tisch für mich«, sagte ich.

»Lass es uns nachholen«, sagte Stefan. »So viel Zeit hab ich auch nicht mehr. Ich muss ja heut noch nach Wien.«

Ich warf einen Blick auf meine Armbanduhr. Halb fünf, die Hochzeitsgesellschaft war also gleich nach der Kirche zum Silbernen Hecht gefahren und würde bis weit nach Mitternacht bleiben. Ein gutes Geschäft für Tim und für mich die Gelegenheit, ihm kurz die Hand zu schütteln und dann zu verschwinden.

»Ich muss mich noch verabschieden«, sagte ich.

»Ich warte lieber hier draußen auf dich.«

»Das ist nicht nötig«, sagte ich. »Fahr nur, wer weiß, ob ich

Tim in dem ganzen Trubel gleich finde.« Hoffentlich hatte er an meine Rezepte gedacht. Inzwischen hatte ich beschlossen, am nächsten Morgen gleich den ersten Zug nach Wien zu nehmen. »Ich lasse mir einfach ein Taxi rufen.«

»Okay.« Die Erleichterung war ihm anzuhören. »Dann ruf ich dich an, wenn dein Auto wieder startklar ist.«

»Gut.« Ich steckte Stefan ein paar Geldscheine zu. »Zahl damit die Ersatzteile, und den Rest verrechnen wir mit deiner Arbeit.«

»Hey, super.«

Ich stieg aus und schlug die Tür zu. Stefan hupte zum Abschied – die Hochzeitsgäste vor der Tür unterbrachen irritiert ihr Gespräch – und knatterte mit seinem alten Auto davon.

Im Eingangsgewölbe des Gasthofs drängte sich eine Menschenmenge. Der ursprünglich sicher am sommerlichen See geplante Empfang war buchstäblich ins Wasser gefallen. Niemand wollte in der kalten Luft draußen stehen. Alle hielten Gläser mit Champagner in den Händen und versuchten, in dem Gedränge nichts zu verschütten. Es war laut und erstickend heiß. Als sich die Menge für einen Augenblick teilte, erhaschte ich einen kurzen Blick auf die Braut im weißen Dirndl und mit rosa Rosen in der Hochsteckfrisur, dann hatte ich wieder nur eine Wand aus schwarzen Anzügen und bunten Kleidern vor der Nase. Keiner nahm Notiz von mir. Auch Quasimodo war nicht zu sehen. Mein Knöchel tat weh.

Als sich eine junge Kellnerin, ein Getränketablett in den Händen, an mir vorbeischieben wollte, hielt ich sie an.

»Champagner, Bier, Mineral?«, fragte sie.

»Ich suche den Patron«, sagte ich.

Sie zwinkerte. »Was?«, fragte sie.

»Herrn Brodinger.«

»Ach so, den Tim.« Sie deutete mit dem Kinn irgendwo in den Hintergrund des Gewölbes. »Der ist im Kellerstüberl. Gleich dahinten, die Treppe hinunter. Aber da ist heute Abend geschlossene Gesellschaft.«

»Ich weiß, Hochzeit.«

Sie schüttelte den Kopf. »Die Freunde der Wiener Philharmoniker, die kommen einmal im Monat – Schur fix.«

Umso besser, die hatten sicher das große Menü. Das bedeutete getakteter Service und für den Chef die Möglichkeit, sich für einen Augenblick zu entschuldigen.

»Danke«, sagte ich und arbeitete mich durch die Menschenmenge in die angegebene Richtung.

Die Kellertreppe bestand aus abgetretenen roten Ziegeln, ein eiserner Handlauf war an der unebenen alten Mauer befestigt, und ein paar Wandlampen mit roten Schirmchen beleuchteten die scharfkantigen Stufen. Wahrscheinlich war die Treppe ursprünglich nur der Abgang zum Weinkeller und den kalten Vorratsräumen gewesen. Aber in Zeiten perfekter Kühlsysteme boten sich die alten Gewölbe natürlich als Gasträume an.

Ich tappte die Treppe hinunter, wobei ich mich an dem Handlauf festhielt, um mein Bein nicht zu sehr zu belasten. Die Anstrengungen der letzten Stunden waren ihm eindeutig zu viel gewesen. Das Gelenk pulsierte. Bestimmt schwoll mein Knöchel bereits wieder an. Warum hatte ich mir von Dr. Hallhuber nicht noch ein Schmerzmittel geben lassen? Inzwischen hätte ich alles für ein Paracetamol gegeben. Mit jedem Schritt wurde es ein paar Grad kälter.

Als ich den Ziegelboden des Kellers erreichte, konnte ich schon die gedämpften Stimmen der Gäste hören. Und dazwischen das geschmeichelte Lachen von Tim. Es klang, als wäre eine Tür nur angelehnt. Die Stimmung schien vertraut, kein Wunder, wenn diese Philharmoniker-Freunde ja einmal im Monat zum großen Essen kamen. Ich bewunderte Tim für seinen Erfolg in dieser abgelegenen Geschäftslage. Aber er war eben auch ein ausgezeichneter Koch. Was mich gedanklich wieder zu meinen Rezepten brachte. Ich biss die Zähne zusammen und hinkte in Richtung des fröhlichen Gelächters.

Die Wandlampen beleuchteten den Kellergang nur schwach, sodass ich links und rechts zwar alte Weinfässer sehen, ihre Aufschrift aber nicht erkennen konnte. Bestimmt waren sie sowieso nur noch zur Zierde gedacht. Am Ende der Fässer-

Reihe fiel ein Lichtspalt auf den Boden. Von dort kamen auch die Stimmen. Ich humpelte etwas schneller. Je eher ich hier fertig war, umso eher war ich wieder in der Villa Zott und bei meinen Tabletten.

Durch den Spalt der angelehnten Tür sah ich zuerst Tim. Er stand mit dem Rücken zu mir und erklärte gerade das Menü. Das tut man immer, obwohl jeder Gast die Karte lesen kann, das gehört zum Service dazu. Hinter Tim war eine Tafelrunde versammelt, Männer und Frauen, deren Blicke an Tims Lippen hingen. Alle waren in eleganter Abendkleidung und kamen offenbar direkt von einem Konzert der Wiener Philharmoniker. Vor jedem Gast stand eine ganze Batterie Gläser. Die Teller waren noch unberührt, es schien gerade erst serviert worden zu sein.

Im Kellergang war es kalt, und aus dem Gastraum schlug mir angenehme Wärme entgegen. Ich schob die Tür ein wenig weiter auf und steckte den Kopf durch den Spalt.

»... Ruanda und Simbabwe«, sagte Tim gerade.

Jetzt entdeckten mich die Gäste. Über Tims Schulter hinweg starrte mich die ganze Tafelrunde an.

»Ein klassisches, einfaches Essen, frisch vom Markt – sozusagen saisonal und regional«, erklärte Tim.

Ich konnte das Lächeln in seiner Stimme hören, anscheinend war es der Running Gag. Soweit ich erkennen konnte, lagen vor jedem Gast ein rosa gebratenes und in Scheiben geschnittenes Filet, daneben Zucchini-Stückchen, kleine Karotten und Maiskölbchen. Außerdem hatte jeder ein Schüsselchen mit Tagliolini neben seinem Gedeck stehen. Ich hätte den Nudelteig wahrscheinlich mit Selleriecreme gefüllt.

Rehfilet – Wildwochen eben.

Tims Scherz erregte nicht einmal höfliche Erheiterung. Unter den Gästen war Unruhe entstanden. Eine Frau im silbernen Glitzerblazer brachte die Serviette zum Mund und bedeckte ihr halbes Gesicht damit. Zwei Männer im Smoking erhoben sich. Und noch jemand fiel mir auf. An der gegenüberliegenden Wand stand Quasimodo. Er trug eine weiße Kellnerjacke, hatte die Hände im Rücken verschränkt und fixierte mich.

Endlich hatte auch Tim bemerkt, dass sich hinter seinem Rücken etwas Ungewöhnliches abspielte. Er drehte sich um. Seine Augen weiteten sich. »Mark?«

»Guten Abend«, sagte ich und nickte seiner Gästerunde zu. »Tim, hast du zwei Minuten für mich?«

Tim starrte mich wortlos an. Jetzt stand auch ein dritter Mann auf. Quasimodo gab seinen Posten an der Wand auf und machte zwei Schritte nach vorn.

»Wer hat *dich* denn hereingelassen?«, fragte Tim. Sein Ton war eine Mischung aus Ärger und Sorge.

»Das Gasthaus hat geöffnet.«

Tim drehte sich um und schaute zu Quasimodo hinüber. Der erwiderte den Blick seines Herrn wie ein Schäferhund, der auf den Befehl zum Angriff wartet. So ein Theater hatte ich noch in keinem meiner Restaurants erlebt. Außerdem wurde mein Rücken kalt. Ich trat an Tim vorbei in den Gastraum.

»Ich will auch gar nicht lange stören«, sagte ich zu der festlichen Runde. »Es geht nur um …« Ich konnte den Satz nicht vollenden. Mein Blick war auf die Mitte des Tisches gefallen, wo sich auf einer Silberplatte exotische Früchte türmten. Ananas, Papaya und Mangos auf einem Bett von Palmblättern.

Aus ihrer Mitte ragte ein verkohlter Kopf.

Im ersten Moment hielt ich ihn für einen Menschenkopf. Erst auf den zweiten Blick erkannte ich, dass der Schädel einmal einem Affen gehört hatte. Seine Stirn war birnenförmig und die kleinen Augen über der platten Nase zusammengekniffen. Sein Maul war schmerzhaft weit aufgerissen, und zwischen den langen Fangzähnen steckte ein Stück Holz. Es war ein Gorilla, und man hatte ihn vor seinem Tod geknebelt. Die Silberschüssel mit den schwarzen, fast menschlichen Händen streifte ich nur noch. Ich wusste ohnehin, was auf der festlichen Tafel lag. Bushmeat – Buschfleisch. Auch ich hatte schon Antilopen, Ratten, Affen und Stachelschweine auf afrikanischen Wochenmärkten gesehen. Die Einfuhr von Buschfleisch nach Europa ist streng verboten. Natürlich kannte ich den Bericht des WWF, wonach in bestimmten

Restaurants in London und Paris auch Affenfleisch angeboten wird.

Quasimodo kam um den Tisch herum. Die stehenden Männer setzten sich wieder. Die Frau im Glitzeroberteil tupfte sich mit ihrer Serviette den Mund ab und nahm einen Schluck aus ihrem Rotweinglas. Rotwein zum Wildfleisch, natürlich war die Weinbegleitung perfekt. Ich riss meinen Blick von dem Tisch los.

»Was um Gottes willen machst du hier?«, fragte ich Tim.

»Bist du verrückt? Wo stammt das her?«

»Bushmeat«, sagte Tim ungerührt. »Kostprobe gefällig?«

Ein paar Leute lachten, die Stimmung entspannte sich.

»Du bist wahnsinnig«, sagte ich.

Viele Zoonosen, der HIV-Erreger und nicht zuletzt der Ebola-Erreger verbreiten sich durch den Kontakt mit dem Fleisch von Affen oder Flughunden. Kurz schoss mir der Gedanke an die Fledermäuse der Villa Zott durch den Kopf. Und dann dachte ich an die Schlange in Antons Video. An den weißen Ärmel und die Hand mit der Gartenschere. Quasimodo stand jetzt neben uns. Seine Kellnerjacke war fleckenlos. Anton musste herausgefunden haben, womit Tim in Wirklichkeit sein Geld verdiente. Der behäbige Gasthof mit der biederen Speisekarte war nur ein Vorwand.

»Mach dich nicht lächerlich«, sagte Tim. »Nimm wenigstens eine Vorspeise. Komm mit, ich gebe dir erst mal deine Rezepte.« An seine Gäste gewandt, setzte er hinzu: »Bitte, meine Herrschaften, fangen Sie an. Es wird ja ganz kalt. Ich bin gleich wieder bei Ihnen.«

Erfreut griff die Tafelrunde zu Messer und Gabel. Lächelnde Gesichter wandten sich einander zu, die von mir so unsanft unterbrochenen Gespräche wurden fortgesetzt. Mein Magen hob sich. Damit ich nicht sehen musste, wie die fein gekleideten Menschen in das Affenfleisch schnitten, drehte ich mich um.

»Na los, komm«, sagte Tim, und ich konnte die Verachtung in seiner Stimme hören.

Schweigend folgte ich ihm die Kellertreppe hinauf ins

Gewölbe. Hier hatte sich die Menschenmenge inzwischen gelichtet. Die Gäste waren auf die verschiedenen Stuben verteilt worden. Wahrscheinlich war über der Erde gerade dieses berühmte Saiblings-Carpaccio mit rosa Pfeffer serviert worden, während sich für mich ein Filet Mignon vom Menschenaffen »rare« aufgetan hatte.

Tim führte mich in die dampfgefüllte Küche. Hier herrschte der übliche Hochbetrieb von Köchen, Hilfsköchen und Kellnern. Wer davon kannte wohl Tims geheime Geschäfte? »Anton hat es gewusst, stimmt's?«, fragte ich. Immerhin hatte ich seine Quittungen gefunden. Er war fast jeden Abend im Silbernen Hecht gewesen, und seine Rechnungen waren immer höher geworden. Klar, verbotenes Buschfleisch im Menü hatte seinen Preis. Geschäftsgeheimnis, hatte er auf Olgas Nachfragen behauptet. »Hat er auch dieses Zeug gefressen?«

Tim nahm ein Ringbuch von der Ablage über der Warmhalte-Passage. Ein gelber Post-it-Zettel klebte darauf. Ich konnte die Aufschrift »Mark V.« erkennen.

»Wie kommst du jetzt darauf?«, fragte er und blätterte durch die Aufzeichnungen. »Hier, ich hab dir was zusammenschreiben lassen. Marillenknödel, Eierschwammerl-Schmarrn, Pannonische Fischsuppe ...«

»Hast du auch ein Kobra-Rezept?«

Tim ließ das Ringbuch sinken. »Was?«

»Du hast mich schon verstanden«, sagte ich so leise, dass mich die an uns vorbeieilenden Kellner nicht verstehen konnten. »Anton hat ein Video hinterlassen. Ich hätte schon viel früher draufkommen können. Kobrablut ist in Asien ein Zaubermittel. Du servierst es mit Rotwein, oder?«

»Du hast das Video?« Tim klappte das Buch zu.

»Es war auf der Jagdhütte.«

Tim starrte mich an. »Auf der ... Hast du jemanden erkannt?« Er hatte den unscharfen Film also nicht gesehen.

»Fast alle«, behauptete ich. Das schmerzverzerrte Gesicht des toten Gorillas, so menschlich und uns Menschen doch so ausgeliefert, ging mir nicht aus dem Sinn. Und nur ein paar Meter unter mir saß gerade eine Runde feiner Leute und fraß ihren nächsten biologischen Anverwandten. »Die restlichen Gesichter kennt bestimmt die Wiener Polizei«, fügte ich hinzu. Es war ein Schuss ins Blaue, schließlich wusste ich nicht, ob die Tafelrunde aus Wien stammte. »Freunde der Wiener Philharmoniker« war bestimmt nur das Codewort für Gäste mit ausgefallenen kulinarischen Wünschen. Aber ich war so angewidert und fühlte mich schmutzig.

»Es ist nicht das, wonach es aussieht«, sagte Tim. »Was ist der Unterschied zwischen dem Fleisch, das ich anbiete, und dem, das du beim Metzger kaufst? Außerdem geht ein Teil des Erlöses immer an den WWF.«

Der World Wildlife Fund sollte also von der Ausrottung dieser Tiere profitieren. Die Affenfresser brauchten doch etwas, um ihr Gewissen zu besänftigen.

»Charity, hm?« Ganz konnte ich den Hohn in meiner Stimme nicht unterdrücken. In meiner ganzen Laufbahn als Koch habe ich nicht einmal für den guten Zweck am Herd gestanden. Solche Aktionen à la Hummerfressen für Brot für die Welt finde ich den Gipfel des Zynismus.

Tim betrachtete mich nachdenklich. »Na schön«, sagte er. »Versuch zum Abschied wenigstens noch meine neue Vorspeise. Und dann geh zur Polizei oder mach, was du für richtig hältst. Wenn die mir den Laden dichtmachen, sperre ich woanders wieder auf. Die Nachfrage ist da.«

Ich wusste, dass er recht hatte und dass ich dagegen machtlos war. Außer ein paar unscharfen Filmaufnahmen hatte ich nichts in der Hand. Und Zeugen gab es in so einem Fall naturgemäß auch keine.

»Was soll ich denn kosten?«, wollte ich wissen. »Affenhirn mit Ei?«

Ein junger Koch in meiner Nähe hob den Kopf von dem Schneidbrett, auf dem er gerade Gemüse Julienne vorbereitete, und schaute mich an, als ob ich irre wäre.

»Sei nicht kindisch.« Tim zog die Brauen hoch und hob den

Zeigefinger. »Komm, wir nehmen einen Wein mit und gehen in die Bootshütte. Bin gespannt, was du sagst.«

Ich dachte, ich hätte mich verhört. »Ist das alles, was du dazu zu sagen hast?«

»Die Bootshütte hat Heizstrahler, ich serviere dort manchmal ein Candle-Light-Dinner für zwei«, sagte er ungerührt. »Da können wir ohne Zuhörer reden.«

Bei Gelegenheit müssen wir reden, hatte er zu mir gesagt, als wir auf seinem Seegrund gesessen und dem Fischer in seinem Kahn zugeschaut hatten. *Ich hab da was für dich*. Und: *Du darfst gespannt sein*. Jetzt war ich wirklich gespannt.

»Na gut«, sagte ich.

Tim kämpfte sich durch einen Küchengang, blieb vor einem älteren Koch stehen, der den Grill-Posten bediente, und wechselte ein paar Worte mit ihm. Der Mann schaute zu mir herüber, nickte und verschwand dann in den Tiefen der Küche. Es dauerte ein paar Minuten, in denen Tim ein paar Steaks im Uhrzeigersinn auf dem Grill wendete, dann kam der Koch zurück. In der einen Hand hielt er einen Teller, der mit einer speziellen Warmhalteglocke abgedeckt war, in der anderen eine Flasche Wein. Tim übergab ihm wieder seinen Posten, nahm den Teller und den Wein und kehrte zu mir zurück.

»Komm mit«, waren seine einzigen Worte, ehe er vor mir aus der Küche ging, ohne sich nach mir umzudrehen.

Ich folgte ihm schweigend, vorbei an den offenen Stubentüren, durch die ich die Hochzeitsgäste an den gedeckten Tischen sitzen sah. Ein älterer Mann, wohl der Brautvater, las gerade eine Rede vom Blatt ab. Das Papier zitterte in seinen Händen. Über allem lag die warme Aura von Kerzenlicht und Familie.

Vor dem Haus blies noch immer der schneidende Wind. Er schien direkt von den Berggipfeln herabzuwehen. Über dem See stand eine Nebelbank. Dafür hatte es aufgehört zu regnen. Tim war mir ein paar Meter voraus. Er stapfte über den Wiesenweg zum See hinunter. Ich beeilte mich, zu ihm aufzuschließen, aber inzwischen schmerzte mein ganzes Bein bei jedem Schritt.

Als ich endlich an der Pforte zum Seegrund ankam, stand Tim schon auf dem Steg vor der Bootshütte und entriegelte gerade das Schloss. Er klappte es auf, ließ es aber an seinem Haken hängen. Dann betrat er die Hütte, und kurz darauf flammte rotes Licht in ihrem Inneren auf. Ich stützte mich auf die rissige Holzkante der Pforte und entlastete mein Bein für einen Moment. Durch die Ritzen in den alten Holzbalken sah es aus, als hätte Tim das kleine Haus angezündet. Und irgendwie erinnerte es an den Backofen bei Hänsel und Gretel. »Was ist?« Tim steckte den Kopf zur Tür heraus. »Ich habe die Heizstrahler für uns angemacht.«

Und wieder, wie in der Nacht, als ich Olga zum See begleitet hatte, watete ich durch eine regengetränkte Wiese. Nur dass mir diesmal bei jedem Schritt ein Messer in den Knöchel zu stechen schien. Dann, froh, endlich trockenen Boden unter die Füße zu bekommen, drängte ich mich an Tim vorbei durch die Tür.

Die Hütte war über das Wasser hinausgebaut. Es roch ein wenig modrig, denn in ihrer Mitte schwappte schwarzes Wasser in einem Rechteck, das man für ein einzelnes Boot ausgespart hatte. Drei Holzwände und ein eisernes Gitter auf der Seeseite trugen die Dachsparren. Auf dem Umgang standen zwei Stühle und ein Tisch mit einem silbernen Kerzenleuchter und einer einzelnen weißen Kerze. Tim hatte den Teller mit der Servierglocke und den Wein dort abgestellt. Eine kleine Anrichte enthielt bestimmt Besteck und Gläser und konnte auch als Buffet genutzt werden. Unter dem Dach hingen lange Heizstrahler, die angenehme Wärme herabsandten. Ich drehte mich zu Tim um.

»Romantisch«, sagte ich.

»Wird im Sommer auch gern gebucht.« Er zeigte auf die schwarzen Wellen, die gegen die Pfähle, auf denen die Hütte stand, schwappten. »Du kannst hier essen und danach einfach ins Freie schwimmen, ohne dass dich jemand sieht.«

»Gehört der Nachbargrund nicht zur Villa Zott?« Auf welcher Seite des Steges hatte man eigentlich die Leiche des Versicherungsagenten gefunden?

»Gut kombiniert, Sherlock Holmes«, sagte er und ging zum
Tisch hinüber. Die Holzbohlen ächzten unter seinen Schritten.
»Bitte Platz zu nehmen.« Wie ein gut geschulter Kellner im
Restaurant zog er einen Stuhl für mich vom Tisch.
Vorsichtig balancierte ich über die Dielen. »Was gibt's denn?«,
fragte ich und setzte mich auf den für mich vorgesehenen Stuhl.
»Nur ein Amuse-Bouche, ein winziger Gruß aus der Küche.«
Tim nahm eine große Serviette und Besteck aus der Anrichte.
»Voilà.« Er platzierte alles neben meinem Teller. »Lass es dir
schmecken.«
    Er zog eine Streichholzschachtel aus der Tasche und entzün-
dete die Tischkerze. Die Flamme züngelte in dem feuchtkalten
Hauch, der vom See hereinwehte. Als Nächstes holte Tim
einen Flaschenöffner und ein bauchiges Glas aus der Anrichte.
Er öffnete die Weinflasche, roch kurz am Korken und schenkte
ein wenig Rotwein in das Glas. Dann schwenkte er es und goss
den Wein auf den Boden. Wie ein Blutfleck fraß er sich in das
mürbe Holz. Jetzt füllte Tim mein Glas richtig und schob es
mir über den Tisch.
    Ich zögerte, danach zu greifen. »Und du?«, fragte ich. Wollte
er sich nicht zu mir setzen?
    Tim warf einen Blick auf seine Armbanduhr. »Ich muss
noch auf einen Sprung ins Restaurant zurück«, sagte er. »Nur
kurz nach dem Rechten sehen.« Er schenkte mir sein Filmstarlächeln. »Bin gleich wieder da, und dann habe ich Zeit für dich.
Lass es dir inzwischen schmecken.« Er drehte sich um und ging
zur Tür.
    Ich starrte auf die Servierglocke, in der sich die Drähte der
Heizstrahler spiegelten. Es sah aus, als glühte das Silber. Der
untere Rand der Glocke war schwarz vom Flambieren. Und
tatsächlich kam es mir so vor, als könnte ich es darunter zischen
und brutzeln hören.
    Hinter meinem Rücken klappte die Tür zu. Und ich ver-
nahm ein kurzes metallisches Schnappen. Tim hatte das Schloss
wieder eingehängt und mich in der Hütte eingeschlossen. Einen
Augenblick spielte ich mit dem Gedanken, in das schwarze

204

Loch im Boden zu springen und unter dem Eisengitter hindurch auf den See hinauszuschwimmen. Aber mit meinem verletzten Bein konnte ich das vergessen. Außerdem wusste ich genau, dass ich zu lange im kalten Wasser sein würde. Ein Muskelkrampf würde mich bewegungsunfähig machen und unter Wasser ziehen. Es wäre glatter Selbstmord. Außer Stefan wusste niemand, wo ich war. Und der war bereits auf der Fahrt nach Wien. Ich konnte schon die Schlagzeile des nächsten Tages vor mir sehen: Dritter Toter im Umfeld der Villa Zott.

Also holte ich tief Luft, entspannte mich und versuchte, die Dinge auf mich zukommen zu lassen. Noch war nichts entschieden oder verloren. Ich nahm die Serviette, fasste damit die Servierglocke und hob sie an.

Der Singvogel lag auf einem bläulichen Flammenbett. Sein Kopf war zur Seite gedreht, und die Füße hatten sich während des Flambierens zu Fäusten verkrallt. Auf dem runden Bäuchlein verdampfte Armagnac. Die Hitze ließ die zarte Haut des Vögelchens beben, als schlüge darunter das Herz, das sich mit allen anderen Organen noch immer im Inneren befand. Die Aromen von Braten und Pflaumenschnaps überlagerten den modrigen Geruch des Wassers.

Ich starrte auf die mit einer weißen Serviette umwickelte Kokotte. Das Plätschern unter mir war lauter geworden. Wellen schlugen gegen das Ufer, schwappten an die Holzpfähle und leckten zum Steg hinauf. Aber die Geräusche drangen kaum in mein Bewusstsein. Ich nahm nur noch meinen Atem wahr und das Zischen, wenn kleine Bläschen in dem brennheißen Pfännchen zerplatzten.

Was da in seinem eigenen Fett brutzelte, war eine gemästete Gartenammer, eine Fettammer – ein Ortolan. Es heißt, diese Vögel kosten auf dem Schwarzmarkt bis zu zweihundert Euro das Stück. Wenn man sie denn bekommt. Denn eigentlich steht ihre Art unter Schutz. Früher wurden die Vögel in Netzen gefangen und durch das Ausstechen der Augen geblendet. Angeblich beflügelte das ihren Appetit, sodass sie sich mit Hirse, Hafer und Feigen vollfraßen und das begehrte Bauchfett ansetzten. Dann wurden sie geschlachtet – durch Ertränken in Armagnac.

Die Lider der Fettammer waren halb geschlossen, darunter schimmerten wie Globuli kleine weiße Perlen. Man hatte den Vogel wohl zum Mästen nur zwei Wochen im Dunkel gehalten und die Augen nicht entfernt. Die einzelne Kerze auf dem groben Holztisch ließ den winzigen Braten golden schimmern. Sein Duft war verführerisch. Mein Widerstand erlahmte. Ich nahm den Löffel, schob ihn unter den Vogel und hob ihn auf meinen Teller. Ein See aus Fett breitete sich auf dem glänzenden Porzellan um die Gartenammer herum aus.

Eine Windböe warf sich gegen die Holzwände und ließ die alten Bretter ächzen. Die Kerzenflamme zuckte, und der Rotwein zauberte rote Reflexe auf das schwere Silberbesteck mit dem Monogramm. Die Schneiden der Messer glühten, und auf den Gabelzinken tanzten Funken.

Obwohl ich der einzige Gast dieses Festmahls war und niemanden mit meinem Anblick belästigen konnte, stülpte ich die Serviette über den Kopf, wie es das Ritual verlangt. Ich wollte nicht nur den Bratenduft ganz nah an meiner Nase halten, ich hatte auch das Gefühl, als könnte ich damit die Scham über mein frevelhaftes Tun verbergen.

Mit spitzen Fingern griff ich die Gartenammer und schob sie, die Füße voran, ganz in den Mund. Nur der Kopf und der Schnabel schauten heraus. Der kleine Körper war so heiß, dass ich hastig Luft durch die Zähne zog. Rasch atmete ich ein und aus. Es klang in meinen Ohren, als hechelte ein Hund. Aber das Aroma umschmeichelte bereits meinen Gaumen. Es war unwiderstehlich. Ich machte die Augen zu. Langsam schloss ich die Kiefer um den Brustkorb des Vogels und drückte ihn zusammen. Ich hörte das Knacken der brechenden Knochen, und ein Schwall von Innereien und Fett ergoss sich in meinen Mund. Ich schmeckte dunkles Wildfleisch, gebratenes Fett und das eisenhaltige Aroma der Organe. Darüber schwang eine fruchtige Note von Feigen und flambiertem Armagnac.

Ganz langsam fing ich an zu kauen. Ich spürte die knusprige Haut auf der Zunge und das heiße Fett, das meinen Gaumen hinabrann und ihn fast verbrannte. Hastig zog ich mit den Lippen Kopf und Schnabel in den Mund, zermalmte beides minutenlang mit den Backenzähnen, um auch ja nichts von dem verbotenen Genuss zu verschenken. Ich kaute andächtig und kostete den Geschmack so lange wie möglich aus. Endlich schluckte ich den ganzen Bissen hinunter.

Ich öffnete die Augen. Unter der Serviette war es heiß und feucht. Mein Gesicht glühte. Ich fühlte mich schuldbewusst, aber auch seltsam entspannt und zufrieden, ja, glücklich. Eine Schicht des aromatischen Bauchfetts lag noch auf meiner Zunge. Tropfen davon trockneten auf meinem Kinn. Ich zog die Serviette vom Kopf und wischte mir das Gesicht ab. Das Licht der Kerze ließ den alten Rotwein im Glas glühen, aber ich nahm keinen Schluck. Ich wollte den Geschmack des Ortolans so lange wie möglich in Erinnerung behalten. Ich wusste, dass ich nie wieder einen essen würde.

Ein hinter vorgehaltener Hand unter Köchen verbreitetes Gerücht besagt, dass der französische Präsident François Mitterrand auf dem Sterbebett als letztes Mahl eine Fettammer verlangt habe. Vielleicht, um als Gourmet von dieser Welt zu gehen. Oder vielleicht, um zum letzten Mal im Leben etwas Verbotenes zu tun. Und sei es auch nur, ein Häppchen brühheißer Vogelinnereien und Knöchelchen im Mund zergehen zu lassen. Die Anekdote schien mir nun die reine Wahrheit. Ich pickte mit dem Zeigefinger noch ein letztes Stückchen Rückenhaut von meinem Teller und legte es auf meine Zungenspitze.

Auf dem Steg waren Schritte zu hören. Ich hielt den Atem an. Angst kroch mir den Rücken hinauf, überzog ihn mit einer Gänsehaut und umschlang mich mit ihren kalten Tentakeln. Ich bekam keine Luft mehr. Statt die Flucht zu ergreifen, als noch Zeit dazu gewesen war, hatte ich meiner Gier nachgegeben. Nun würde ich für meinen Frevel bezahlen.

Das Schloss klapperte gegen den Riegel, die Tür öffnete

sich in meinem Rücken. Für kurze Zeit verdrängte kalte Luft die Wärme der Heizstrahler, dann fiel die Tür wieder zu.

»Na?« Tim kam über die knarrenden Holzbohlen näher. »Hat's geschmeckt?« Er blieb neben mir stehen und schaute auf meinen leeren Teller. »Hab ich mir's doch gedacht«, sagte er. »Was ist jetzt mit dem Affen?« Auf Tims Gesicht lag das Lächeln, das er sonst den Kameras zeigte.

»Erst kommt das Fressen, dann die Moral«, sagte ich. Ich fühlte mich wohlig satt und unendlich schuldig.

»Das hast du gut gesagt.« In seiner Stimme schwang Anerkennung. »Du warst immer der Klügere von uns beiden.«

»Ist nicht von mir, ist von Brecht.«

»Egal, den Spruch werde ich mir jedenfalls merken.«

Ich wollte nur noch ein Bett. Und ein Paracetamol. »Ich brauche ein Taxi.« Dabei wusste ich nicht einmal, wie ich den Weg zur Straße schaffen sollte. »Hilf mir mal hoch.« Er hatte seinen Triumph gehabt, nun war das Spiel zu Ende.

Tim fing an zu lachen. »Du bist noch genauso naiv wie damals in Paris.« Er setzte sich mir gegenüber. »Ich kann dich doch nicht gehen lassen.« Er legte ein langes Messer vor sich auf den Tisch. Graue Spiralen schlängelten sich über die scharfe Schneide. »Siehst du das?«

»Ein Damaszener-Messer«, sagte ich.

»Genau – geht ganz schnell.«

»Du bringst mich nicht um«, sagte ich und spürte, wie mir der kalte Schweiß ausbrach. Der Schnitt durch meine Kehle würde nicht mehr als ein sanfter Hauch sein. »Doch nicht, weil du die Triebe einiger Perverser mit exotischen Genüssen befriedigst.«

Er schüttelte den Kopf. »Es ist wegen Zott.«

Der Tim ist mir direkt in die Arme gelaufen, hatte Stefan gesagt, *der war total im Schock. Ich hab ihn ein paarmal anrufen müssen, bevor der überhaupt stehen geblieben ist.* Und ich hatte mir eingebildet, Tim wäre auf der Suche nach dem nächsten Sendemasten oder Telefon gewesen. »Du hast Anton das Genick gebrochen, stimmt's?«, fragte ich. »Hast ihm einfach den Hals umgedreht.«

Wie einem Suppenhuhn, ergänzte ich mit Tims Worten. Typische Freud'sche Fehlleistung.

Tim zuckte die Schultern. »Er hat mich erpresst.«

»Mit diesem Video?«

»Ich wusste nicht genau, was er gegen mich in der Hand hatte. Irgendwie hat er von meinen – *Spezialangeboten* – erfahren. Erst wollte er nur bei mir essen, immer öfter und immer mehr.«

»Ich weiß.«

»Dann sollte ich in seinem depperten Hotel kochen, mit meinem guten Namen dafür werben.« Er schüttelte den Kopf. »Und am Ende wollte er nur noch Geld, Geld, Geld. Ihn da am Boden nach Luft schnappen zu sehen, wie ein Karpfen auf dem Trockenen, das war göttlich. Ich wollte ihn einfach krepieren lassen, aber dann habe ich das Auto vom Mooslechner Stefan gehört, und alles musste schnell gehen.«

Jetzt kann nichts mehr schiefgehen, hatte Anton zu Olga gesagt. *Ich habe den Jackpot geknackt.* So unrealistisch, Lotto zu spielen, war er tatsächlich nicht gewesen. Aber er hatte in anderer Hinsicht unter totalem Realitätsverlust gelitten.

»Niemand kann dir was beweisen«, sagte ich.

»Wer sucht, der findet«, sagte er. »Ich brauche keinen zweiten Zott.«

Ich starrte auf das Messer. Auf seiner papierdünnen Schneide tanzten rote Lichter. Tim hatte sein Arbeitsgerät immer in Ordnung gehalten.

»Das tust du nicht«, sagte ich.

»Wetten, dass?«

»Und dann?«, fragte ich. »Dann hast du meine Leiche am Hals.« War ich das, der hier dieses irre Gespräch führte? Saß ich wirklich mit einem Mörder in einer kalten Bootshütte über einem Bergsee und verhandelte mit ihm über mein Leben? Aus dem schwarzen Loch im Boden kam ein schmatzendes Geräusch. Ein Fisch, angelockt durch das Licht, musste auf der Jagd nach Insekten aus dem See aufgetaucht sein. Der Lautstärke nach war es ein großer Fisch, vielleicht ein Waller. »Die Polizei ist ohnehin schon misstrauisch.«

209

»Deine Leiche lass mal meine Sorge sein.« Sein Blick glitt über mich, als wollte er Maß nehmen. Als überlegte er, wo er meine sterblichen Überreste am besten ablegen konnte. »Die werden mich finden«, sagte ich.

»Es wird nichts von dir übrig bleiben.« Ich hörte seine Worte, aber ich begriff sie nicht, wollte sie wohl nicht verstehen. »*Was?*«

Seine Augen glänzten im Schein der Tischkerze. »Die Freunde der Wiener Philharmoniker«, sagte er. »Die zahlen jeden Preis. Das letzte Tabu – Kannibalismus.«

Für einen Augenblick war ich wie gelähmt. Flucht hätte mein Reflex sein müssen. Verzweifelt durchsuchte ich mein Gehirn, doch ich fand den richtigen Befehl nicht, um meine Glieder zu rühren. Ich spürte ein beengendes Gefühl im Hals und ein Brennen in den Augen. Mein zweiter Impuls war Wut, ja, Hass. Tims vom Kerzenschein gerötetes Gesicht befand sich nur wenige Zentimeter vor mir. Ich bildete mir ein, dass er schon überlegte, was er alles aus mir würde kochen können. Die gefräßigen Gesichter der Tafelrunde tauchten vor meinem inneren Auge auf. Und das gequälte Menschengesicht des Gorillas. Es war dieses Bild, das mir neue Kraft verlieh.

Mit einer einzigen Bewegung stand ich auf, beugte mich vor, ergriff das Messer und stieß es Tim zwischen die Rippen. Ein Koch kann auch schlachten. Tim sprang auf. Er umfasste den Messergriff. Wenn er das Messer jetzt herauszog, war sein Schicksal besiegelt. Er würde innerhalb von Minuten verbluten.

Ich machte einen Schritt zurück. Mein Opfer immer im Auge, bewegte ich mich rückwärts auf die Tür zu. Tims Hand umklammerte den Messergriff. Seine Augen waren aufgerissen, schienen ihm aus dem Kopf quellen zu wollen. Wie hypnotisiert kam er um den Tisch herum. Ich hatte die Tür erreicht und trat auf den Steg hinaus. Tim folgte mir.

Es war inzwischen Abend, aber immer noch taghell. Ein riesiger Mond hing über dem See, sein Widerschein tanzte auf den Wellen. Ich konnte das Schlagen der Brandung an den Pfosten des Steges hören. Und Tims schweren Atem. Jetzt tauchte er unter der Tür auf. Seine Silhouette hob sich schwarz von dem roten Licht in der Hütte ab. Er schwankte ein wenig hin und her, aber er stand noch.

Ich traute mich nicht, Tim den Rücken zuzuwenden. Schritt für Schritte schlurfte ich rückwärts durch das nasse Gras. Mein Bein spürte ich nicht mehr. Es schien inzwischen taub zu sein. Tim löste sich vom Türrahmen. Er stolperte auf die Wiese. Ich drehte mich um. Der Uferweg war nur noch wenige Meter entfernt. Ich hinkte, humpelte, rannte los.

»Mark!«, schrie Tim hinter mir.

Ich stieß die Pforte auf. Vor mir strahlten die Lichter des Silbernen Hechts. Rechts verlor sich der Weg in hohem Gras. Das konnte eine Falle sein. Links von mir lag der Grund der Villa Zott. Das Tor war nie verschlossen. Mir war, als könnte ich Olgas Lachen hören. Sie war eine Sirene. Warum war mir das bisher nicht aufgefallen?

»Du Verbrecher!«, brüllte Tim.

Ohne weiter nachzudenken, legte ich mich schwerfällig auf den Bauch und kroch unter einen Strauch.

»Mark?«

Tim war wahnsinnig geworden. Statt Hilfe zu suchen, verfolgte er mich noch immer. Im Schutz der kratzenden Zweige robbte ich zur Pforte des Nachbargrundes. Sie war nicht verschlossen. Leise schob ich sie auf, kroch um sie herum und hockte mich in den Schatten der hohen Hecke. Mit einem lauten Knall schlug das Tor zu.

»Mark«, schrie Tim. »Ich weiß, wo du bist.«

Die Pforte schwang auf. Ich schloss die Augen, wagte nicht zu atmen. Etwas bewegte sich an mir vorbei auf das Grundstück der Villa Zott. Leichter Küchengeruch stieg mir in die Nase. Die Bretter auf dem Steg ächzten.

»Maaaark!«

Der Schrei hallte über den See und wurde von irgendwoher zurückgeworfen. Ich machte die Augen auf. Tim stand auf dem Steg. Er schwankte heftig hin und her und schien sich kaum noch auf den Beinen halten zu können. Da ließ er die

Arme sinken. Er hatte den Messergriff losgelassen. Wie von Schnüren gezogen stolperte er den Steg entlang. Seine Schritte polterten über das Holz. Auf einmal ein dumpfes Klappern. Tim geriet aus dem Gleichgewicht. Er riss die Arme hoch – und war verschwunden. Als hätten ihn der Steg oder der See verschlungen.

Ungläubig starrte ich auf die Stelle, wo Tim eben noch gestanden hatte. Ein Gedanke schoss mir durch den Kopf. *Das lose Brett.* Tim war über das elende lose Brett gestolpert und ins Wasser gestürzt. Schwerfällig ließ ich mich nach vorne gleiten. Auf allen vieren kroch ich aus meinem Versteck über die Wiese und zum Steg hinüber. Nichts. Tim war wie vom Boden verschluckt.

Ich robbte über die rissigen Bohlen. Splitter bohrten sich in meine Handflächen. Dann hatte ich die Stelle erreicht, an der ich Tim zum letzten Mal gesehen hatte. Vor mir gähnte ein riesiges schwarzes Loch. Es war nicht nur ein loses Brett gewesen. Die Bohlen fehlten auf der ganzen Stegbreite. Leere Nagelspitzen ragten empor. Jemand hatte alle Bretter aus ihrer Befestigung gerissen und sie locker wieder an ihren Platz zurückgelegt. Es war eine vorbereitete Falle. *Für wen?*

Auf einmal hatte ich das Gefühl, als könnte ich nicht mehr atmen. Rasch beugte ich mich vor, legte die Hände um die Kanten des Steges und spähte ins Wasser. Auf dem Seegrund lag ein großer schwarzer Schatten. Sanft bewegte er sich im Rhythmus der Brandung hin und her.

Ich hievte mich auf den Steg zurück.

Der Mond war ein Stück weitergewandert. Ein Wolkengespinst hing vor seinem Gesicht. Es sah aus, als verberge er seinen Blick hinter einem Schleier. Mühsam rappelte ich mich auf. Ich wartete, bis ich einigermaßen sicheren Stand hatte. Mein Bein schien nicht mehr zu meinem Körper zu gehören. Schließlich drehte ich dem See den Rücken zu und stolperte zum Weg hinauf.

Vor mir glitzerten die Lichter von Altaussee. Dahinter erhob sich breit und schwarz der Loser. Seine Flanken waren tiefschwarz, aber sein Felsenkopf leuchtete im Mondschein, als wollte er mir den Weg zur Villa Zott zeigen.

Altwiener Blunzengröstl mit Äpfeln

Zutaten
500 g speckige Erdäpfel · 300 g Äpfel · Saft von einer Zitrone · 2 Zwiebeln · 2 Knoblauchzehen · 500 g Blutwurst (von fester Konsistenz) · 2 EL Rapsöl · 2 EL Butter · 2 TL getrockneter Majoran · Salz, Pfeffer · gehackte Petersilie zum Bestreuen

Zubereitung
Erdäpfel kochen, schälen und in Scheiben schneiden. Äpfel waschen und vom Kerngehäuse befreien. In schmale Spalten schneiden und mit Zitronensaft marinieren. Zwiebeln in Ringe und Knoblauch in feine Scheibchen schneiden. Blutwurst enthäuten und in fingerdicke Scheiben schneiden. Rapsöl in einer großen beschichteten Pfanne erhitzen, Blutwurstscheiben darin beidseitig kräftig anbraten. Aus der Pfanne heben und beiseitestellen. Im Bratensatz 1 EL Butter erhitzen. Äpfel darin scharf anbraten und zur Blutwurst geben. Dann Erdäpfel, Zwiebeln und Knoblauch mit der restlichen Butter in der Pfanne goldbraun braten. Blutwurst, Äpfel und Majoran einmischen und etwa 2 Minuten lang kräftig weiterrösten. Mit Salz und Pfeffer abschmecken. Das Gröstl anrichten und mit Petersilie bestreuen.

EPILOG

Olga wurde zwei Tage später verhaftet. Wie ich von Melusine weiß, hat die Staatsanwaltschaft die Anklageschrift inzwischen fertig. Die Obduktion hatte Tod durch Ersticken ergeben. Anton war tatsächlich an einem Asthmaanfall gestorben. Ob er seinen Inhalator vergessen oder ob ihn jemand vorsätzlich entwendet hatte, konnte nicht mehr festgestellt werden. Johannes Regensburg ist jedenfalls wieder einmal verschwunden. Was ich persönlich als Schuldgeständnis werte. Um ihm ein Alibi zu verschaffen, hatte Olga behauptet, er wäre tagelang auf der Jagdhütte gewesen. Aber er hatte einen Fehler gemacht und sich in jener Nacht am Fenster gezeigt. Als ich Melusine am nächsten Tag auf einen weiteren Mitbewohner angesprochen hatte, war sie misstrauisch geworden. Sie hatte weder an den Selbstmord ihrer Mutter noch an den Unfalltod ihres Vaters geglaubt.

Melusine hatte angefangen, im Haus herumzusuchen. Dabei war ihr der Aktenordner mit den Fotos und den Zeitungsausschnitten in die Hände gefallen. Olga hatte ihre Vergangenheit und ihre Erfolge stolz dokumentiert. Es war Olga gewesen, die Tiere gequält und getötet hatte und später zu größeren Opfern übergegangen war.

Hatte sie es wirklich geschafft, ein Kleinkind in eine Waschmaschine zu stecken und auf den Startknopf zu drücken? Wenn man die Zeitungen liest, weiß man, wozu Menschen fähig sind. Der kleine Jonathan war wohl noch ein Opfer ihres Sadismus gewesen. Aber später hatte sie angefangen, auch ganz andere Probleme auf die gleiche Weise zu lösen.

Als Krankenschwester hatte sie sich wohl der schwersten Fälle auf ihre Weise entledigt. Es war zum Prozess gekommen, aber nur ihren Mittäterinnen hatte man etwas nachweisen können. Olga war mangels Beweisen freigesprochen worden. Trotzdem war sie ihren Arbeitsplatz los gewesen. Und dann hatte sie wieder eine Stelle gefunden. Als Kindermädchen in der wohlhabenden Familie Brezina.

Männer, so habe ich gelesen, töten oft im Affekt, wenn ein Streit eskaliert. Frauen morden, um sich zu wehren. Hat sich ihre Art, Probleme zu lösen, einmal bewährt, wenden sie sie immer wieder an.

Antoinette loszuwerden war leicht gewesen. Genauso wie Georg Brezina unter Kontrolle zu bringen. Doch dann hatte Olga feststellen müssen, dass sie gar keinen reichen Mann geheiratet hatte, sondern dass das ganze Vermögen, einschließlich der Villa in Altaussee, Melusine gehörte. Sie löste das Problem auf die bewährte Weise. Georg fuhr gern allein mit dem Boot zum Angeln auf den See hinaus. Und Olga war eine gute und kraftvolle Schwimmerin. War sie, so wie neben mir in jener Nacht, wie eine Amphibie aus dem Wasser vor Georgs Boot aufgetaucht? Hatte sie sich in das Boot gezogen und seine Überraschung für den tödlichen Schlag genutzt?

Und dann war Anton gekommen, der keine Familie, aber dafür ein stattliches Bankkonto sein Eigen nannte. Olga hatte zugegriffen. Irgendwann war Anton auf die wahnwitzige Idee eines Gourmet-Hotels verfallen und bereit gewesen, sein Vermögen dafür zu verschleudern. Olga war in Panik geraten. Und so hatte Anton auf einmal Magenbeschwerden bekommen und war dahingesiecht.

Bis ein einfacher Dorfarzt Verdacht geschöpft und eine Blutuntersuchung angeordnet hatte. Einen Tag vor dem Labortermin war Anton erstickt. Hatten Olga und Johannes gemeinsame Sache gemacht? Oder hatte der Sohn seiner Mutter einen Gefallen tun wollen? Leider hatten sie nicht gewusst, dass Anton als Erpresser schon auf der Todesliste eines anderen Mannes gestanden hatte.

An einem regnerischen Abend war schließlich ich in meinem teuren Oldtimer vor der Villa Zott aufgetaucht. Bestimmt hatte Anton Olga von mir und meinem beruflichen Erfolg erzählt. Olga muss es wie ein Wink des Schicksals vorgekommen sein. Sie hatte wieder sofort zugegriffen. Die tapfere Melusine hatte alles unternommen, um mich loszuwerden. Anstatt ihr dankbar zu sein, hatte ich mich abweisend gezeigt. Als die Bauchschmerzen und die Kreislaufprobleme bei mir angefangen hatten, hatte Olga mich liebevoll umsorgt.

Melusine hat den Aktenordner und die ungewöhnlichen Medikamente, die sie in Olgas Schlafzimmer gefunden hatte, der Polizei übergeben. Antons Obduktion hatte nämlich noch etwas ans Tageslicht gebracht. Bei der toxikologischen Untersuchung seines Blutes fand man hohe Spuren eines Malariamittels, das bei Überdosierung unter anderem Fieber und Sehstörungen verursacht. Außerdem Rückstände eines starken Abführmittels, eines Brechmittels sowie eines Beruhigungsmittels aus der Veterinärmedizin. In der Praxis wird es hauptsächlich für Großvieh verwendet. Ein Teil dieser Medikamente war auch in meinem Blut noch nachweisbar.

Nun sitze ich in meinem kleinen Haus am Schreibtisch und schaue auf die Nordsee hinaus. Die Novemberstürme haben eingesetzt, und das Meer ist eisengrau. Am Horizont gehen das Wasser und die tief hängenden Wolken ineinander über. Ich habe beschlossen, die Erinnerung an jene Augustwoche in Altaussee festzuhalten. Neben der Computertastatur liegt aufgeschlagen Tims Ringbuch. Mit dem Berufsethos eines guten Kochs hat er regionale Rezepte für mich gesammelt – ich habe ein paar davon für Sie abgeschrieben. Niemand in Altaussee hatte sich vorstellen können, was Tim an jenem Abend auf dem Steg der Villa Zott gewollt hatte. Klar war nur, dass er über ein loses Brett gestolpert und in ein scharfes Kochmesser gestürzt war. Wieder ein tödlicher Unfall in der Chronik der Villa Zott. Den Silbernen Hecht betreibt inzwischen ein Pächter. Ohne großen Erfolg, wie ich gehört habe.

Melusine besucht mittlerweile ein Internat. Sie ist fest davon überzeugt, dass Olga die Bretter auf dem Steg für sie gelöst hat. Dann wäre die letzte Erbin der Villa Zott beseitigt und der Weg für Olga und Johannes frei gewesen. Ich fürchte, dass sie mit diesem Verdacht recht hat. Melusine und ich haben seit den Tagen von Altaussee regelmäßig Kontakt. Es geht ihr gut, und

ihre Schulprobleme hat sie im Griff. In den Weihnachtsferien werde ich sie in Wien besuchen. Ich plane eine Reportage über den Wiener Naschmarkt. Diesmal werde ich einen Direktflug von Hamburg buchen.
Die Villa Zott steht übrigens zum Verkauf.

Kärntner Reindling

Für den Teig
250 ml lauwarme Milch · 50 g Zucker · 1 Würfel frische Germ (Hefe) ·
500 g Weizenmehl (universal) · 2 Eidotter · 50 g flüssige Butter ·
1 ½ TL Salz · füssige Butter zum Bestreichen

Für die Füllung
2 EL Zimt · 150 g Zucker · 150 g grob geriebene Haselnüsse ·
150 g Rosinen

Zubereitung
Für den Teig zuerst das Dampfl zubereiten: Milch, Zucker und Germ mischen und anschließend kurz gehen lassen, bis sich das Volumen etwa verdoppelt hat. Weizenmehl auf die Arbeitsfläche geben und in der Mitte eine Grube bilden. Das Dampfl und die Eidotter hineinschütten. Mit der flüssigen Butter und dem Salz gut durchkneten, bis der Teig geschmeidig und glatt ist. In eine Schüssel geben, zudecken und an einem warmen Ort 45 Minuten rasten lassen. Den Teig ausrollen und mit flüssiger Butter bestreichen. Mit Zimt, Zucker, Nüssen und Rosinen füllen. Danach einrollen und in eine befettete Form füllen. Zudecken und nochmals 15 Minuten gehen lassen. Anschließend im Backrohr bei 200 Grad ca. 45 bis 50 Minuten backen.
Tipp: Zur Sonntagsjause mit Marmelade oder Honig oder zu Ostern ganz traditionell mit Schinken und Kren (Meerrettich).

Nachwort

Im Frühjahr dieses Jahres bat mich Uschi Korda, die stellvertretende Chefredakteurin vom Magazin SERVUS, eine Kurzgeschichte für die Maiausgabe zu schreiben. Natürlich wusste ich, dass sie eine bekannte österreichische Kochbuchautorin ist, und ich hatte auch ihr wunderbares Buch zu Hause. Und da mir zu der Zeit bereits ein Krimi mit einem kochenden Helden vorschwebte, lag es nahe, Uschi Korda um einen Gefallen zu bitten. Ich wollte meinen Lesern zusammen mit einer spannenden Geschichte auch ein paar regionale Rezepte servieren und sie damit auf eine kulinarische Reise schicken. Uschi Korda war sofort einverstanden, und so ist mein neues Buch in der vorliegenden Form entstanden.

Ich danke Rudi Bauer, dem legendären Wirt vom »Seehotel Winkler« am Wallersee, für viele aufschlussreiche Gespräche.

Viel Freude beim Lesen und – guten Appetit!

Ines Eberl-Calic
Salzburg, im August 2014

Alle in diesem Buch abgedruckten Rezepte stammen aus: »Das Große Servus Kochbuch. Traditionelle Rezepte aus Österreich«, Salzburg 2013, ISBN 978-3-7104-0000-1

Ines Eberl
SALZBURGER TOTENTANZ
Broschur, 208 Seiten
ISBN 978-3-89705-796-8

»*Ines Eberl gelingt mit ›Salzburger Totentanz‹ ein Krimi mit Tiefgang.*« Salzburger Nachrichten

»*Spannend bis zum Schluss.*« Salzburger Volkszeitung

www.emons-verlag.de

Ines Eberl
JAGABLUT
Broschur, 208 Seiten
ISBN 978-3-89705-965-8

»*Die fesselnde Geschichte lässt den Leser bis zum Schluss mit-
rätseln.*« Salzburg Inside

www.emons-verlag.de

Ines Eberl
TOTENKULT
Broschur, 240 Seiten
ISBN 978-3-95451-065-8

»*Ines Eberl liebt es, eine vielschichtige Spannung aufzubauen.*«
Salzburger Nachrichten

»*Ein sehr empfehlenswertes Buch.*«   echo magazin

www.emons-verlag.de

Ines Eberl
TEUFELSBLUT
Broschur, 208 Seiten
ISBN 978-3-95451-253-9

»*Ein atmosphärisch-dichter, spannungsgeladener Krimi.*«
Radio Holiday

www.emons-verlag.de

Uschi Korda, Alexander Rieder
**DAS GROSSE SERVUS KOCHBUCH
TRADITIONELLE REZEPTE AUS ÖSTERREICH**
Gebundene Ausgabe, 400 Seiten
ISBN 978-3-7104-0000-1

Das große Servus-Kochbuch ist eine Liebeserklärung an Österreich und seine reiche Esskultur. 184 traditionelle Rezepte und kulinarische Schätze für Frühling, Sommer, Herbst und Winter.

www.emons-verlag.de